대장동을 말한다

새우와 고래가 함께 숨 쉬는 바다

대장동을 말한다
－정책집행의 관점에서 바라본
　도시개발사업의 쟁점

지은이 | 윤정수
펴낸이 | 황인원
펴낸곳 | 도서출판 창해

신고번호 | 제2019－000317호

초판 1쇄 인쇄 | 2022년 02월 03일
초판 1쇄 발행 | 2022년 02월 10일

우편번호 | 04037
주소 | 서울특별시 마포구 양화로 59, 601호(서교동)
전화 | (02)322－3333(代)
팩스 | (02)333－5678
E-mail | dachawon@daum.net

ISBN 979－11－91215－39－7 (03300)

값 · 19,000원

Publishing Club Dachawon(多次元)
창해·다차원북스·나마스테

대장동을 말한다

창해

이 책은 도시개발 정책집행 분야의
탐색적인 사례연구이다

2021년 9월 초 터진 대장동 사건은 온 나라를 혼란과 분노의 도
가니로 밀어 넣었다.

대장동 도시개발사업에서, 10명도 안 되는 소수의 민간투자가들
에게 수천억 원이 넘는 개발이익이 배분되었다는 소식이 알려지면
서, 폭등하는 부동산가격에 지쳐 있던 국민들은 분노했다. 그리고
도대체 어떤 사업이기에 그렇게 막대한 이익이 돌아갈 수 있는지
에 대해 모두 궁금해했다.

2021년 3월에 한국주택토지공사(LH) 직원들이 내부 개발정보를
빼내어 부동산투기를 한 게 밝혀지면서 이미 세상을 한 번 뒤집어
놓았던 터였다.

이 사건은 2022년 대통령선거와 맞물리면서 초대형 정치 이슈로
전환되었다. 검찰과 경찰의 수사가 진행되면서 대장동 사업에서
배임 등 중대한 범죄가 있었다는 것이 드러났다. 그러나 이 글을

쓰는 현재 검찰 수사는 지지부진한 채 제대로 진전되지 않고 있고, 국민들은 이를 불신하고 있다.

여야 모두 특검을 주장하지만, 특검 방법을 둘러싸고 논쟁만 벌일 뿐 진전은 별로 없다. 이미 시간이 많이 흘러 특검을 한다고 해도 내년 대통령선거 전에 구체적인 결과가 나오기는 어렵게 되어 버렸다.

상황이 이렇게 된 데는 도시개발사업이 매우 낯설고 복잡한데도 그 원인이 있다. 단편적인 언론보도를 통해 파악할 수 있는 성질이 아니다. 시간이 많이 흐른데다 범죄가 내밀하게 얽혀져 있어 검찰이 쉽게 증거를 찾아내기 어려울 수도 있다. 쏟아지는 언론보도의 홍수 속에서, 국민들이 가장 혼란스러운 상황이다.

이 책은 무엇보다 대장동 사건에 대해 지금까지 쏟아진 정보들의 조각을 맞춰 정리함으로써, 국민들께 제대로 된 대장동의 진실을 알리는 데 그 목적이 있다. 섣불리 배임의 가능성을 아예 부정한 것도 문제이지만, 증거와 정황에 입각하지 않고 정치적인 목적으로 배임의 윗선(?)을 단정하는 것도 문제다.

또한 대장동 사건을 통해 현재 지방에서 벌어지고 있는 도시개발사업의 문제를 진단하고, 향후 이들 사업을 제대로 추진하기 위해 민관 각 사업 주체들이 어떤 노력을 기울여야 할지도 고민해 보았다.

이 시대 포스트 대장동에 대한 이야기다. 구체적으로는 현재 성남에서 사업이 막 시작되고 있는 백현마이스 도시개발사업을 사례로 들어 도시개발사업의 문제와 해결방안을 검토했다.

국가 도시개발 정책 측면에서는 지방공기업법 등 관련 법규의 개정 문제와 국가의 정책 방향을 LH 문제와 연계하여 다루고자 했다. 도시개발사업을 추진하는데 구체적으로 어떤 위험이 있는지를, 사례 검토를 통해 문제점과 대안을 검토한 것이다.

학술적인 측면에서 보면, 이 책은 도시개발 정책 분야의 탐색적인 사례연구라고 볼 수 있다. 이를 통해 정책연구자들이 도시개발정책 분야에도 좀 더 관심을 기울일 수 있기를 기대한다.

마지막으로 지방의 도시개발사업은 지방자치단체의 주도하에 추진된다. 따라서 지방의 도시개발사업에는 지방권력이 지대한 영향을 미치게 된다. 도시개발사업에 결정적인 환경 요인이다. 지방자치단체장과 지방공무원, 시의회 의원, 지방공기업 임직원, 지역 언론과 기업들이 이들 지방권력을 구성하는 주체들이다.
이 책 뒷부분에서는 필자가 해임당한 사례를 분석하여 성남지역 지방권력의 실체를 살펴보고자 하였다. 성남시가 대장동 사업을 추진하기 위해 성남도시개발공사를 설립하는 과정에서도 이들 지방권력들이 작동되었다.

마침 2022년 지방선거를 앞두고 있어, 이 사례가 도시개발사업을 둘러싸고 있는 지방권력을 이해하는 데도 도움이 될 수 있기를 기대한다.

돌이켜 보면 2021년에는 전반적인 부동산가격 폭등 상황에서, LH 임직원 등 공직자들의 부동산투기에다 대장동 사태까지 잇달아 터지면서 우리 사회의 민낯이 고스란히 드러났다. 이 사회가 여전히 부동산 불로소득을 둘러싼 탐욕들을 제대로 통제하지 못하고 있는 것이다.

대장동 사태를 통해 이 사회가 소위 '부동산공화국'에서 벗어날 수 있는 방향으로 나아가야 한다. 이 책이 이런 사회를 만드는데 조금이나마 기여할 수 있기를 간절히 소망한다.

대장동 사태로 인해 안타깝게 유명을 달리한 고(故) 유한기 전 포천도시공사 사장과 고(故) 김문기 성남도시개발공사 개발1처장의 명복을 빈다.

2022년 1월
윤정수

차례

초가을 친구들과 한강 변에서 자전거를 타다

오늘은 평소 가깝게 지내는 몇몇 대학 친구들과 한강 변에서 자전거를 타기로 한 날이다. 대학 때부터 이리저리 잘 알고 지냈던 친구들이다.

1980년 대학에 같이 입학하여 전두환 군사독재 시절을 함께 겪었고, 구성원 중 대부분이 민주화운동으로 인해 옥고를 치르기도 했다. 대통령 직선제 쟁취 등 정치적 민주화가 어느 정도 이뤄진 1980년대 후반부터 이들은 정치에 입문하는 길 대신 각자 직업을 찾아 평범하게 사회 속으로 걸어 들어갔다. 일반 시민으로 생업의 길을 찾아가면서도 나름대로 우리 사회가 제대로 가고 있는지 고민도 하고 함께 모여서 의견을 나누기도 했다.

2021년 9월 11일 정말 오랜만에 모여 남산 둘레길을 함께 걸었다.

"혹시 자전거 타는 사람들 있어? 있으면 날 잡아서 같이 타 보는 게 어때?"

내가 먼저 자전거를 같이 타자고 제안했다.

"나는 주말에 탄천에서 가끔씩 타지."

"나도 뚝섬 옆 동네에서 탄 적이 있네만, 그리 자주는 아닐세."

"나도 시간이 나면 과천에서 자전거를 탄다네. 때로는 양재천 넘어 탄천으로 진출하기도 하지."

가끔 시간을 내서 자전거를 타는 친구들이 있긴 했다. 그러나 열심히 타는 편은 아니었다. 이런저런 얘기 끝에 4명이 2주 뒤인 9월 25일, 추석 연휴를 마친 토요일 오전 8시에 한강과 탄천 합수부인 청담대교 남단에서 만나 팔당을 다녀오기로 했다. 한강 변을 자전거로 하이킹하면서 운동도 하고 경치 구경도 하자, 그리고 팔당에 초계국수집이 있는데 거기 들러서 늦은 아침을 먹고 돌아오자. 돌아오면서 중간에 쉬엄쉬엄 쉬고 정담도 나누고.

친구들과는 처음 시도하는 자전거 모임이었고, 이래저래 설레고 기다려지는 시간이었다.

아침 6시가 약간 넘어 집을 떠났다. 내가 사는 지하철 9호선 등촌역 인근에서 한강 변 자전거도로 염창 나들목까지 약 2km는 차도를 따라 이동해야 하고, 만나기로 한 잠실 인근 한강 변 편의점까지는 약 25km 거리다.

이른 아침 온도는 섭씨 20도 정도로 선선했고, 하늘에는 군데군데 구름이 떠 있어 뜨거운 햇빛은 막아줄 것 같았다. 성산대교 근처를 지나면서 한강을 보니 아침 물안개가 피어오르고 있었다.

문득 생각을 더듬어보니 이번 9월에는 좋은 일들이 많았다. 회사에서는 코로나19에 대처하느라 여러 가지 어려움도 많았지만, 회사 전체를 놀라게 하는 즐거운 소식이 지난 9월 5일 날라 들어왔다. 2021년(2020년 실적) 경영평가 결과 발표다.

정부는 공기업들에 대해 매년 경영평가를 한다. 중앙부처에 속한 국가 공기업 및 준정부기관들에 대해서는 기획재정부가, 지방공기업에 대해서는 행정안전부가 주관하여 전년도 경영실적을 평가하는데, 정부가 권위와 공신력을 가지고 공기업경영 전반에 대해 평가하는 제도이다.

경영평가 결과 일정 수준이 되지 않으면 해당 조직의 임원은 연임할 수 없고, 평가 결과가 나쁜 경우 심지어 해임될 수도 있다. 임직원 연봉의 인상이나 성과급 지급 수준도 경영평가 결과에 달려 있다. 따라서 공기업에 대한 정부의 경영평가 결과는 경영실적 평가에 있어 대체 불가능한 평가제도이며, 공기업 임직원 모두 초미의 관심사이다.

성남도시개발공사는 2018년, 2019년 모두 나등급(우수)을 받았다. 2020년 경영평가 실적 공개일이 다가오면서 모든 직원의 관심은 여기에 집중되었다. 이번에는 무슨 성적을 받을 것인가? 올해는 코로나19 대응도 잘하고, 감사받는 과정도 무난했는데 혹시 가등급

(최우수)을 받을 수 있을까? 임직원들은 가등급과 나등급을 각각 50 대 50으로 예상하였다. 경영성과는 물론 좋았다. 2018년 11월 취임하면서 시도했던 여러 가지 혁신 사업들이 성과를 내고 있었다.

그런데 문제가 있었다. 우리 성남도시개발공사는 2020년 3월 30일부터 4월 3일까지 5일간 성남시청 감사관실로부터 특별 복무 감사를 받았고, 그 결과 직원들이 징계받았다. 회사는 회사대로 기관경고를 받았다. 상황은 여기에 머물지 않았다.

징계 결과를 토대로 성남시의회는 10월 23일 성남도시개발공사 사장 해임촉구안을 통과시켰고, 은수미 성남시장은 12월 1일부로 성남도시개발공사 사장인 나를 해임하였다. 나는 12월 14일 수원지방법원에 해임취소 및 해임 집행정지 소송을 제기하였고, 수원지법 제1행정부는 2021년 1월 21일 해임 집행정지 결정을 내렸다.

나는 약 2개월 만에 업무에 복귀했다. 그리고 2021년 8월 26일 해임취소 본안소송 판결에서 수원지법 제1행정부는 내 손을 들어주었다.

경영실적은 참 좋았는데, 성남도시개발공사가 기관경고 받았고, 내가 해임되었던 것을 경영평가에서는 어떻게 다룰 것인가? 물론 CEO 인터뷰하는 과정에서 '사장의 개인적인 비리·비위가 전혀 없었다, 성남시의 부당한 갑질 감사였다'라는 것을, 그리고 '성남시의회와 소통이 안 된 게 아니라 청탁 소통'이 안된 게 문제라는 점을 설득력 있게 설명했다. 공공기관의 해임 등을 다루는 행정소송에서는 거의 받아들여지지 않는 집행정지 결정(민사소송에서 '가처분'의 효력과 유사하다)이 받아들여진 게 그 증거라고 설명했다.

그러나 통상적으로 정부의 공식 평가에서는 수감기관을 둘러싸고 여러 가지 논란과 잡음이 있다는 것은 마이너스 요소가 되기에 충분한 것이었다.

9월 5일 일요일, 아침 일찍 안산에 있는 화장품공장으로 향했다. 2010년 11월 3일 나와 아내, 그리고 형이 함께 창업한 화장품 연구 개발 및 제조회사다. 형의 줄기세포 배양 원천기술을 상업화하기 위해 창업한 회사였다. 2018년 11월 내가 성남도시개발공사 사장으로 자리를 옮기면서 아내가 대표이사를 물려받았다.

아내는 창업 당시부터 지금까지 회사 화장품을 직접 제조해온 제조 기술자이자 품질담당자이기도 하다. 마무리 작업을 할 게 있으니 나더러 함께 가서 도와달라는 것이다. 일은 순조롭게 빨리 끝났다. 몇 가지 식품을 사러 근처 대형판매점에 들렀다.

휴대전화 벨이 울렸다. 경영실적 평가 업무를 총괄 담당하는 송영규 경영기획실장이었다. 신이 나 목소리에 힘이 넘쳐흘렀다.

"사장님! 축하드립니다. 경영평가 결과가 나왔습니다. 가등급을 받았습니다. 제가 보도자료를 보내드렸습니다."

"오! 그래? 그것참 잘되었네요! 어디 보자! 근데 표를 보니 우리가 가등급 중에서도 맨 앞에 있네! 우리가 일등 했나 보네요"

"네, 맞습니다. 우리가 전에 가등급을 받은 적은 있어도 이렇게 전국 1등 한 적은 한 번도 없었습니다. 창사 이래 최고의 성과입니다."

시설관리공단 업무를 주 업무로 하는 전국 47개 시, 군 시설공단 및 공사 그룹에서 1등을 한 것이다. 기관장의 경영철학을 반영한 중장기 경영전략을 체계적으로 수립하고 시행한 것 등으로 인해 대표적인 우수사례로까지 선정되었다. 성남시에서는 2020년 성남도시개발공사 경영에 문제가 많다고 하여 기관경고하고 기관장을 해임시켰는데, 행정안전부에서는 기관장의 경영철학을 반영한 우수한 경영 사례로 선정하고 전국 1등으로 평가한 것이다.

돌이켜보면 2021년 1월 21일 수원지법으로부터 해임집행정지 결정을 받아 업무에 복귀하자 성남시의회와 성남시는 경악했다. 해임취소 본안소송에서는 성남시가 지더라도 해임집행정지가 받아들여져 이렇게 빨리 업무에 복귀하리라고는 전혀 생각하지 못했기 때문이다. 이들은 나를 해임하면서, 바로 다음 사장을 임명하는 절차를 신속하게 진행하고 있었다.

이제까지 통상 공공기관의 해임소송에 있어 법원이 집행정지를 받아들이는 사례는 거의 없었다. 해임 여부는 기본적으로 임명권자의 고유한 인사권한으로 보는 측면이 강했기 때문이다. 본안소송에서 내가 이기더라도 결국 임기가 지난 후이기 때문에, 공사 사장으로서 복귀할 수 없고 그들은 남은 임기 동안에 해당하는 급여만 챙겨주면 될 것으로 예상하고 있었다.

원고와 피고 간 여러 차례의 준비서면을 교환하면서 해임취소소송은 지루하게 이어졌고, 결국 2021년 8월 26일 수원지법 제1행정부는 해임취소로 판결했다. 2021년 1월의 해임집행정지 결정과 이번 해임취소 판결로 나는 완승했고, 사법적으로 완전하게 명예를 회복했다.

한편 9월 5일의 행정안전부의 2021(2020 실적) 지방공기업 평가에서 전국 1등을 한 결과, 나는 경영성과 측면에서도 공식적으로 최상의 실적을 인정받게 되었다. 그 결과 성남도시개발공사 직원은 하반기 성과급으로 작년보다 최하 50%를 더 받게 되었다. 성남시 전역에 경영평가 전국 1등을 축하하는 현수막이 걸렸다. 회사에서는 남아 있는 업무추진비를 털어 전 직원에게 떡을 돌리고 서로 축하하였다. 성남시에 있는 모란시장에서 떡을 주문하여 조금이라도 지역경제에 이바지하고자 노력하였다.

경영평가는 공기업경영 전반을 빠짐없이 평가한다. 2021년(2020 실적) 평가에서도 '지속가능경영', '경영실적', '사회적 가치' 3분야로 나눠 경영 전체 분야를 평가했다. 특정 분야만 잘한다고 해서 좋은 성과를 거둘 수 없다. 어느 특정 부서나 직원에게 압도적인 공을 돌릴 수도 없다. 그런데 만일 부정 채용이나 안전사고 등 문제가 생기면 치명적이다.

한편 최상위 등급을 받기 위해서는 사장에 대한 리더십 평가도 매우 중요하다. 사장의 인터뷰를 포함한 평가 결과가 전체 경영평가에 미치는 영향이 지대했기 때문이다. 직원들은 이번 경영실적 평가 결과를 보고 진심으로 나에게 축하하는 분위기였다.

여의도, 반포, 한남 지구 등 가는 곳마다 공원을 잘 가꿔놓아 코스모스, 해바라기, 칸나 등등 형형색색의 가을꽃들이 만발하고 있었다. 청담대교 남단을 지나 1km 정도 못되게 달려가 보니 모이기로 약속한 장소가 나온다. 오전 8시경 친구들이 모두 모였다. 목동에서, 분당에서, 과천에서, 뚝섬에서 모두 자전거를 챙겨 들고나왔다. 비록 비싼 고급자전거는 아니었고 맵시 있게 복장도 제대로 갖추지 못했지만 다들 의욕은 충천해 있었다. 속도를 맞춰 함께 타기 위해 친구들을 앞장서게 하고 나는 맨 뒤에서 천천히 따라갔다.

나는 지난 3월 초부터 접이식 자전거를 타기 시작했다. 처음에는 점심시간에 사무실 근처 탄천 변을 달려보았다. 그러던 중 3월 말 20만 원을 주고 국산 중고 로드용 사이클을 구입하면서부터는 거리를 늘리고 행선지도 다양하게 정하게 되었다.

코로나19로 인해 다른 운동을 하기가 어려운 상황에서 자전거는 매력적인 운동이었다. 1주일에 한 번 정도는 집에서 회사까지 자전거로 출퇴근도 해 보았다. 편도 약 40km 거리였고, 약 1시간 30분 정도 걸렸다. 휴일에는 혼자서, 때로는 후배와 한강을 끼고 김포로, 아라뱃길로, 임진각으로 자전거 여행도 했다. 6월 6일에는 지인 몇몇과 함께 한강을 끼고 춘천을 가기도 했다.

나는 보통 평균 속도로 시간당 27~28km대를 타는 데 비해 친구들은 20km 속도로 주행하였고, 그러다 보니 맨 뒤에서 주변 경치를 완상하며 매우 느긋하게 쫓아가기만 하면 되었다. 힘을 저축하면서 자전거를 타다 보니 처음 간 아이유 고개(암사고개)도 별 어려움 없이 편안하게 넘었다. 아이유 고개는 사람들이, 고개가 3단으로 되어 있어 아이유의 '3단 고음'에 빗대어 붙인 이름이다. 잠실을 거쳐 미사리에서 한강을 보며 잠시 휴식을 취했다. 그리고 드디어 팔당대교를 넘어 목적지에 도착했다.

여러 가지로 풍성했던 수확을 생각해 보니 마음도 즐겁고 상쾌했지만, 다른 한편에서는 대장동 도시개발사업이 계속 마음속에 걸리고 있었다. 대장동 도시개발사업은 이재명 경기도지사가 성남시장으로 재직 시 추진한 사업으로서, 확정이익 5,503억 원을 공익환수한 모범적인 사업으로 이재명 지사 자신도 자랑스러워했고 널리 홍보했던 사업이었다.

그런데 국민의힘 대통령 예비후보로 나온 장기표 후보가 2021년 9월 12일, 대장동 사업은 민간사업자인 화천대유에 부당하게 과다한 이익을 남겨 준 사업으로, 여기에는 이재명 전 성남시장이 관련되어 있다고 발표하였다. 여야 모두 대선후보를 정하는 과정에서 대장동 도시개발사업은 국민 모두의 관심을 끌게 되었고, 여야 간 공방으로 인해 대선정국의 핵심적인 사건으로 등장하기 시작하였다.

자전거 타기 전날 우리들의 SNS 채팅방에서 한 친구가 질문을 던졌다.

"다음 주에 국민의힘에서 성남도시개발공사를 항의 방문한다는데 윤 사장은 어떻게 하시려나?"

이에 오늘 함께 자전거를 타기로 한 다른 친구가 맞받아서,

"내일 긴급대책회의를 자전거 타면서 하기로 함"이라 대꾸하였다.

자전거를 타지 않는 다른 친구는,

"내가 없으면 얘기가 되겠어? 내일 점심 먹는 자리로 감세"하고 참여를 통보했다.

자전거를 타는 날, 대장동 사건을 중심으로 한 친구들과의 토론은 이렇게 예정되어 있었다.

쉬엄쉬엄 자전거를 타면서 오다 보니 초계국수집에 도착한 시간은 거의 11시 경이었다. 시간이 애매하다 보니 가게 안에는 거의 손님이 없었다. 우리는 아침 겸 점심으로 초계국수를 먹고 근처 한

강 변 카페로 나와 이런저런 얘기로 꽃을 피웠다.

몇몇 친구들은 지난 2년간 독일 출신 실천적 경제이론가 질비오 게젤(Silvio Gesell)을 공부하다, 아예 그의 책을 번역해서 다음 주에 출간한다고 했다. 번역서의 제목은 《자유토지와 자유화폐로 만드는 자연스러운 경제질서》로 정했단다. 시한부 화폐(썩는 돈, 자유화폐)와 공유토지제(자유토지)를 소개하는 내용이었다.

"학교 다닐 때 세미나 한답시고 모여서 독서토론들 하더니, 결국 늙어서도 그 버릇을 못 버리는구나."

한 친구의 농담에 모두 배꼽을 잡고 웃기도 했다.
먼저 저세상으로 간 친구와 그 가족에 대한 안부들, 그리고 어떤 도움을 줄 수 있을까, 건강과 관련된 다양한 정보 교환, 취미 활동, 그리고 노후 직업이나 할 일에 대해서 여러 가지 얘기를 나눴다.

그래도 모두의 관심은 결국 대장동 얘기로 흘렀다.
최근에 워낙 언론을 뜨겁게 달구고 있을 뿐만 아니라 내가 사장으로 있는 성남도시개발공사에서 하는 사업이니 말이다. 친구들은 언론에 보도된 기사를 안주 삼아 여러 가지 의문을 제기했고 의견을 나누었다.

"공공기관이 참여하는 공적인 사업에서 민간사업자에게 그렇게 많이 이익을 배당한다는 것은 뭔가 기본적으로 사업구조가 잘못된 것이다."

"무슨 소리냐? 대장동 사업으로 인해 5,500여 억 원을 환수했는데 모범사업 아니었나?"

"대장동에서 이런저런 민원은 있었어도 민간사업자에게 이익이 많이 돌아간 것과 관련해서는 그동안 별다른 문제 제기가 없었다. 야권에서 공연히 이재명 경기도지사를 음해하기 위한 것이다."

"도시개발사업에서 사업자 이익배당은 한계가 있는 것 아니냐?"

"뭔가 사업에서 이상한 것은 없었는가?"

나도 언론에 나오는 기사를 자세히 살펴보고 있었지만, 그때까지 별다른 문제를 발견하지 못했다. 2018년 11월 성남도시개발공사 사장으로 취임한 이래, 대장동 사업과 관련해서는 대장동 사업 단지 북측의 송전탑을 옮겨달라는 민원이 가장 거셌고, 아직도 진행 중이었다.

그리고 이주자 택지 분양가격이 너무 높다는 민원도 있었다. 이 외에는 별다른 문제 없이 공사는 순조롭게 진행되고 있었고, 올해 말 사업준공을 준비하고 있었다. 때때로 성남시의회에서 민간사업자와의 사업협약을 제출해 달라고 하는 등 사업에 관심을 보이기도 했지만, 민간사업자에 대해 과다하게 이익을 배당했다는 주장이 본격 제기된 적은 없었다.

성남시가 스스로 만족하는 확정이익을 이미 모두 배당받았기 때문에, 나머지 민간사업자가 가져가는 이익이 바람직한지 아닌지는 거의 관심이 없었다. 사업을 순조롭게 마무리하여 올해 말로 차질 없이 준공할 계획이었다. 그리고 사업자 선정에 문제가 있었다면 다른 경쟁자들이 가만히 있지 않았을 터인데, 사업자 선정에 따른 잡음도 없었다.

감사원에서 대장동 자료를 들여다보고 갔는데 아무런 문제가 없었다는 얘기도 들렸다.[1] 무엇보다 박근혜 정부 집권 당시에 대장동 사업이 진행되었고, 당시 이재명 시장은 눈엣가시 같은 존재였는데 문제가 있었으면 그냥 두었겠느냐 하는 의견들도 많았다.

친구들은 진지하게 이런저런 가능성을 들어가며 자신들의 의견을 제시하였고, 나에게 철저하게 조사하여 밝힐 것을 제안했다.

작금의 상황은 2022년 3월에 있는 대선을 앞두고 여야 대선주자들이 정치적 공방을 벌이고 있었고, 서로에 대한 고소 고발로 이어져 검찰과 경찰의 수사로 연결되고 있었다. 지금까지 확인된 것은 민간사업자들에게 대한 배당금이 과다하다는 주장만 있을 뿐, 공사 내부적으로 파악된 문제는 없었다.

1] 〈한겨레신문〉. 2021. 9. 24. 화천대유 선정 과정과 계약 내용은? 커지는 '대장동 의혹' 풀 열쇠 "감사원에서는 2020년 9월 성남도시개발공사 등 경기남부지역 지자체 15곳이 운영하는 도시공사 PFV 개발사업 현황과 문제점을 파악한 뒤 이 가운데 의왕, 하남도시공사 두 곳을 대상으로 감사를 벌였다. 공공이익으로 환수해야 할 개발이익이 민간업자에게 넘어가도록 방치·묵인, 피에프브이 내 민간출자사와의 계약 과정에서 특혜·비위 등에 초점을 맞춘 감사였다."

이렇게 검찰과 경찰 등 수사기관의 조사가 막 시작되는 상황에서, 조사받는 당사자로서 공사가 스스로 나서는 것은 아무리 봐도 무리였다. 게다가 사업을 처음 추진했던 핵심 임직원은 거의 모두 퇴직하여, 대장동 사업의 속사정을 자세히 알아보기도 어려운 일이었다.

통상적으로 공공기관에서는 감사하는 과정일지라도 수사기관이나 감사원에서 조사에 착수하면 감사를 멈추고 외부 기관의 수사나 조사에 협조하면서 그 결과를 기다리는 게 통상이다. 스스로 하는 감사 결과에 대해서 객관성을 인정받기 어려울 뿐만 아니라, 수사나 조사에 방해가 될 수 있고 또 방해한다는 오해를 받기에 십상이었다.

친구들의 제안은 이런 현실에 비춰볼 때 나와는 너무도 거리가 먼 의견이었다. 그러나 친구들의 진솔하고 정의로운 마음은 소중하게 가슴에 담아 두기로 했다. 살다 보니 당시에는 별로 탐탁지 않게 들리던 의견도 나중에는 재발견하는 경우가 많았기 때문이다.

친구들이 말했다.

"혹시 알아? 오늘 이 자리가 나중에 돌아보면 역사의 한 페이지가 될지도 모르잖아?"

"나는 윤 사장이 크게 보고 정도를 향해 갔으면 한다. 대도무문(大道無門)이라고 하지 않던가?"

여전히 무거운 소리였다.

이런저런 얘기를 나누다 내일 일은 내일에게 맡기기로 하고 우리는 자리를 털고 일어났다.

돌아갈 때는 한강 변 강북 강변 자전거도로를 타고 가기로 했다. 미사대교 인근 한강 변 공원에는 코스모스들이 바람에 시원한 몸매를 자랑하며 분홍색, 빨간색 등 여러 가지 색깔로 예쁘게 피어 있었다. 어느 한 편에는 황화 코스모스 군락이 자리를 잡고 있어 진노란 자태를 뽐내고 있었다. 오는 길에 아이유 고개가 있었다면 돌아가는 길에는 미음나루 고개가 버티고 있었다. 천천히 올라가다 보니 결국 끝까지 무사히 페달을 밟을 수 있었다.

대장동을 말한다

"공공기관이 참여하는 공적인 사업에서 민간사업
자에게 그렇게 많이 이익을 배당한다는 것은 뭔
가 기본적으로 사업구조가 잘못된 것이다."

"무슨 소리냐? 대장동 사업으로 인해 5,500여 억
원을 환수했는데 모범사업 아니었나?"

"대장동에서 이런저런 민원은 있었어도 민간사업
자에게 이익이 많이 돌아간 것과 관련해서는 그
동안 별다른 문제 제기가 없었다. 야권에서 공연
히 이재명 경기도지사를 음해하기 위한 것이다."

"도시개발사업에서 사업자 이익배당은 한계가 있
는 것 아니냐?"

"뭔가 사업에서 이상한 것은 없었는가?"

Part 1
.
대장동 사태의 발발

01
대장동 도시개발사업(이하 '대장동 사업')이
대선 정국의 초대형 정치적 이슈로 급부상하다

처음 대장동 사업에 대한 의혹을 제기한 건 국민의힘 장기표 대선 예비후보였는데, 왜 대장동 사업이 초대형 정치적 이슈로 발전했을까?

그것은 대장동 사업이 현재 국민의 최대 관심사인 부동산과 공정이라는 화두를 강타했기 때문이다.

문재인 정부 들어 부동산가격은 크게 폭등했고, 정부의 부동산가격 안정화 정책은 별 소용이 없었다. 드디어는 내 집 마련에 불안을 느낀 20대, 30대 젊은 층까지 부동산투기에 몰두하기 시작했다. 이들은 정부가 부동산가격을 안정시킬 수 있을 것으로 믿지 않았다. 매일 매일 오르는 부동산가격은 대다수 국민에게 커다란 스트레스였다.

그런데 여기에 LH 사태가 터졌다. 2021년 3월 2일 '참여연대'와 '민주사회를 위한 변호사 모임'에서 LH 직원들의 땅투기 의혹을 제기했다. LH 직원들이 부동산개발과 관련된 내부 정보를 활용하여 사적으로 부동산에 투자했고, 이를 통해 막대한 이익을 확보한 것이다. LH 사태로 인해 국민들은 공분했고, 이로 인해 전직 LH 사장으로서 국토교통부 장관에 임명된 변창흠 장관은 이에 대한 책임을 지고 임명된 지 109일 만에 불명예 퇴진했다.

대장동 사업은 이런 시대적인 분위기 속에서 초대형 정치적 이슈로 등장했다. 대장동 사업으로 4,000여 억 원이 넘는 막대한 배당금과 수천억 원이 넘는 분양수익이 화천대유 등 소수 특정 업체에 부당하게 배당되었고, 그 배후에는 당시 이재명 성남시장이 개입되어 있다는 주장이었다.

더구나 박근혜 대통령 탄핵 당시 국정농단 의혹사건을 수사했던 박영수 특별검사가 화천대유의 상임고문을 맡고 있고, 그 딸이 화천대유에 취업했던 사실도 알려졌다. 국민의힘 곽상도 의원의 아들이 화천대유에 근무했고 50억 원의 퇴직금을 받았다는 사실이 밝혀지면서 대장동 사업은 대선정국 태풍의 눈으로 등장하였다.

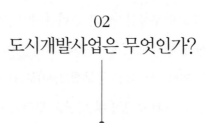

02

도시개발사업은 무엇인가?

도시개발사업과 도시개발법

대장동 도시개발사업에 대한 논란이 어떻게 진행되었는지를 이해하려면 먼저 도시개발사업이 무엇인지 간략하게나마 개념적으로 이해해 둘 필요가 있다. 거의 모든 언론이 대장동 사업을 보도하고 있기는 하지만, 막상 일반 사람들에게 '도시개발사업이 무엇이냐?'라고 물어보면 글쎄 하고는 고개를 갸우뚱하는 경우가 많기 때문이다.

도시개발사업은 기본적으로 도시지역에서 토지와 건물을 대상으로 하는 부동산개발 사업이다. 경제가 발전하면서 산업화, 도시화가 급속하게 진전되었다. 산업의 발전과 함께 도시로 인구가 집중되면서 도시는 급격히 팽창하였다. 이로 인해 도시를 구성하는 대량의 주거 용지, 공장용지, 상업용지 등이 필요하게 되었다.

도시개발은 도시지역에 필요한 이들 토지 등을 계획적으로 공급하는 것이다. 그렇지 않을 경우, 도시는 기존 도심을 중심으로 자연발생적으로 무계획하게 커져 나가기 때문에 비효율적일 뿐만 아니라 쾌적한 도시환경을 갖출 수도 없기 때문이다. 따라서 도시개발이란 국가나 지방자치단체 등이 나서서 계획도시를 만드는 다양한 부동산 개발 사업으로 이해해도 큰 무리는 없을 것이다.

도시개발 사업은 당연히 관련 법규들에 근거해서 사업이 추진된다. 2000년 도시개발법이 제정되기 전까지 도시개발 사업은 '사업목적별·담당부서별로 다양하게, 그리고 많은 개별 법규에 근거하여 시행되어왔다.

주거를 위한 택지는 〈택지개발촉진법〉에 의한 '택지개발사업'에 의해 주로 공급되었고, 〈주택건설촉진법〉에 의한 '대지조성 사업'과 〈토지구획정리사업법〉에 의한 '토지구획 정리사업', 〈도시계획법〉에 의한 '주택지 조성사업'이 택지공급에 보조적인 역할을 해왔다. 또한 공업단지는 〈산업입지 및 개발에 관한 법률〉에 의한 '산업단지 조성사업'과 〈도시계획법〉에 의한 '공업용지 조성사업' 등에 의하여 주로 공급되었다.'[2]

도시개발법은 이들 중에서 〈도시계획법〉과 〈토지구획정리사업법〉의 도시개발사업 관련 규정을 묶어 통합한 것으로, 이 법 시행

2] 김일환. 1999. 〈도시개발법(안) 제정의 추진배경 및 주요내용〉. 시멘트 p34-37.

이후 〈토지구획정리사업법〉은 흡수되어 폐지되었고, 〈도시계획법〉은 도시계획에 관한 규정만 남게 됐다.

물론 도시지역이 아닌 비도시 지역도 여러 가지 개발사업은 가능하다. 이 경우에는 〈국토의 계획 및 이용에 관한 법률〉을 적용할 수 있다. 이 법은 도시지역에 적용하였던 (구)도시계획법과 비도시 지역에 적용하던 (구)국토이용관리법을 통합하여 비도시 지역도 난개발을 방지하고 환경친화적으로 국토를 이용할 수 있도록 한 것이다.

그런데 이명박 정부는 도시개발법을 제정하면서 민간참여와 규제 간소화를 통해 도시개발 사업을 더욱 적극적으로 촉진하고자 하였다. 위와 같이 기존 도시개발 관련 법률을 통합할 뿐만 아니라, 과거에 특정 용도별 도시개발 법규의 한계를 넘어서 주택·상업·산업단지는 물론, 유통·관광휴양·정보·역사·문화 등 여러 분야의 복합 또는 단일기능의 단지나 도시 조성도 가능하도록 '도시개발사업'의 적용 범위를 확대하였다.

또한 도시개발사업에 있어 민간의 참여를 대폭 확대했고 절차도 개선하여 사업 기간을 단축할 수 있도록 하였다.[3] 결국 도시개발

3] 김일환. 1999. 〈도시개발법(안) 제정의 추진배경 및 주요내용〉. 시멘트 p34–37. 기존 '도시개발 관련 법률에서는 사업시행자를 국가, 지방자치단체, 정부투자기관 등 공공부문 위주로 한정하여 민간의 사업참여를 제한'하였으나 도시개발법에서는 이 외에도 민관합동법인, 토지소유자 및 그 조합, 일반건설업 면허자, 주택사업자, 부동산신탁회사 등도 사업을 시행할 수

법 제정으로 인해 지금보다 도시개발을 획기적으로 촉진할 수 있
는 법이 만들어진 셈이다. 대장동 도시개발사업은 지금까지 설명
한 도시개발법을 근거로 시행되었다.

필자가 경험했던 도시개발사업

필자가 오래전에 주식회사 유공(현 SK이노베이션)을 다닐 때 약 6
년간 도시개발사업을 전문적으로 수행한 적이 있다. 유공은 정유
및 석유화학산업을 포괄하는 종합 에너지·화학회사로서, 원유를
수입해 와서 정제하고, 석유제품뿐만 아니라 석유화학 제품까지
일관된 공정으로 생산하는 장치산업을 영위해 왔다.

유공은 1980년대 말 1990년대 초에 지속적인 설비 확장을 하고
있어서 공장이 소재한 울산에서는 공장 확장을 위한 도시개발사업
이 활발하게 전개되고 있었다. 지금 돌이켜 보면 에틸렌플랜트를
확장하는 울산 부곡동의 'NEP 연결배관로 사업'(약 2~3만 평 수준?),
폴리에틸렌과 폴리프로필렌을 생산하는 울산 상개동의 PE/PP사업
(약 17만 평?), 프로필렌옥사이드와 스티렌모노머를 생산하는 울산

있도록 하였고, 민간에게 개발사업의 발의권을 인정하여 도시개발사업구역 지정제안권을 인
정하는 등 민간참여의 폭을 대폭 확대하였다. 이 외에도 '도시개발사업구역'으로 지정되면 국
토이용계획상 도시지역이 되고, 도시개발사업에 대한 실시계획인가를 받으면 30여 개 법률
에 의한 인·허가를 받은 것으로 사업기간을 대폭 단축할 수 있도록 하였다.

용연동 인근의 PO/SM 사업(약 15만 평?)이 생각난다.

필자가 속한 '관재부'에서는 부지를 확보하는 업무를 담당하고 있었다. 여기에 적용된 법규는 〈산업입지 및 개발에 관한 법률〉이었다. 당시 도시개발사업은 LH(한국토지주택공사)의 전신인 한국토지개발공사에서 전담하다시피 했는데, 유공은 대규모 공장용지 및 물류단지를 보유한 기업으로서 위와 같이 공장용지를 확보하고 개발하는 업무를 직접 수행했다.

필자는 울산에서 벌어지는 개발사업에 참가하기도 했지만, 주로 서해안 서산·당진 인근에 '석유와 석유화학제품 트레이딩을 위주로 한 대규모 공장용지를 개발하는 사업'을 추진하고 있었다. 이와 동시에 전국에 석유제품 유통을 위해 물류기지를 개발하거나 확장하는 사업도 맡고 있었다.

서해안 공장용지 조성사업에는 〈공유수면매립법〉을 적용하고 있었고, 물류기지 분야로는 〈도시계획법〉, 〈국토이용관리법〉을 적용해야 했다. 그러나 입지별 특성에 따라 수많은 부동산 관련 법령들이 적용되었다.

도시개발은 기본적으로 부지를 개발하여 분양(혹은 자가 사용)하는 것이다. 사업을 추진하는 데는, 개발한 사업부지가 제대로 분양될 수 있는지가 우선 중요하다. 이는 부동산 시장에 정통한 전문가의 몫이다.(물론 자가 사용인 경우는 좀 다르겠지만 말이다). 또한 부지를 개발하는 데는 무엇보다도 인허가 업무와 보상업무가 가장 중요한 부분을 차지한다. 계획된 시점에 예정된 원가로 개발해야 하기 때문이다.

혹자들은 대장동 사업은 투기를 일삼는 토건족들이 문제였다고 지적하기도 한다. 그러나 이번 대장동 사업에서 보는 바와 같이 사업계획을 주도한 사람들은 회계사, 변호사들이었다. 토목사업은 이미 정해져 있는 것이기 때문에 사업의 과정에서 성패에 영향을 주는 변수가 되지 못한다.

물론 도시개발사업이 외관으로 보면 토목사업을 중심으로 진행되고, 건설사에서 도시개발사업을 하는 경우가 많아서 이들을 연결시켜, 도시개발사업자는 토건 사업자인 것처럼 연결하려고 하지만 도시개발사업은 엄연히 영역이 다른 별도 분야이다. 그리고 개인 경력 측면에서 따져봐도 토건 사업의 경력만으로는 도시개발사업의 핵심역량을 갖추었다고 볼 수도 없다.

필자가 성남도시개발공사 사장에 취임한 직후 예전에 직접 도시개발 실무를 담당하여 진행할 때와 비교하기 위하여 관련 법령을 살펴보니, 2000년에 '도시개발법'이 제정되었고, 2002년 〈국토의 계획 및 이용에 관한 법률〉이 개정된 사실을 알게 되었다. 그러나 이 두 가지 법이 어느 날 하늘에서 뚝 떨어진 것이 아니고 기존 법령체계의 발전과정에서 나타난 것이기 때문에 이를 파악하는 데 어려움은 없었다.

또한 도시개발 관련 법령들은 인허가절차 측면에서 유사성을 가지고 있다. 통상 '개발 기본계획 수립 – 개발구역 지정 – 사업계획 수립 – 사업자 지정 – 보상 – 실시설계 – 공사착공 – 준공' 등의 과정을 거친다. 이 과정에서 관련 부처 협의를 거치는데 부처별로 수많은 법규들과 마주치게 된다. 이렇게 하부 관련 규정을 파악하기 위하여 직원들로부터 보고를 받아보니 특별하게 이해하기 어려운 것은 발견되지 않았다.

성남도시개발공사에서 도시개발 업무를 다시 마주치다 보니 묘한 감회가 들었다. '내가 젊었을 때, 민간기업에서 오랫동안 실무를 담당했던 시절 업무 지식과 경험을 이렇게 다시 꺼내 쓰는구나!' 하는.

03
대장동 도시개발사업의 개요

공영개발의 좌절과 민간의 개발 노력

대장동 사업지구는 경기도 성남시 분당구 대장동 210번지 일원으로 남판교에 자리 잡고 있으며, 자연환경 조건이 수려할 뿐만 아니라 서울에 대한 접근성이 매우 뛰어난 지역이다. 판교 JC, 서판교 IC를 통해 경부고속도로, 수도권외곽도로, 용인-서울 고속도로 진입이 용이하고 2021 완공된 서판교 터널로 서울 강남까지 30분 내외에 접근이 가능하다.

애초 대장동 사업지구는 판교의 마지막 노른자위 땅으로 불릴 만큼 입지가 좋아서 이미 오래전부터 개발이 추진되었던 지역이었다. LH(한국토지주택공사)는 이대엽 성남시장(당시 한나라당) 시절이던 2004년 12월 128만㎡의 미니신도시 개발계획을 세웠고, 2020년 성남시 도시기본계획에도 이를 반영하였다. 그러나 개발계획의 유출과 땅투기로 공무원들이 입건되면서 사업이 중지되었다.

이후 LH에서 2008년 7월에 성남시에 다시 공영개발을 제안하면서 사업을 추진하였지만, 2010년 9월 재정난을 이유로 돌연 사업을 포기했다. 이 과정에서 한 민간사업자가 공공개발을 막고 민간개발로 돌리기 위해 당시 한나라당 소속 신영수 의원의 친동생, 전직 LH 본부장 등에게 수억 원의 뇌물을 뿌린 대장동 비리 사건이 터지기도 했다.

2008년을 전후해서 민간에서도 대장동 개발을 추진하기 위한 움직임이 나타나기 시작했다. 〈시사IN〉의 2021년 12월 7일 보도에 따르면, 당시 대장동의 일부 땅 주인들은 민간개발 추진위원회를 만들었다.

이들과 도시개발사업에 대한 계약을 맺고 사업을 추진한 민간회사가 부동산 개발업체 '씨세븐'이었다. LH가 다시 사업을 추진하면서, 씨세븐은 개발전문가들을 자문단으로 영입했다. 대장동 사업의 민간사업자인, 천화동인 4호, 5호의 소유주로 알려진 남욱 변호사와 정영학 회계사가 등장한 것이다.

'정 회계사는 부산저축은행그룹 박연호 회장의 인척 조 아무개 씨도 영입했다. 당시 씨세븐은 민간 개발사업 추진과정에서 지주작업, 즉 토지를 확보하는데 필요한 자금을 마련하기 위해 부산저축은행 등 11개 저축은행을 통해 1,805억 원을 빌렸다. 개발부지에 속한 필지 904곳 중 638곳의 '토지사용권(땅 주인들로부터 해당부지의 개발권을 인정받았다는 의미)'을 조씨가 알선한 대출금으로 2000년대 말에 이미 확보했다. 전체 대장동 개발지구 필지의 70%에 해당하는 규모다.

이후 조씨는 6년 뒤인 2015년 화천대유에서 모습을 드러낸다. 킨앤파트너스와 최태원 SK그룹 회장의 동생 최기원 SK행복나눔재단 이사장을 연결해 400억 원대 대출을 끌어내는 역할을 맡았다.'[4]

2011년 저축은행 부실대출 사태가 터졌다. 부산저축은행은 2011년 영업정지 처분을 받았고, 2012년 파산했다. 저축은행 파산에 따라 씨세븐도 빌린 돈을 상환해야 했다. 대출금을 갚지 못하자 예금보험공사가 씨세븐의 토지 사용 권리를 가압류했다.

사업이 어려워지자 남욱 변호사가 씨세븐 대표를 맡으면서 회사 이름도 '판교프로젝트금융투자'로 변경되었다. 정영학 회계사가 설립해둔 또 다른 부동산 개발업체들이 판교프로젝트금융투자의 지분을 가졌다. 남 변호사와 정 회계사는 각각 민간 부동산 개발업체 대표로서 사업 전면에 직접 등장했다. 이들이 추진하는 대장동 개발사업이 본격적으로 시작된 건 이때부터였다.'

2010년 성남시장에 당선된 이재명 시장은 처음에는 공영개발을 추진하였다. 그러나 당시 새누리당 시의원들이 민간개발을 주장하

4] 〈시사IN〉. 2021. 12. 7. 대장동 '설계도' 그린 그때 그 사람들은 누구인가.

며 반대했다. 이들은 대장동 개발을 위한 공사채 발행에 반대했다. 그리고 공영개발을 수행할 성남도시개발공사 설립도 반대했다. 이때 반대에 앞장선 인물이 새누리당 소속 최윤길 전 의장이었다.

민관이 합작(?)한 성남도시개발공사 설립

2013년 2월 성남도시개발공사 설립계획안이 의회를 통과했다. 당시 새누리당 시의원들은 여전히 반대했지만, 최윤길 전 의장과 새누리당 소속 시의원 일부가 입장을 바꿔 찬성했기 때문이다.

검찰이 작성한 유동규 전 성남도시개발공사 기획본부장의 공소장에 따르면 유씨가 남욱 변호사 등 민간사업자와 결탁해 성남도시개발공사 설립을 추진했다고 한다. 또한 유 전 본부장은 이 시기에 민간사업자인 남욱, 정영학, 정재창으로부터 뇌물 3억 5,200만 원을 수수했다고도 한다.

대장동 민관합동 개발사업이 시작되기 전부터 유동규 전 기획본부장과 민간사업자들이 긴밀하게 협력관계를 유지하고 있었다는 것이다.

성남시는 2013년 9월 성남도시개발공사를 설립하고 대장동 민관합동 도시개발사업을 본격 추진했다.

대장동 사업추진 경과

성남시는 대장동 사업추진을 위해 2014년 5월 도시개발구역을 지정 고시하였고, 2015년 6월에는 대장동 사업지구와 여기서 직선거리로 10km 떨어진, 성남시 수정구 신흥동 제1공단 부지를 공원으로 조성하는 것을 함께 묶어 '대장동—제1공단 결합 도시개발구역 개발계획'을 고시했다.

성남도시개발공사는 대장동 사업에 대해, 2015년 2월 다른 법인 출자타당성 검토 결과를 시의회에 보고하여 승인받았다. 이후 공모 절차를 거쳐 그해 3월 '성남의뜰'을 우선협상대상자로 선정하고 6월에는 사업협약을 체결하였다. 7월에는 민간사업자와 공동 출자해서 '성남의뜰'이란 특수목적법인(SPC)을 설립하였고, 8월에는 성남시로부터 사업시행자 지정 승인을 받았다. 2016년 11월 실시계획 승인을 받는 등 제반 인허가절차를 거쳐 2017년 10월 단지 조성공사를 착수하였다.

2017년 5월 아파트 부지에 대한 공급계약을 체결하였고, 2018년 11월부터 준공 전 부지사용 허가를 받고 아파트 건축을 시작하였다. 2019년 9월에는 이주자 및 생활대책 대상자를 대상으로 한 토지공급이 있었고, 그해 12월에 당초 임대용 아파트 부지 A9, A10

블록을 LH에 공급하는 것으로 수의계약을 체결하였다.[5] 다음은 대
장동 도시개발사업의 추진과정을 간략하게 표로 정리한 것이다.

대장동 도시개발사업 추진과정

일자	내역	기관
2014. 05.	도시개발구역 지정 고시	성남시
2015. 02.	다른 법인 출자 타당성 승인	성남시의회
2015. 03.	우선 협상대상자 선정	성남도시개발공사
2015. 06.	개발계획 고시	성남시
2015. 06.	사업협약 체결	성남도시개발공사
2015. 08.	성남의뜰, 사업시행자 지정	성남시
2016. 04.	보상계획 공고	성남의뜰
2016. 11.	실시계획 인가 고시	성남시
2017. 05.	조성토지(APT) 공급계약 체결	성남의뜰
2017. 06.	북측터널 도시계획시설 결정 고시	성남시
2017. 10.	단지 조성공사 착수	성남의뜰
2017. 12.	북측터널 실시계획인가 고시	성남시
2018. 08.	이주 등 생활대책 등 공고	성남의뜰
2018. 11.	준공 전 사용허가	성남시
2018. 12.	북측터널 공사 착공	성남의뜰
2019. 09.	조성토지(이주 및 생활대책) 공급계약	성남의뜰
2019. 12.	임대아파트용부지(A9, A10) LH 수의계약	성남의뜰
2020.	실시계획 변경인가 및 공사 (계속)	성남시
2021. 12.	사업 준공 (예정)	성남시

5] 당초 A10블럭은 1,822억 원에 매각하는 것으로 하였으나 필자가 성남도시개발공사 사장
으로 재임 중인 기간에 LH와 협상을 거쳐 1,830억 원에 매각하였다. 언론에서는 공사가 배당
받은 금액으로 1,822억 원, 1,830억 원 두 가지로 혼합하여 사용하고 있으나, 이는 당초 배당
계획 금액은 1,822억 원, 실제 배당받은 금액 1,830억 원으로 서로 다른 점에 기인한다.

성남의뜰 납입자본금은 50억 원으로 이중 46억 5천만5천 원(4,650,005,000원)은 우선주로 성남도시개발공사가 25억 5천 원(50%+1주), 하나은행, 국민은행, 기업은행, 동양생명, 하나자산신탁 등 금융기관에서 모두 21억 5천만 원(43%)의 지분을 보유하고 있고, 보통주는 모두 7%로 SK증권 특정금전신탁(6%), 화천대유자산관리(1%-1주)로 구성되어 있다.

투자지분 구성

구분	기관	출자금액	비율
1종 우선주	성남도시개발공사	25억 5천원	50%+1주
2종 우선주	하나은행	7억	14%
	국민은행	4억	8%
	기업은행	4억	8%
	동양생명보험	4억	8%
	하나자산신탁	2억5천만원	5%
보통주	화천대유자산관리	4천9백9십9만5천원	1%-1주
	SK특정금전신탁	3억 원	6%

배당조건은 1종 우선주를 가진 성남도시개발공사가 확정이익으로 최우선 배당을 받는 조건이었다. 협약 당시에는 제1공단 공원화 사업에 투입되는 자금 2,561억 원을 사업비로 투입하는 것 외에 임대용 주택사업부지 A10블록(현물 내지 1,822억 원 현금배당 가능)을 배당받는 조건으로, 성남시가 배분받는 실제 이익은 총 4,383억 원이었다. 그런데 여기에서 주목할 점은 1,822억 원 외에는 더 이상의

추가배당은 없다는 조건이었다.

그다음에는 2종 우선주를 보유한 금융기관들이 매 사업연도 연리 25%의 배당을 받는 조건이었고, 이후 나머지 이익은 모두 7% 보통주를 보유한 SK증권 특정금전신탁과 화천대유자산관리의 몫이었다.

도시개발사업에서 '추가배당이 없는 확정이익'을 이익배분 조건으로 정하는 것은, 당시에는 비교적 이례적인 사례였다. 일반회사를 만들거나 공동 투자를 하는 경우, 사업 결과로 얻은 이익의 배분은 지분율로 하는 게 통상적이었기 때문이었다.

다른 도시개발사업의 사례를 보면 보통 지분대로 배당한다든지 하고, 사전 확정이익을 정해도 일정 수준의 이익은 별로도 나누는 것이 일반적이었다.[6]

그런데 민관이 함께 추진하는 도시개발사업은 얼마든지 달라질 수 있다. 공공이 핵심적인 인허가 업무를 책임질 수 있고, 보상업무도 신속하게 할 수 있는 토지수용권을 보유하고 있어서 공공은

---

[6] 〈한국일보〉. 2021. 9. 27. "몸통보다 팔다리 먼저 생겨" 성남 민관합동 개발은 달랐다. 하남도시공사의 '하남풍산지구 아파트형공장' 사업의 경우 사전 확정이익 (210억) 보장 후 초과수익을 지분율에 따라 비례 보장함. 안산도시공사의 '안산37BL 공동주택' 사업은 수익대비 지분율 비례 보장함. 의왕도시공사의 '의왕백운밸리 도시개발사업'은 수익대비 지분율 비례 보장 방식임.

민간과 비교하면 절대적으로 우월한 위치에 서 있기 때문이다.

이 경우에 민간사업자는 자금을 조달하는 역할을 맡는다. 공공기관과 민간이 함께 투자해서 만드는 프로젝트금융투자회사(PFV)의 납입자본금은 도시개발사업 전체 투입 자금의 '새 발의 피'도 안 된다. 그저 민관합동 프로젝트회사의 틀을 갖춰 법인세 면제 혜택을 받고, 상법 등에 보장된 주주의 권리와 의무를 규율하는 것에 불과할 뿐이다. 따라서 공개모집 조건 및 이후 주주 간 협약에 따라 배당조건도 수정될 수 있는 것이다. 대장동 사업의 경우도 그러한 경우다.

대장동 개발사업에서 투자자들이 공모형 PFV를 명목상 회사로 만들고, 이를 운영할 자산관리회사(AMC)를 두는 것은 대규모 부동산 개발사업에서 매우 흔한 형태였다. 또한 도시개발사업의 지분 비율에 상관없이 배분받는 이익을 확정하는 것도 이익 배분 방식으로 볼 때 충분히 가능한 방식이었다.

당시 이재명 성남시장은 그렇게 한 배경으로, 전에 위례 도시개발사업을 했는데 처음 예상보다 배당이익금이 매우 적어서 살펴보니, 민간사업자들이 사업을 하면서 비용을 부풀린다고 생각했다며, 대장동 사업에서는 이런 부분을 없애기 위해 처음부터 확정이익을 정해서, 더 이상 사업자의 이익관리에 좌우되지 않겠다는 취지임을 공개적으로 밝히기도 했다.

따라서 이론적으로 생각해 보면 민관합동 도시개발사업의 경우

얼마든지 다양한 이익배분 방법이 있을 수 있다. 그럼에도 불구하고 대장동 사업의 확정이익 배당조건은 당시에는 보기 드문 창의적인 시도였다고 볼 수 있다.

그러나 이러한 확정이익 배당조건에도 불구하고 사업 진행 과정에서 사업자와 협의를 통해 성남시는 사업이익을 추가로 회수했다. 부동산가격이 상승하면서 성남시는 성남의뜰에 추가적인 이익배분 요구를 하였고, 이후 협의를 거쳐 2016년 11월에는 실시계획 인가조건으로 대장동 북측터널(600억 원), 대장IC 확장(260억 원), 배수지(60억 원) 등 총 920억 원이 추가되었고, 2017년 6월 제1공단 공원화 조성사업에 지하 주차장 400면을 추가 건립하는 공사 (200억 원)가 실시계획 인가조건으로 고시되면서 모두 1,120억 원이 추가되었다. 결국 성남시가 대장동 사업으로 회수하는 확정이익은 모두 5,503억 원으로 증가하였는데 그 구성을 보면 앞에서 설명한 제1공단 공원화사업 2,561억 원(사업비용으로 계상), 임대용주택사업부지 A10블록(1,822억 원 상당, 배당금액), 그리고 이렇게 추가로 기부채납 받는 시설 1,120억 원이다.

성남의뜰은 2019년부터 배당을 시작하였다. 2019년 3,734억, 2020년 1,453억, 2021년 716억 원을 배당하여 현재까지 총 5,903억 원을 배당하였다. 성남도시개발공사는 당초 계약 대비 8억 원이 늘어난 배당액 1,830억 원을 배당받았다.

이에 비해 화천대유는 577억, SK증권특정금전신탁(천하동인 1~7호)은 3,462억 원을 배당받아, 이들은 합쳐서 총 4,039억 원의 엄청난 금액의 배당을 받았다.

성남의 뜰 연도별 배당내역

구분			배당(단위 : 억 원)			
			계	2019년	2020년	2021년
공공		성남도시개발공사	1,830	1,822		8
민간	금융기관	하나은행	10.4	7	1.7	1.7
		국민은행	6	4	1	1
		기업은행	6	4	1	1
		동양생명	6	4	1	1
		하나자산신탁	3.7	2.5	0.6	0.6
	민간시행사	화천대유자산관리	577	270	207	100
		SK증권특정금전신탁	3,462	1,620	1,240	602
합계			5,903	3,734	1,453	716

이 정도면 독자들은 대장동 사태를 이해하는데 필요한 기본지식을 어느 정도 파악했으리라 본다.

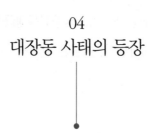

04
대장동 사태의 등장

사건의 발단

처음 대장동 사업에 대한 의혹 제기는 경기도 수원에 소재한 인터넷 언론사로부터 시작되었다. 2021년 8월 31일 〈경기경제신문〉의 박종명 기자는 "이재명 후보님 '(주)화천대유자산관리'는 누구 것입니까?"[7]라는 칼럼을 통해, 대장동 사업의 민간사업자 중에, 잘 알려지지 않은 화천대유와 천하동인(1호~7호)의 존재를 부각시켰다.

이들은 개발사업 시행관리 실적이 전무했는 데도 불구하고 민간사업자로 참여하여 토지매각과 분양수익으로 무려 6,000여 억 원의 수익을 올렸는데, 이는 이재명 경기도지사(당시 성남시장)의 비호가 있었기에 가능했다는 제보가 있다고 의혹을 제기했다.

7] 〈경기경제신문〉. 2021. 8. 31.【기자수첩】이재명 후보님, "(주)화천대유자산관리는 누구 것입니까?"

아울러 화천대유가 대장동 사업으로 지난 2년간 배당받은 금액 642억 원 중에서 473억 원이 최대 주주에게 배당되었다며, 이 많은 돈이 어디에 사용되었을까요? 하는 의문을 제기했다.

박종명 기자는 이에 머무르지 않고 9월 8일 "이재명 후보님, 화천대유라는 적폐공동체를 해체시켜주십시오"[8]라는 제목의 칼럼을 통해 화천대유에 4개의 자회사가 더 있고, 이재명 후보가 경기도 공공기관장에 임명한 이ㅇ주 친동생이 천하동인 1호 이ㅇ성 대표라고 주장하며, 이들이 이재명 후보와 관련된 적폐공동체로서 대장동의 막대한 개발이익을 가져가고 있다고 추가 폭로했다.

대장동 사업에 대해 이들이 제기한 의혹은 국민의힘 대선 예비후보로 등장한 장기표 씨의 기자회견 등을 통해 본격적으로 정치 이슈화되기 시작했다.

장기표 국민의힘 대선 예비후보는 2021년 9월 12일 국회 기자회견을 통해 이재명 지사의 아들이 대장동 사업에서 수천억 원의 이익을 얻은 화천대유의 계열사 천하동인 1호에 취직해 있다고 폭로했다. 아울러 화천대유는 민간사업자 공모 당시 아무런 실적도 없이 출자금 5천만 원으로 급조한 회사인데, 이 업체가 시행사로 선정된 것을 있을 수 없는 일이다. 또한 이들 회사가 분양받은 용지

8] 〈경기경제신문〉. 2021. 9. 8. 【기자수첩】 이재명 후보님, "화천대유라는 적폐공동체를 해체시켜주십시오."

에 대해 포스코건설, 대우건설 등 대기업과 시공협약을 맺어 막대한 이익을 얻었는데, 이재명 지사는 대선 후보가 될 것으로 보여 수사기관을 믿을 수 없으니 국회의 국정조사를 통해 개발사업의 비리 의혹을 파헤쳐야 한다고 주장했다.

대장동 사업에 대한 당시 언론의 일차적 관심은 크게 3가지로 정리될 수 있다. 제일 먼저 화천대유 등 특정 소유 민간업체에 과다한 배당이 돌아갔다는 점이었다. 대장동 사업시행자인 성남의뜰에서 지난 3년간(2019~2021) 총배당한 5,903억 원 중 4,039억 원이 화천대유, SK증권 등 소규모 금액으로 보통주에 투자한 이들에게 돌아갔다는 것이다. 화천대유는 5천만 원의 출자금을 들여 3년간 577억 원을 배당받았다는 것이다.

두 번째로 이들의 실제 소유주가 누구이고, 개발이익은 어디로 갔는지가 밝혀져야 한다는 것이었다. 세 번째로는 화천대유 등이 민간사업자로 선정되는 과정에서 절차상의 특혜가 없었는지가 주요한 관심사였다. 이러한 문제 제기는 이 사건이 끝날 때까지 지속될 수밖에 없는 핵심적인 관심사이기도 했다.

이재명 후보의 반박

이에 이재명 후보는 2021년 9월 13일 본인의 아들은 화천대유 계열사인 천하동인 1호에 다니지 않는다고 반박한 데 이어, 다음 날인 14일에는 국회에서 긴급 기자회견을 열고 대장동 사업은 "민간개발 특혜사업을 막고 5,503억 원을 시민 이익으로 환수한 모범적 공익사업"이라고 정면으로 반박했다. 민간업체에 과다한 배당이 돌아갔다는 주장에 대해서는, 개발이익 중 5,503억 원을 성남시가 환수한 것으로 만일 민간개발로 허가했으면 더 많은 이익이 개발업체에 귀속됐을 것이라고 반박했다.

화천대유를 자산관리회사로 정한 것은 민간투자사들이 합의해서 결정한 것이고, 화천대유의 소유주인 전직 언론인은 한 번 인터뷰만 했을 뿐, 이후 만난 적도 없다고 주장했다. 신생 업체인 화천대유라는 민간사업자가 사업에 참여하게 된 것은 공모와 경쟁입찰을 통해 결정된 것이고, 자산관리회사는 반드시 새로 만들어야 하는 것이라고 해명했다.

그러나 민간업체에 과다한 이익이 돌아가게 된 것에 대해서는 여전히 속 시원한 해명이 되지 못했다. 성남시가 5,503억 원을 회수했고 만일 민간개발로 허가했으면 더 많은 이익이 개발업체에 귀속될 수밖에 없을 것이라는 답변은, 야당이 주장하는 대로 왜 천문학적인 불로소득이 소규모 지분을 가진 업체에 배당되느냐 하는 질문에 대한 답변이 아니었기 때문이다. 야당인 국민의힘에서는 이 부분을 물고 늘어졌고, 국민의힘 윤석열 대선 예비후보는 고위공직자 범죄수사처(공수처)의 수사를 촉구했다.

당시 업계의 의견

그러나 시행업계에서는 도시개발사업이 본래 투자 위험이 큰 사업이며, 사업추진 당시 주택시장 상황을 고려했을 경우 지금처럼 수익이 크지는 않았을 것이라며, 구체적인 의견을 유보하는 편이었다.

화천대유 측에서도 2021년 9월 15일 〈중앙일보〉와의 인터뷰[9]를 통해, "대장동 사업을, 부동산가격의 폭등으로 예상치 못한 이익을 얻은 '천운'의 사업"으로 설명하면서, 성남도시개발공사가 확정이익을 보장받는 배당구조를 만든 덕분이다. 부동산가격이 폭등하면서 결국 상대적으로 성남시에 돌아갈 몫이 줄어든 것이다."라고 주장했다.

"화천대유가 5,000만 원만 투자하고 아무 일도 안 하면서 수백억원(577억 원)을 벌어간 것처럼 얘기하는데, 자본금과 운영경비는 다르다. 자본금만 5,000만 원일 뿐이고, 운영경비 등으로 쓴 돈만 해도 7,000~8,000억 원이다."라고 주장하며 억울해했다.

대장동 사업, 드디어 대선정국의 핵심 사건으로 등극하다

대장동 사업에 대한 여야 간 공방은 여야 대선후보를 선출하는

9] 〈중앙일보〉. 2021. 9. 15. [단독] 특혜의혹 화천대유 "부동산 호재 천운, 文정부에 감사"

과정에서 더욱 치열해졌다.

국민의힘에서는 2021년 9월 16일 '이재명 경기지사 대장동 게이트 진상조사 태스크포스(TF)'를 출범시키며 총공세에 나섰다. 김기현 원내대표는 과거 민주당에서 이명박 전 대통령 'BBK·다스 실소유주' 사건을 겨냥하며 활용한 '다스는 누구껍니까'를 역이용하여, '화천대유는 누구껍니까'라고 공세를 폈다.

민간투자자인 화천대유(1% 지분) 및 이와 특별한 관계가 있는 SK특정금전신탁(6% 지분)이 각각 577억 원과 3,460억 원이란 막대한 이익을 배당받은 것에 비해 50% 지분의 성남도시개발공사는 1,830억 원을 배당받는 데 그쳤다면서, 이같이 비상식적인 주주구성과 배당 방식을 설계한 것이 이재명 후보라면서 이 후보와 화천대유 간 연관성을 조사해야 한다고 주장하고 나섰다.

반면 이재명 후보 측에서는, 2015년 사업추진 당시에는 부동산경기가 좋지 않았는데 분양단계에서 부동산가격이 폭등하다 보니 민간사업자들이 이익을 많이 본 것으로 해명했다. 이 사업이 성공하든 실패하든 성남시는 무조건 5,503억 원의 수익을 확정한 사업으로서, 나머지는 모두 민간투자자들이 책임을 지는 구조였다. 화천대유와 SK증권이 벌어들인 수익은 민간사업자의 영역으로, 알지도 못하고 알 필요도 없다는 입장이었다.

한편 곽상도 국민의힘 국회의원 아들이 화천대유에 근무했었다는 점을 들어 오히려 화천대유 세력이 야당과 관련이 있다고 역공을 펼치기도 했다. 또한 대장동 사업과 관련된 수사에 적극 찬성한다는 입장을 밝히기도 하였다.

뒤이어 대장동 사업과 관련하여 분야별로 여러 가지 언론보도가 터져 나왔고 공방이 오고 갔다.

자산관리회사로 참여한 화천대유가 막대한 배당금과 별도로 수의계약을 통해 5개 사업부지를 확보하고 직접 주택사업을 시행해서 2,000억 원이 넘는 분양수익을 올렸다는 주장이 나왔다. 이에 대해 성남도시개발공사는 관계자 설명을 통해 "도시개발법에 출자자가 일부 부지에 대해 직접 아파트사업을 시행할 수 있고 이는 사업협약에 따른 것"이라고 답변했다.[10]

그러나 기존에 알려진 사업 배당금만도 4,039억 원으로 엄청난데, 수천억에 해당하는 분양수익이 추가로 있다는 보도가 나오자, 옳고 그름을 떠나 바라보는 국민에게는 경악할 만한 뉴스였다.

사업자를 선정하는 절차를 하루 만에 졸속으로 심사하고, 상대평가를 하는 평가위원회에 공사 임직원이 참여하는 등, 공정하지 않았다는 주장도 나왔다. 이에 대해서는 평가를 늦추게 될 경우 여러 가지 로비에 직면할 수 있고, 평가항목이 단순하게 구조화되어 있어서 평가에 시간이 오래 걸리지 않으며 다른 도시개발사업도 하

10] 〈중앙일보〉. 2021. 9. 17. 화천대유, 대장동 땅 35% 싸게 사서 2,352억 남겼다.

루 만에 평가를 마치는 경우가 있다는 반박도 있었다.

화천대유가 포함된 성남의뜰 컨소시엄이 상대평가 과정에서 자산관리회사 설립 및 운영계획 분야에서 단독으로 만점을 받는 특혜가 있었으며, 이로 인해 사업자 사전 내정 의혹이 있다는 주장이 제기되었다. 더 나아가 성남도시개발공사 내부 증언을 들어 실무진 단계에서 적정 기준 이상의 개발이익을 독식하는 구조는 부당하다는 저항이 있었는데, 당시 공사 유동규 기획본부장이 이를 묵살하고 실무진을 강하게 질책했다는 소식도 흘러나왔다.[11]

화천대유와 별개로 3,462억 원을 배당받은 SK특정금전신탁 실소유주의 정체도 밝혀지기 시작했다. 이들은 화천대유 대주주인 김만배 씨의 가족과 지인이라는 것이었다. 김만배, 남욱, 정영학 등 대장동 사업을 주도한 민간사업자들의 정체와 성남도시개발공사에서 사업을 주도한 유동규 사장직무대행(기획본부장), 김모 개발사업1처장, 정모 전략사업실 투자사업팀장에 대한 보도가 이어졌다.

이와 별도로 화천대유와 연계된 법조계 인사들이 등장하는데 강찬우 전 검사장, 박영수 특별검사, 김수남 전 검찰총장 등도 화천대유의 자문 변호사 또는 고문 등으로 눈길을 끌었다.

대장동 사업은 여야 대통령 후보 선출과 맞물리면서 격렬한 논쟁

11] 〈조선일보〉. 2021. 9. 18. "민간의 과도한 개발이익 안 된다 했는데… 유동규가 묵살했다."

의 대상으로 발전했다. 2021년 9월 19일 개최된 민주당 내 대통령 후보 토론회에서 이낙연 후보는 역대급 일확천금 사건으로 공세를 폈다.

이에 대해 이재명 후보는 사건의 실체는 예정됐던 땅값이 늘어나서 그렇게 된 것이고 본인이 개입하지 않았으면 이미 회수한 5,500여억 원 등 모든 이익이 민간에 귀속됐을 것이라고 주장하면서, 본인이 부정을 저질렀거나 단 1원이라도 부당한 이익을 취한 게 있으면 후보와 공직에서 사퇴하겠다고 밝혔다.

국민의힘 대권주자들도 일제히 대장동 개발 비리 사건을 이재명 게이트라고 주장하며 국정조사와 특검을 주장하였다. 이에 대해 이재명 캠프는 오히려 야권의 신영수 전 의원 동생 관련 업자들, 곽상도 의원 아들, 원유철 전 의원이 투자자나 직원·고문이었다며 부동산 개발업자들과 국민의힘 전·현직 관계자들이 이 사업에 얽혀있다고 주장하였다.

2021년 9월 19일 이재명 경기도지사는 서울중앙지검에 김기현 국민의힘 원내대표, 윤창현 국회의원, 장기표 전 대선 예비후보를 허위사실 유포를 통한 이재명 후보 당선 방해를 목적으로 한, 공직선거법과 정보통신망법 위반으로 고발했다. 이에 대해 국민의힘에서는 23일 대장동 개발 특혜 의혹과 관련해 국정조사요구서와 특별검사 임명 등에 관한 법률(안)을 제출하면서 반격을 가했다.

추석 연휴 기간에 국민 일부에서는 "화천대유하세요"란 인사말이 돌기도 했지만, 대장동 사태는 아직 추측에 기반한 의혹 제기 수준이었다. 실체적 규명보다는 '아니면 말고' 식으로 정치공세만 무성했다. 논란의 핵심은 사업추진과정에서 배임이 있었는지, 그리고 화천대유 측의 수익이 이재명 후보 쪽으로 흘러들어 갔는지 여부인데 지금까지 불법이나 비리의 구체적 정황이 드러나지 않았다.

부동산가격 변동을 예상하기 어려운 상황에서 성남시가 안정적으로 수익을 확보해 민관합동 개발의 장점을 살린 것이라는 주장도 있었다.

'2014~15 당시는 최경환 부총리가 부동산 규제 완화 등 '초이노믹스'로 불리는 경기부양책을 내놓으며 침체한 부동산 시장을 살리는데 주력하던 때였다. 2014년 9월 기준 공모형 피에프 사업 가운데 6개 정도만 정상적으로 진행되고, 나머지는 사업 무산과 계획 변경 등으로 인해 공공과 민간 사이 소송전이 벌어지는 상황이었다.'[12]

민간사업자들에게 과도하게 이익이 배당된 것은 부동산가격 폭

12] 〈한겨레신문〉. 2021. 9. 24. 화천대유 선정 과정과 계약 내용은? 커지는 '대장동 의혹' 풀 열쇠 의왕도시공사는 2조 원 넘는 사업비가 들어가는 백운밸리 도시개발사업(95만 4,979㎡)을 하기 위해 2013년 12월 대장동 사업과 동일한 형태의 PFV(프로젝트금융투자회사)를 만들어 사업을 추진했다. 총 사업이익은 2,650억 원을 추정했고, 의왕도시공사는 이 가운데 절반인 1,300억 원의 배당수익을 예상했는데, 토지보상 및 프로젝트파이낸싱 비용이 증가하면서 2019년 12월 기준 사업손익은 2,790억 원 감소한 140억 원 손실이 났다고 감사원은 밝혔다.

등으로 뜻하지 않은 수혜를 입은 것일 뿐, 이는 정책적 판단과 관련된 것이라는 주장도 활발하게 제기되었다.

한편 공수처와 검찰에서는 국민의힘 윤석열 후보를 대상으로 '고발사주' 의혹에 대한 수사를 진행하고 있었다. 그리고 이와 별도로 검찰은 도이치모터스 주가조작 사건에 윤석열 후보 부인 김건희 씨가 연루된 의혹과 윤우진 전 용산세무서장의 전방위 로비 의혹에 대해서도 조사를 하고 있었다.

2021년 9월 26일 〈노컷뉴스〉가 국민의힘 곽상도 의원의 아들이 2015년 6월에 화천대유에 입사했는데, 지난 3월 퇴사하면서 퇴직금으로 50억 원을 받았다고 보도하면서 대장동 사태는 또 다른 전기를 맞았다.

민주당은 300만 원 월급을 받는 사회초년생이 6년 근무에 삼성전자 사장보다 더 많은 퇴직금을 받는다고 공격하였고, 이는 퇴직금이 아니라 화천대유 대주주 김만배 씨가 박근혜 정부 시절 민정수석을 지냈던 곽 의원에 대해 지급한 뇌물이라고 주장하면서, 대장동은 명백히 국민의힘 게이트라고 지적하였다. 이어서 나온 박영수 특별검사의 딸에 대한 대장동 아파트 특혜 분양 의혹은 여기에 덤으로 붙여진 사건이었다.

'대장동 사업에서 이재명 후보와 관련하여 특혜비리가 있었는가?' 그리고 이와 동시에 '국민의힘 등 야권과 검찰, 언론, 법조계 등 부패한 카르텔이 벌인 땅투기인가?' 대장동은 이렇게 두 가지 방향으로 정치권을 휩쓸면서 대선 정국의 핵심 사건으로 발전하고 있었다.

이와 함께 성남도시개발공사가 2013년 추진했던 성남 위례신도시 개발사업과 이제 사업을 시작하고 있는 백현마이스 도시개발사업에 관한 관심도 높아지기 시작했다.

"그 당시에는 최선의 결정이었다고 생각합니다.", "그동안 대장동 의혹에 대해 함구했던 것은 자칫 잘못하면 정치적인 행보로 인식될 것을 우려해 말과 행동을 자제해왔다.", "대장동 개발사업과 관련된 자료를 검토하면서 사실관계를 파악한 결과 당시 성남시는 부끄러운 결정을 내리지 않았다는 게 내 판단이다. 하지만 결과적으로 볼 때 민간업체에 막대한 추가이익이 발생해 국민께 심려를 끼쳐 드린 부분은 정말 죄송하게 생각한다.", "지자체가 할 수 있는 근본적인 부동산 대책을 고민하고 있다."고 말했다.

Part 2
·
검찰의 수사로
드러나는 배임

05
검찰의 수사가 본격화되다

압수수색, 유동규 체포, 그리고 드러나기 시작하는 배임의 단초들

언론은 검찰이 2021년 9월 27일 천하동인 5호 대주주 정영학 회계사를 조사하면서 녹취파일 19개를 제출받았다고 보도했다. 검찰은 이를 토대로 9월 29일 화천대유와 성남도시개발공사, 천화동인 4호 소유주인 남욱 변호사 청담동 사무실, 김만배, 유동규 주거지 및 유동규가 관여한 회사인 유원홀딩스를 압수수색하였고, 유동규 전 기획본부장과 화천대유 관계자들 8명을 출국 금지했다. 10월 1일에는 대장동 민간사업자 선정을 주도한 유동규 전 기획본부장을 체포했다. 유동규 전 기획본부장은 화천대유 1호 수익 700억 원을 분배받기로 하는 등 특혜 의혹 및 배임 혐의를 받고 있었다.

압수수색 이후 성남도시개발공사 직원들도 참고인으로 불려 다니기 시작했다. 필자는 조사받고 온 직원들의 보고를 받는 외에 매일 매일 언론 기사를 검색하기에 바빴다. 그러던 중 눈에 번쩍 띄는 기사가 나왔다. 유동규 팀이 대장동 '초과이익 환수' 조항을 없앤 증거가 나왔다는 것이다. 2021년 10월 1일자 〈한겨레신문〉 단독 보도였다[13].

2015년 5월 성남도시개발공사 개발사업1팀은 우선협상 대상자인 성남의뜰에서 제시된 협약서를 토대로 주주협약서(안)을 작성하고 있었다. 개발사업1팀은 일반분양 아파트 용지 가격이 평당 1,400만 원을 넘어설 경우, 발생하는 초과이익에 대해서는 확정이익과 별도로 성남도시개발공사와 나눠야 한다는 내용을 추가하여 전략사업팀에 검토를 의뢰했지만, 전략사업팀에서는 확정이익 1,822억 원만 받는 방안만을 고집해서 결국 초과이익을 환수할 기회를 놓쳤다는 내용이었다. 담당자를 불러서 문서를 확인해보니 사실이었다.[14]

2021년 10월 3일 서울중앙지법은, 전날 서울중앙지검 전담수사팀이 특정경제범죄법상 배임 및 뇌물혐의로 유동규에 대해서 청구한 구속영장을 발부했다. 검찰은 구속영장에서 대장동 사업 수익배분 구조를 설계하며 화천대유에 개발이익을 몰아줬고(업무상의 배임

13] 〈한겨레신문〉 2021. 10. 1. [단독] 유동규팀, 대장동 '초과이익 환수' 조항 없앤 증거 나왔다.
14] 이 보도 내용은 2021. 10. 6. 〈한겨레신문〉의 추가보도로 그 정황이 더욱 구체화되었다. [단독] "'7시간 만에 사라진' 대장동 초과이익 환수 조항"이란 제목 하에 개발사업1팀에서 5월 27일 오전 10시 34분에 "민간사업자가 제시한 분양가 평당 1,400만 원을 상회할 경우 초과이익은 지분율에 따라 나눈다."는 조항이 들어간 문서를 전략사업팀에 보냈는데, 아무런 답변이 없는 상태에서 개발사업1팀에서 오후 5시 50분께 해당 조항을 없앤 공문을 다시 전략사업팀으로 보냈다는 것이다.

혐의), 모두 뇌물 8억 원을 받았다고 언론들은 보도했다.

숨겨진 배임의 단초가 드러나기 시작하였다. 성남도시개발공사에서 저질러진 일이었다. 회사의 명예는 실추되었다. 더 나아가 회사가 받은 손해를 회복해야 할 절대적인 임무가 부여되기 시작했다.

이대로 있을 수는 없었다. 필자가 재임 중 벌어진 범죄 행위는 아니지만, 그 사업은 아직 끝나지 않았고, 무엇보다 지금 이것을 수습할 책임은 필자에게 있었다.

민간사업자 심사 평가 과정에서의 특혜 의혹

공모지침서를 만들어 공고하고 민간사업자가 제출한 사업계획서를 심사·평가하는 과정에서 불공정 특혜 시비가 있었다는 주장도 처음부터 지속해서 불거져 나왔다.

화천대유가 자산관리회사로 포함된 성남의뜰 컨소시엄만 '자산관리회사 설립운영계획' 평가항목에서 단독으로 20점을 받은 데 비해, 다른 컨소시엄은 제대로 점수를 받지 못했다는 것이다.[15]

당시 성남의뜰 컨소시엄(하나은행 등), 산업은행 컨소시엄, 메리츠증권 컨소시엄 등 3개 컨소시엄이 사업계획서를 제출했는데, 메

15] 〈문화일보〉. 2021. 9. 17. 화천대유 대장동 선정 때 '특혜점수'

리츠와 산업은행 컨소시엄은 향후 자산관리회사를 설립, 운영하는 계획을 제시했지만, 성남의뜰 컨소시엄은 자산관리회사로 지정된 화천대유가 이미 회사로 설립되어 주주로 참여한 것이었다. 자산관리회사는 공모 공고일 이후 설립해도 전혀 문제가 없는데도 미리 만들어진 것이다. 성남의뜰이 사전 정보를 토대로 맞춤형 준비를 했을 가능성, 그리고 혼자서 만점을 받은 것에 대한 의혹이 불거졌다.[16]

사업계획서를 접수하고 하루 만에 평가를 마치고 사업자를 선정한데다 심사를 했던 평가위원들이 성남도시개발공사 내부 임직원이어서 "졸속", "셀프" 심사라는 의혹도 제기되었다.[17]

성남도시개발공사는 2015년 3월 26일 민간사업자들로부터 사업계획서를 제출받아 접수 당일 오후 6시부터 9시까지 3시간 동안 평가위원 4명이 절대평가 방식으로 사업계획서를 심의했다. 참관자 1명이 포함된 평가위원 4명은 공사 내부 임직원이었다. 상대평가는 다음 날인 27일 오전 11시부터 오후 3시까지 4시간 동안 평가위원 5인(내부 직원 2명 포함)이 진행됐다.

공사 내부 임직원이 참여한 절대평가에 대해서는 "평가를 단순화

16] 〈중앙일보〉. 2021. 9. 17. 대장동, 자산관리사 필수인데⋯ 3개 컨소시엄 중 화천대유 유일
17] 〈중앙일보〉. 2021. 9. 17. 접수 하루 만에 선정된 '성남의뜰'⋯1.5조 사업 셀프심사

시켜 놓았기 때문에 단시간 내에 충분히 평가가 가능했다."[18] 그리고 "오히려 평가 시간을 길게 하면 여러 가지 외부 청탁이나 로비를 받을 수 있어 공정성 확보를 위해 빠른 시간 내에 평가를 마칠 필요가 있다."며, "적법하고 투명한 절차에 따라 심사와 선정이 진행됐다."라는 반박 의견도 나왔다.

이기인 국민의힘 성남시의원은 절대평가에 참여한 공사 직원 2명이 상대평가에 참여한 것을 두고, "성남의뜰 컨소시엄을 내정하기 위한 정황 증거"라고 주장하였다.[19]

상대평가와 관련해서, 공사가 작성한 공모지침서에는 '선정심의위원회는 공사가 선정한 관련분야 전문가로 구성된다'고 명시돼 있고, 공사가 2015년 성남시의회 제출한 감사자료에도 '상대평가 심의위원 : 5인 선정(사업참여자 추첨을 통해 심의위원 선정)'이라고 쓰여 있는 것을 보면 모두 외부 전문가로 구성했다는 취지로 보이는데

18] 〈경향신문〉. 2021. 11. 17. 김민걸 "공사 측도 대장동 민간사업자 심사 참여해야"…'셀프' 심의위 구성 관여" 성남도시개발공사의 '대장동·제1공단 결합 도시개발사업 사업제안서 심의업무 수행을 위한 소위원회 결과보고' 회의록에 따르면 공사는 2015년 3월 민간사업자 사업제안서를 심사하는 심사위원을 선정하는 소위원회 회의를 3차례 열었다. 당시 회의에는 유한기 개발사업본부장(이하 당시 직책)과 전략사업팀장이었던 김 회계사, 김문기 개발사업1팀장, 최모 인사전략팀장, 변모 경영지원팀장이 참석했다. (중략) 김 회계사는 2015년 3월 20일 1차 회의에서 "공모지침서에서 절대평가는 공사에서 수행하고 상대평가는 선정 심의위에서 수행하도록 규정돼 있다."며, "절대평가의 경우 수치화된 내용을 민간사업자가 제시하도록 돼 있고 이에 대한 점수표도 이미 공모지침서로 공개돼있는 만큼 공사에서 수행해도 객관적인 숫자만 확인되면 되기에 공사에서 수행해도 공정성의 문제가 발생할 여지가 없다."고 주장했다. 19] 〈한국일보〉. 2021. 10. 1. 화천대유 해명에도 남는 3대 의혹 '거액 배당·초고속 심사·호화 자문단'

내부 직원들이 참여했다고 주장했다.

　내부 심사위원이, 특혜 의혹의 핵심에 있는 전 유동규 기획본부장의 측근인 내부자들로 구성되었다는 의혹도 제기되었다. 당시 측근인 유한기 개발사업본부장과 김문기 개발 1팀장, 정민용 투자사업 차장(변호사)이 심사위원으로 뽑혔다. 이들이 사업자 선정에 결정적인 논리를 제공했고 동시에 심사위원을 구성하였다는 것이다.[20]

　국회의원들의 자료 요구를 통해 대장동 사업에 참여한 민간사업자들이 받은 점수가 공개되면서, 이러한 의혹이 과연 사실인지에 관한 관심도 더욱 커졌다. 성남의뜰은 1,010점 만점에 994.8점을 얻어 '산업은행 컨소시엄(909.6점)'과 '메리츠증권 컨소시엄(832.2점)'을 제치고 커다란 차이로 1위를 차지했다.

　〈한국일보〉는 10. 15. 기사[21]에서 "'성남의뜰 컨소시엄'이 뚜렷한 이유 없이 거의 모든 항목에서 경쟁업체보다 높은 점수를 받은 것으로 나타났다.", "특히 심사위원 주관이 반영되는 상대평가에서 점수 차이가 컸다.", "성남의뜰 컨소시엄이 '재원조달 계획' 항목에서만 만점에 가까운 179점을 받아 산은(167점)과 메리츠(161점)와 차이를 벌렸다.", "'자산관리회사(AMC)' 항목(20점 만점)에서도 성남의뜰은 18.4점을 받았지만, 산은과 메리츠는 11.2점과 10.8점에 불과했다." 등등 상대평가 항목의 평가점수를 분석하면서 문제를 제기했다.

20] 〈중앙일보〉. 2021. 11. 18. [단독] 대장동판 내부자들…유동규 측근 꽂아 심사위원 뽑았다
21] 〈한국일보〉. 2021. 10. 15. 화천대유부터 설립한 '성남의뜰', 상대평가서 유독 고득점

대장동 사업공컴소시엄				
평가방식	평가 항목	성남의뜰	한국 산업은행	메리츠종합 금융증권
상대	재원조달계왹의 안정성 및 실현 가능성	80.0	72.0	64.0
	재원조달의 조건 (공사의 미분양매입 확약 등)	99.0	95.0	97.0
	프로젝트 회사 설립 및 운영계획	20.0	13.6	13.6
	...	...	...	...
	자산관리회사 설립 및 운영계획	9.2	5.6	5.4
	자산관리회사 조직편성 및 인력운영계획	9.2	5.6	5.4
	상대평가 총점	600.8	538.6	508.2
절대	절대평가 총점	394.0	371.0	324.0
합계(가산점 10점 포함)		994.8	909.6	832.2

자료 : 김형동 국민의힘 의원

또한 "절대평가는 항목별로 정해진 기준에 따라 배점하는 방식이라 심사위원들이 재량권을 발휘할 여지가 거의 없음"에도 불구하고 "성남의뜰이 10개에 달하는 세부 평가 항목에서 모두 만점에 가까운 점수를 받자, 사실상 '성남의뜰 맞춤형 평가 기준 아니었느냐'는 의심을 받고 있다."고 보도했다.

이에 대해서 성남도시개발공사 측에서의 공식적인 답변이나 의견 표명은 없었다. 다만 언론은, '당시 평가 절차를 진행하는 과정에서 민간사업자 측에서도 참관했고, 평가 결과에 대해 사업자들의 이의제기도 없었다'라는 익명의 공사관계자 의견을 보도했다.

22] 각주 21】 기사에서 전재함

대장동 사태, 정치권 금품로비로 확산

이 외에도 대장동 사업과 관련하여 여러 가지 보도가 난무했다. 김만배 씨의 누나이자 천화동인 3호 대표인 김 아무개 씨가 2019년 윤석열 전 검찰총장 아버지 단독주택을 매입하였다는 소식도 전해졌다. 대장동 사업과 관련하여 법조계, 정치권, 성남시의회를 대상으로 350억 원의 로비가 있었다는 보도도 나왔다. 유동규 전 성남도시개발공사 기획본부장이 2020년에 화천대유 측에 거액을 요구해 뇌물을 수수했다. 김만배 씨가 박영수 전 특검의 친척에게 100억 원을 건넸다, 등등 보도도 줄을 이었다.

대장동 사업에 대한 특혜 의혹은 정관계 로비를 넘어 지역 의회에 대한 로비 가능성으로 확대되고 있었다. 정영학 씨가 제출한 녹취록과 관련한 언론보도에서 성남시 의회 등이 거론되면서 성남시 의회가 조만간 수사 대상이 될 수 있다는 전망도 나왔다.[23]

〈한겨레신문〉은 2021년 10월 7일 기사에서 구체적으로 현재 화천대유에 근무하고 있는 전 성남시 의장이 11년 전 금품로비 받았

23] 〈세계일보〉. 2021. 10. 2. 성남시의회도 로비연루 가능성에 '긴장' '경찰 등에 따르면 시의회를 둘러싼 잡음은 이번이 처음이 아니다. 대장동 개발이 공영사업으로 전환되기 직전인 2010년 6월 3~4명의 시의원이 "대장동 개발을 시행할 수 있도록 힘써달라"는 부탁과 함께 민간업체로부터 수천만 원에서 수억 원의 금품을 받은 혐의로 경찰 수사를 받았다. (중략) 하지만 시의원 대부분은 '혐의없음으로 불기소 처분됐다. 시의원들의 소명이 적극적으로 반영된 덕분이다.'

다고 폭로한 데 이어,[24] 10월 12일에는 '대장동 개발 특혜 의혹과 관련하여 화천대유 쪽에서 전·현직 성남시의회 의원들을 상대로 거액의 돈을 뿌렸다는 '30억+20억 살포설'이 나돌면서 성남시의회가 들썩이고 있다'라고 보도했다.

'대장동 사업의 자산관리회사 화천대유의 관계사인 천화동인 5호 소유주 정영학 회계사가 검찰에 제출한 녹취록에는 '성남시의장에게 30억 원, 성남시의원에게 20억 원이 전달됐고 실탄은 350억 원'이라는 내용이 들어 있다면서 녹취록 진위와 관계없이 김만배 씨와 성남시의원들 사이 '창구 역할'을 한 인물이 누구인지, 금품 로비 받은 전·현직 시의원은 어떤 사람들인지를 놓고 시의회는 물론 성남시가 술렁인다'고 당시 분위기를 전했다.

이와 함께 구속된 유동규 전 성남도시개발공사 기획본부장과의 친분설이 도는 시의원 3~4명도 가시방석에 앉은 모양새다. 한 시의원은 "유 전 본부장이 골프를 좋아해서 여러 시의원과 함께한 것으로 알고 있다."며 시의원 30여 명 가운데 적게는 7명, 많게는 10명까지 연루됐을 가능성이 있다'라고 전했다.[25]

돌이켜 보면 2020년 9월 3일, 성남시의회에서는 야당인 국민의힘

24] 〈한겨레신문〉. 2021. 10. 7. [단독] '화천대유 근무' 전 성남시의장, 11년 전 금품로비 받았다. 〈한겨레신문〉은 2016년 1월 부동산개발업체 대장프로젝트금융투자(대장 PFV) 대표 이 아무개 씨의 1심 판결문(수원지법 형사11부, 재판장 나상용)을 취재했다.
25] 〈한겨레신문〉. 2021. 10. 12. 화천대유 '50억 살포설'에…전·현 성남시의원들 '나 떨고 있니?'

시의원 11명이 필자에 대한 해임촉구 결의안을 성남시의회에 발의했었다. 그리고 2020년 10월 23일 제258회 성남시의회 본회의에서 여당인 민주당 시의원들이 이에 가세하여 필자에 대한 해임촉구결의안이 통과되었다.

당시 필자의 해임을 적극 주도했던 유력 야당 시의원은 유동규 전 기획본부장과 친분이 있었던 것으로 알려져 있었다. 10월 21일 성남시의회 예산결산특별위원회가 열렸던 날, 필자는 이 시의원을 성남시의회 건물 복도에서 마주친 적이 있다.

그는 필자에게 '유동규가 있었을 때는 성남도시개발공사가 조용했었는데, 유동규가 없으니 공사에 문제가 많네. 사람 하나 빠져나간 게 이렇게 차이가 난다'라며, 유동규 전 기획본부장이 없음을 아쉬워하기도 했다. 그 시의원은 당시 은수미 시장과 성남시 집행부를 공격하는데 항상 선봉이었는데, 대장동 사태가 터진 뒤 현재까지 대장동에 대해서는 잠잠한 편이다.

어쨌든 유동규 전 본부장과 당시 야당인 국민의힘 시의원들과의 관계가 전체적으로 좋았다는 것이 직원들의 중론이었기 때문에 〈한겨레신문〉의 보도는 매우 설득력이 있는 보도라고 할 수 있었다.

06
배임의 주역 '유동규'
전 성남도시개발공사 기획본부장

유동규 전 성남도시개발공사 기획본부장이 2021년 10월 3일 특정경제범죄법상 배임 및 뇌물혐의로 구속되면서 주범인 유동규 씨에 대한 언론의 관심도 높아졌다.

언론의 보도와 직원들의 증언을 종합해보면, 유동규 씨는 이재명 민주당 후보가 2010년 성남시장에 당선된 뒤, 시장직 인수위 도시건설분과 간사를 시작으로 그해 10월 성남시시설관리공단 기획본부장에 임명되었다. 그전에는 성남 분당의 한 아파트 리모델링 추진위원회 조합장을 맡았었는데, 이재명 후보가 성남시장으로 출마한 2010년 5월에 지지 성명을 발표했었다고 한다.

2013년 성남도시개발공사가 만들어지고 성남시시설관리공단과 합병하여 2014년 1월 통합 성남도시개발공사가 만들어졌는데, 유동규 씨는 계속해서 성남도시개발공사의 기획본부장 직을 맡았다.

유동규 전 본부장은 성남도시개발공사 설립에 있어서 실무적인 준비를 했고, 대장동 개발을 실행하는 데도 주역이었다.

2014년 지방선거를 앞두고 유동규 전 본부장은 4월 성남도시개발공사 기획본부장 직을 잠시 사임하기도 했으나, 6월 이재명 당시 성남시장이 재선된 이후 다시 성남도시개발공사 기획본부장 공모 절차에 응모하여 기획본부장 직을 다시 맡았고, 2015년 3월 황무성 초대 성남도시개발공사 사장이 사임한 이후 사장 자리가 공백인 기간에는 사장직무대행으로 대장동 개발사업 사업자 공모와 사업자 선정, 주주협약을 주도했다.

유동규 전 본부장은 2018년 지방선거에서 이재명 후보가 경기도지사로 당선된 이후에는 경기관광공사 사장으로 자리를 옮겼고, 이후 임기를 10개월 정도 남긴 채 2020년 12월 사임했다.

2012년 6월 이재명 당시 성남시장이 대장동 민관 공동개발을 공식화하기 이전부터 유동규 전 본부장은 성남시시설관리공단 기획본부장으로서 정관을 개정해서 '토지개발 등을 위한 토지의 취득, 개발, 비축 및 공급, 임대 관리, 주택 및 일반건축물의 건설' 등을 공단 사업에 포함시켰고, 성남시장은 이를 결재했다.

2011년 7월에는 성남시시설관리공단의 개발사업과 관련된 '기술지원 TF팀'을 만들고 토목건축 분야 인력을 채용하기도 했다. 이후 성남도시개발공사 개발사업본부장으로서 대장동 개발사업을 적극적으로 추진한 유한기 씨도 이때 2급 단장으로 채용되었다.

〈한겨레신문〉은 2021년 10월 18일 보도에서 유동규 전 기획본부장이 만든 '기술지원 TF팀'이 위례·대장동 개발사업을 추진한 주체라고 보도했다. 〈한겨레신문〉은 입수한 '2012년 시설관리공단 기술지원 TF 일일 업무일지' 자료 분석을 통해, 기술지원 TF는 단장 포함 총 7명으로 구성되었는데, 이 가운데 5명은 같은 건설회사 출신으로 TF 구성 직전인 2011년 7월 시설관리공단에 동시 입사했다.[26] 처음부터 개발업무를 염두에 둔 채용인 셈이다, 라고 지적했다.

또한 일일 업무일지를 보면, 공공개발을 추진한 이재명 당시 성남시장이 대장동 민관합동 개발 가능성을 공개적으로 시사한 것은 2012년 6월 27일 취임 2주년 기자회견 때였는데, 기술지원 TF는 최소한 이보다 두 달 이상 앞선 시점부터 대장동 민관합동 개발 방안 등을 검토한 것이다라고 보도했다. 〈한겨레신문〉은 유동규 전 기획본부장이 성남도시개발공사에 전략사업팀이라는 '대장동 별동대'를 만들어 민간 초과이익 환수 방안 등을 묵살했다는 혐의를 받고 있는데, 기술지원 TF 역시 유 전 본부장 뜻을 관철하는 '원조 별동대'였다는 의혹이 제기되는 대목이라고 지적했다.

이에 대해 이재명 후보 쪽 관계자는 "관련 사업은 (성남시) 도시관리사업단 업무였다. 게다가 시설관리공단 소관 사무도 아니다. (TF에서) 내부 검토했다면 그건 유 전 본부장이 오버한 것이다. 기술지원

26] 이후 성남도시개발공사 초대 사장으로 뽑힌 황무성 사장도 같은 건설회사 출신이었다.

TF를 만든 건 이 후보는 전혀 몰랐고, 보고 받은 바도 없다."라고 말
했다."[27]

위 보도에 따르면 성남시는 기술지원 TF의 존재뿐만 아니라 역할
도 부인한 셈이다. 그러나 필자가 2018년 사장으로 취임하면서 직
원들에게 들은 바로는 당시 대장동 사업은 성남시 사업부서보다는
성남도시개발공사가 주도권을 잡고 추진했다는 게 공통된 의견이
었다.

유동규 전 기획본부장과 그가 만든 조직은 당시 성남시의 각본에
따라 움직이는 단순한 행동대원들이 아니었다. 대장동 사업을 검
토하고 대안을 만들어 이재명 시장에게 보고하고, 사업계획을 수
립하며 적극적으로 사업을 추진하는 주체였던 것이다. 이재명 당
시 성남시장이 성남시 도시관리사업단에 지시하면 여기서 계획을
짜고, 이어 성남도시개발공사에서 실행하는 구조가 아니었다.

당시 이재명 시장이 이끄는 성남시는 대장동 개발의 기본 방향을
제시하는 정도의 역할을 했고, 오히려 유동규 전 기획본부장과 성남

27] 〈한겨레신문〉. 2021. 10. 18. [단독] 유동규 비밀TF, 대장동 틀 짜고 '시장님 회견문 검토'
까지 "이들의 업무 상당 부분은 위례·대장동 개발 사업과 관련한 것들이다. 일일업무일지를
보면 '위례신도시 사업추진 관련 자료보완'(2012년 2월 1일), '대장동 추진방안 작성–각 방안별
사업손익 산출'(2012년 4월 3일), '대장동 사업추진 일정표 작성'(2012년 4월 9일), '대장동 SPC
설립 및 출자방안 검토'(2012년 4월 10일), '시장님 기자회견문 검토–대장동 및 1공단 결합개
발/재개발'(2012년 7월 5일), '대장동 주민 동향 파악–결합개발에 대한 주민 동향'(2012년 7월
19일) 등이 다수 확인된다."

도시개발공사가 이를 정책으로 구체화하고 도시관리사업단 등 성남시 관련 부서는 이를 실행하거나 지원하는 역할을 했다는 것이다.

이는 현재 수사가 진행되고 있는 대장동 사업의 배임 혐의 내용을 파악하는데 중요한 정황이자 단서가 될 수 있다. 그동안 이재명 후보는 본인이 대장동 사업을 모두 설계했다고 주장했고, 다른 사람들은 본인이 설계한 내용을 실행한 실무자에 불과하다고 거듭 주장해왔다. 유동규 전 기획본부장까지 말이다.

대장동 사업은 다수의 민간업자가 참여하고 토지 매입 및 보상, 부지 분양, 이익 배분, 민원 등을 포괄하는 매우 방대한 업무이다. 그것을 이재명 지사가 모두 다 설계했다는 주장인가? 즉 모든 내용을 보고 받고 의사결정을 했다는 것인가? 아니면, 민관합동 개발이라는 사업방식과 확정이익이라는 이익 배분 조건, 즉 대장동 사업의 핵심 사항을 본인이 직접 주도하여 결정했으므로 본인의 치적을 홍보하다 보니 결국 본인이 다했다고 과장해서 한 얘기인가?

이러한 의문에 대해서는 뒤에서 다른 정황 요소들과 함께 고려해서 검토하고자 한다.

유동규 전 기획본부장은 성남시시설관리공단에 들어오면서부터 조직을 장악해 나갔다. 기획본부장으로 취임한 직후인 2010년 11월 경영기획 TF팀을 만들고, 직원의 인사권을 공단 이사장에서 기획본부장으로 바꾸는 내용으로 인사규정의 개정을 시도했다. 성남시도 이를 승인하였으나 직원들 불만과 성남시의회의 반발로 2011년 7월 인사권이 공단 이사장에게 환원되기도 했다. 이를 두고 유동규 전 기획본부장이 임명된 직후 이사장을 바지사장으로 만들었다는 문제가 제기되기도 했다.[28]

필자가 재직 당시 여러 군데서 듣고 확인한 바로는 유동규 기획본부장의 직위는 사장 밑에 있었지만, 사장은 별다른 힘이 없었고, 기획본부장이 사실상 성남도시개발공사를 지배하고 있었다.

유 전 기획본부장은, 눈을 제때 안 치웠다고, 주차 민원을 거부했다고, 직원을 해임하거나 좌천시켰고,[29] 2011년에는 회계 부서 직원의 부당 직위해제, 2013년에는 직원 부당 인사 등으로 감사원에서 두 차례나 감사를 받기도 했다.[30]

성남도시개발공사 황무성 초대 사장은 공사에서 월요일마다 간부회의를 했는데, 유 전 기획본부장이 한 번도 회의에 참석한 적도

28] 〈경향신문〉. 2021. 10. 20. [단독] 유동규, 성남시설공단 '개발 사업 가능' 정관 개정… 이재명 '승인'. 2011년 7월 15일 성남시의회 본회의에서 유근주 새누리당(현 국민의힘) 의원은 "성남시장의 지시나 의중이 실리지 않고서는 공단 정관이나 규정 개정 시도는 있을 수가 없다."고 발언했다. 유 의원은 기자와 통화에서 "유동규 씨가 공단 기획본부장으로 임명된 이후 이사장을 바지사장으로 만들어 문제를 제기했다."고 말했다.
29] 〈경인일보〉. 2021. 11. 4. [참성단] 무소불위 유동규
30] 〈서울경제신문〉. 2021. 10. 7. 무소불위 유동규, 인사권 전횡으로 감사원에서 두 차례 감사 받았다.

없고, 격식을 한 번도 갖춘 적이 없었으며, 엄연히 자신이 있는데도 유 전 본부장이 전권을 휘둘렀다고 증언하기도 했다.[31]

유동규 전 기획본부장이 업무용 차량으로 출퇴근하고 골프연습장을 출입할 때도 사용하는 등 공무 외로 사용했음에도 불구하고 아무런 징계가 없었다.[32]

심지어 사장과 본부장의 집무실이 같은 건물, 같은 층이었음에도 유동규 전 본부장이 보고 받는 자리에서 직원들이 사장의 의견을 전달하면, "사장 나오라고 해!"하면서 큰 소리로 고함을 친 적도 많았다고 공사 직원들은 필자에게 증언하기도 했다.

유동규 전 본부장은 말 그대로 무소불위의 권력이었다. 황무성 전 사장도 '유동규 전 성남도시개발공사 기획본부장이 실세'였다고 인정하기도 했다.[33]

그리고 당시 이재명 성남시장의 후원하에 성남도시개발공사의 조직을 모두 장악한 상태에서 민간업자와 긴밀한 관계 속에서 대장동 사업의 실행을 직접 지휘했다. 유동규 전 본부장은 야권이 의심하는 대로 모든 일을 이재명 시장에게 모두 보고했을까? 아니면 본인이 숨기는 영역이 따로 있었을까?

31〕〈SBS〉 NEWS. 2021. 10. 21. "유동규, 격식 한 번 갖춘 적 없었다 … 사실상 전권 행사.
32〕〈서울신문〉. 2021. 10. 31. [단독] 대장동 '키맨' 유동규, 공단 시절 관용차로 출퇴근·골프연습장행 … 징계는 0건
33〕〈조선일보〉. 2021. 10. 17. 성남도개공 초대 사장 "유동규가 실세, 사퇴압박 받았다."

078

유동규 전 본부장의 구속 이후 대장동 사업과 관련한 이재명 후보의 해명도 변하기 시작했다. 2021년 9월 14일에는 국회 소통관 기자회견에서 대장동 사업은 단군 이래 최대 규모의 공익 환수 사업이며 성남시에서 본인의 최대 치적이라고 자랑했었다.

9월 25일에는 나름대로 최선을 다했지만 제도적으로 한계가 있어 완전하게 개발이익 환수를 못한 점에 대해 아쉽고 유감스럽다고 했다.[34]

10월 1일 유동규 전 본부장이 체포된 뒤에는 "성남시 공무원과 산하기관 소속 임직원 관리책임은 당시 시장인 제게 있는 것이 맞다. 개발이익 민간 독식을 막으려 혼신의 힘을 다했으나 역부족이었다."는 입장을 밝히기도 했다.[35]

일부 언론에서는 유동규 전 본부장의 배임을 확인했으니 더 나아가 이재명 후보의 조사가 불가피하다고 주장했으나, 이재명 후보는 당시 대장동 사업에서 배임이 있었다는 사실 자체에 대해 전혀 인정하지 않았다.

대장동 악재에도 불구하고 민주당 내 대선후보 경선에서 이재명 후보는 2021년 9월 25~26일 호남 경선에서의 53.71%로 승리

34] 〈조선일보〉. 2021. 10. 3. 대장동도, 유동규도… 점점 변하는 이재명의 해명
35] 〈한겨레신문〉. 2021. 10. 5. '대장동 의혹' 자문자답 이재명… '관리책임' 되레 키웠다.

한 데 이어 10월 1일 제주 경선에서 56.75%, 2일 부산·울산·경남에서 55.34%를 차지했다. 2021년 10월 3일 인천 지역 순회 경선과 2차 국민선거인단 투표 누적 결과 54.90%로 압도적 1위를 차지하여, 결선투표 없는 본선 직행 가능성을 높이며 대세론을 더욱 강화했다.

국민의힘 곽상도 국회의원 아들의 50억 원 퇴직금 수수가 이재명 대세 분위기를 유지하는데 결정적이었다고 언론들은 보도했다.

07
성남시의회에서 대장동 사업에 대한 의지를 천명하다

백현마이스 도시개발사업이 등장하다

2021년 9월 29일부터 제267회 성남시의회 임시회가 시작되었다. 본회의 5분 발언 첫 번째부터 백현마이스 도시개발사업 추진에 대해 우려하는 발언이 튀어나왔다.

백현마이스 도시개발사업은 2조 7,207억 원을 투입해 분당구 정자동 1번지 일원(면적 : 20만 6,350㎡)에 전시, 회의, 관광 등 마이스(MICE)산업 복합단지를 조성하는 사업이다.

토지이용계획을 보면 전시컨벤션, 복합업무시설, 관광휴양 및 숙박시설 등 상업용지와 주차장, 공원, 녹지, 보행자도로 등 도시기반시설이 조성되는데, 이중 도시기반시설은 성남시에 무상 귀속되고, 전시장, 회의장 등 전시컨벤션 시설도 성남시에 기부채납하게 된다.

이 사업도 대장동 개발사업처럼 프로젝트투자금융회사(PFV)를 만들어 성남도시개발공사가 50%+1주, 민간사업자가 나머지 지분율로 참여하여 추진하기로 한 사업이다.[36]

이상호 국민의힘 시의원은 당시 논란이 되고 있는 대장동 특혜의혹 사건을 비판하면서, 백현마이스 개발사업도 대장동 사업과 동일하게 민관합동개발 방식으로 사업을 추진하는 만큼 사업의 추진방식을 다시 검토해야 한다고 주장했다. 이하 이상호 시의원이 발언이다.

— 이상호 위원 : "성남도시개발공사는 대장뿐 아니라 백현마이스 개발사업까지 민관합동개발 방식으로 사업을 추진하고 있습니다. (중략) 공교롭게도 이번 회기 중에 백현마이스 개발사업 다른 법인 출자 및 추진계획안이 상정돼 있습니다. 민간에게 폭리를 안겨 준 사업모델인 만큼 대장과 위례의 사례에서 관련 의혹이 해소되고 문제가 없어질 때까지 보류해야 된다고 생각합니다."[37]

이날 오후 성남시는 성남도시개발공사가 추진하는 '백현마이스 도시개발사업 다른 법인 출자 및 추진계획안'을 도시건설위원회에

36] 성남시의회 홈페이지. 성남시의회 제267회 도시건설위원회 회의록
37] 성남시의회 제267회 본회의 제1차(2021. 9. 29.) 회의록. 성남시의회 홈페이지

상정했다. 당일 도시건설위원회에 성남도시개발공사에서는 사업을 담당하는 기획본부장과 개발사업본부장이 참석했다.

사장인 필자는 참석하지 않았고, 진행 상황을 인터넷 생방송을 통해 지켜보았다. 공사 성남시의회 담당 부서장이 도시건설 전문위원과 협의한 결과, 성남시 행정기획조정실장이 보고하는 자리이므로 공사에서는 본부장들이 참석하는 게 좋겠고, 곧이어 열리는 2021년 10월 6일 도시건설위원회에만 참석해달라는 의견이었다.

여야 간에 이 사업을 추진해야 한다는 필요성에 있어서는 아무런 이견이 없었다. 그런데 야당에서는 대장동 사업과 관련하여 드러나고 있는 제반 문제점들, 즉 사업자 선정의 문제, 이익 배분에 관한 문제, 주주협약에 대한 문제들을 제기하며, 백현마이스 도시개발사업에서는 이를 어떻게 해결할 것이냐고 따져 물었다.

게다가 대장동 사업에서는 사업자 간 비밀준수조건 때문에 이런 부분에 대해서 성남시의회에 보고도 하지 않았는데, 백현마이스 도시개발사업에서는 이를 공개하고 보고할 수 있는지에 대해 확실한 답변을 요구하였다.

백현마이스 도시개발사업이지만 사실은 당시 대장동 사업에서 발생한 문제점과 관련된 질의와 응답이 주를 이뤘다. 그러나 성남시나 성남도시개발공사에서는 이러한 부분에 대해 어떻게 해결하겠다는 명확한 답변을 내놓지 못했다.

야당에서는 이 문제가 해결될 때까지는 본 안건은 보류할 것을 주장했다. 기본적으로 이 사업이 대장동 사업과 같은 민관합동 사업구조로 되어 있으므로 대장동 사업에서 발생한 여러 가지 문제를 명확하게 하지 않으면 사업자 선정에 있어 특혜 논란이 생길 수 있고, 민간에게 폭리를 안겨다 줄 가능성이 있다는 주장이었다.[38]

━ 이상호 위원 : "우리 야당에서도 이 사업을 반대하는 건 절대 아닙니다. 전적으로 찬성을 하고 어제 제가 5분 발언 때에도 보류하자고 그랬지 반대한다는 얘기 한 번도 안 했습니다. 대장동 사례를 들면서 '이러 이런 문제점을 보완해서 가자' 그게 키포인트입니다. 그렇지요? 아까 이기인 위원이 얘기했다시피 주주 간 협약서 의회랑 공유할 수 있습니까? 못하지요, 그렇지요? 그런 부분을 전혀 말씀을 못 하시는 데 동의를 한다면 의회도 문제가 있는 거예요. 그렇지요? (중략) 그런 게 좀 투명하게, 의회에서만큼이라도 들여다볼 수 있는 그런 체계를 만들고 가자, 정 기밀유지가 필요한 부분은 그 필요한 부분대로 가더라도 나머지 부분이라도 공유를 하고 가자, 그렇게 보완해서 가자는 게 취지입니다. 그래서 저는 이 건을 보류를 해서 그런 문제들이 보완될 때까지 보류를 하고 가는 게 맞다. 그래서 보류 요청을 드리는 바입니다.

━ 이기인 위원 : "이상호 대표님의 보류 의견에 찬성하고, 대신 무작정 보류가 아니라 다음 회기든 정례회든 주주협약에 대한 공개, 제·개

38] 성남시의회 제267회 도시건설위원회 제1차(2021. 9. 30.) 회의록. 성남시의회 홈페이지

정에 대한 견제, 과대배당에 대한 안전장치, 자산신탁에 대한 검증, 심사공무원에 대한 검증, 이런 것들 대책을 제대로 세우시고 협의 하시고 대안이 나오면 그때 즐겁게 통과시키고 싶습니다."

잠시 정회 후 속개된 도시건설위원회에서는 야당 위원 4명이 모두 퇴장한 가운데 박호근 위원장이 야당 의원들이 걱정하는 사항을 염두에 두고 사업을 진행하고, 사업진행 과정을 성남시의회에 보고해 달라고 당부하면서 '백현마이스 도시개발사업 다른 법인 출자 및 추진계획안'을 원안 가결하여 상임위를 통과시켰다.[39]

— 위원장 박호근 : 우리 지금 여당 위원 들어왔는데 야당 위원들이 근본적으로 이 사업에 반대하는 게 아니에요. 백현마이스산업은 성남시의 10년, 100년을 내다보는 사업이기 때문에 꼭 해야 될 사업이라는 것도 저희들이 동의는 합니다. 아까 우리 야당 위원님들이 지적하신 내용은 다 알고 계시지요? (중략) 지난번 (대장동) 같은 그런 의구심이 되는 그런 것은 좀 안 했으면 좋겠다, 그런 부탁의 말씀을 드립니다.

백현마이스 도시개발사업에 대한 질의응답은, 2021년 10월 6일 오후 성남도시개발공사의 도시건설위원회 '2021년도 행정사무 처

39] 성남시의회 제267회 도시건설위원회 제1차(2021. 9. 30.) 회의록. 성남시의회 홈페이지

리상황 청취'를 위한 업무보고에서도 또다시 불거져 나왔다. 박호근 위원장은 공사 개발사업3처장에게 백현마이스와 대장동 사업의 차이점에 대해서 질의하였다. 성남시의회 본회의 통과를 앞두고 이를 홍보하려는 기색이 역력했다.

개발사업3처장은 백현마이스와 대장동 사업은 민관합동개발 방식으로 프로젝트금융투자방식(PFV)인 것은 동일하지만 사업의 내용에서 차이가 있고, 확정이익을 받는 대장동 사업과 달리 백현마이스는 사업이익 발생 시 출자비율과 동일한 배당 수익금을 수취할 계획이며 성남시에 필요한 기부채납을 최대한 확보할 것이라고 답변하였다.[40]

━ 성남도시개발공사 개발사업3처장 조영주 : "민관합동개발 방식 중에 PFV 방식이라는 것에서는 동일하지만 내용 자체는 전혀 다릅니다. 사업수익 구조가 대장지구는 단지 조성공사 후 토지 매각이지만 백현마이스는 단지 조성공사 플러스 건설공사 후분양까지입니다. 공사수익도 대장지구는 확정수익이지만 백현마이스는 사업수익 발생 시 출자 비율과 동일배당수익금을 수취할 계획입니다. 성남시에 필요한 기부채납을 최대한 확보할 계획에 있습니다. (중략) AMC의 공사 파견도 대장 같은 경우에는 토지보상 관련 사업에 대해서만 한

40] 성남시의회 제267회 도시건설위원회 제4차(2021. 10. 6.) 회의록. 성남시의회 홈페이지

정 파견하였으나 백현마이스는 사업관리 전체 기간 동안에 직원을 파견할 예정입니다."

대장동 사업에 대한 비판이 쏟아지고 있는 상황에서 백현마이스는 다르게 사업을 추진하겠다는 내용이었다. 그러나 개발사업3처장이 보고한 내용은 성남도시개발공사의 공식 입장이 아니었다. 사장인 필자는 그 내용을 보고 받은 적이 없었다. 당시 개발사업3처에서 공모지침서를 작성하는 용역을 진행하고 있었는데, 성남시의회 도시건설위원들의 추궁에, 해당 부서에서 검토하던 방안들을 섣불리 보고한 것이었다.

필자는 "백현마이스 도시개발사업의 공모지침서를 어떻게 할지는 아직 정해진 바가 전혀 없다. 지금 보고한 내용은 실무 부서장의 의견일 뿐"이라는 점을 그 자리에서 분명히 밝혔다.

결국 본 안건은 2021년 10월 12일 성남시의회 본회의를 통과했고, 성남도시개발공사는 이후 공모지침서를 만들고 이를 통해 민간사업자를 공모해야 하는 단계로 진입하게 되었다.

지금까지 성남시의회에서 논의한 내용을 포함하여 살펴보면 백현마이스 도시개발사업은 다음과 같이 몇 가지 쟁점으로 정리될 수 있다.

첫째, 백현마이스 도시개발사업도 공영개발이 아닌 민관합동사업으로 해야만 하는가? 사업추진방식 자체에 대한 문제가 제기될 수 있다. 이 부분은 야당에서도 문제를 제기한 바 없다.

둘째, 백현마이스 도시개발사업에서는 사업자 선정의 문제, 이익 배분에 관한 문제, 주주협약에 대한 문제들을 어떻게 해결할 것이냐? 그리고 대장동 사업에서는 사업자 간 비밀준수조건 때문에 이런 부분에 대해서 성남시의회에 공개 보고하지 안 했는데 백현마이스 도시개발사업에서는 이를 공개하고 보고할 수 있는가? 성남시의회에서 주로 제기한 문제였다.

당시 서서히 드러나고 있는 대장동 사업의 문제들을 고려할 때 이러한 질문과 요구는 당연한 것이었다. 당시 성남도시개발공사에서는 왜 이러한 질문에 명확하게 답변하지 못하였는가?

셋째, 2021년 10월 6일 도시건설위원회에서 개발사업3처장이 검토 중인 개발이익 회수 방안 등에 대해 보고했는데, 사장인 필자가 굳이 나서서 실무 부서장의 의견으로 명확히 선을 긋고 정정했다. 사장인 필자에게 먼저 보고하지 않았기 때문만은 아니었다. 사업 추진 방법 특히 이익 배분 방법에 있어서 필자는 생각을 달리하고 있었기 때문이었다.

이 문제는 대장동 사업의 추진과정에서의 문제점과도 관련이 있다. 이와 관련해서는 뒤에 다루기로 한다.

대장동 사업에 대한 의지 표명

그런데 정작 문제는 지금 시작되는 백현마이스 도시개발사업보다, 전 국민을 분노케 하고 있는 대장동 사업이었다. 2021년 10월 6일 오후 성남도시개발공사에서, 성남시의회 도시건설위원회 '2021년도 행정사무처리상황 청취'를 위한 업무보고가 있는 날이었다.

대장동 사태가 터지고 유동규 전 기획본부장이 구속되면서부터, 언론에서는 당사자인 성남시와 성남도시개발공사에서 무슨 조치를 할 것인가에 온 관심을 쏟고 있었다. 대장동 사태가 처음 발발했을 때부터 언론사로부터 회사에 각종 질문을 해오고 있었다. 대장동에 대한 수사가 처음 시작되었을 때는 그저 수사 내용을 지켜볼 뿐 언론에 별달리 해줄 말이 없었다.

그런데 2021년 10월 3일 이 사건의 주범 중 하나인 유동규 전 기획본부장이 구속되면서 대장동 사업에 문제가 있었다는 것이 확실해졌고, 회사는 이에 대한 대책을 제시해야만 하는 상황에 놓였다.

그러나 여전히 현재의 사태를 수습할 수 있는 구체적인 내용은 준비할 수 없었다. 제일 중요한 법적 조치를 취하기 위해서는 범죄 당사자와 범죄 내용을 확실하게 해야 하는데 민간사업자에 대한 검찰 수사는 이제 시작하는 단계였기 때문이다.

당연히 2021년 10월 6일 열리는 성남도시개발공사의 도시건설위원회 업무보고에 언론들의 관심이 집중되었다.

필자는 업무보고를 시작하면서 제일 먼저 '판교대장 도시개발사업 관련 공사의 입장문'을 정식으로 발표하였다.

필자는 2015년부터 공사에서 추진한 대장동 개발사업이 성남시 차원에서는 5,511억 원이라는 역대 최대의 개발이익을 확보한 뚜렷한 성과가 있는 반면에, 결과적으로 보면 민간 개발사업자에게 과도한 이익이 돌아감으로 인해 국가적 논란과 공분이 불거졌다고 현 상황을 있는 그대로 보고했다.

확정이익으로 배당받는 계약조건 하에서 부지 분양 당시 부동산 가격이 상승됨에 따라, 사업 당시에는 예상치 못한 투자이익이 민간사업자에게 배당되었다. 현재 사업추진과정의 문제로 인해 유동규 전 기획본부장이 배임 혐의 등으로 구속되었고, 공사는 검찰로부터 압수수색을 받고 있을 뿐만 아니라 관련 직원들도 검찰과 경찰로부터 반복적인 조사를 받고 있다, 라고 있는 그대로 밝혔다. 대장동 사업의 긍정적인 성과와 함께 현재 조사되고 있는 부정적인 면을 치우침 없이 설명하고자 했다.

공사에서는 첫 번째로 검찰과 경찰 등 사법기관의 조사를 통해 이 사업의 문제가 빠른 시간 내에 밝혀질 수 있도록 조사에 적극 협조할 것이며, 두 번째로 유동규 전 본부장 배임 혐의와 관련하여 공사는 대장동 사업의 추진내역과 계약 등의 재검토를 통해 공사가 취해야 할 법적, 행정적 대응방안을 마련하겠다는 의지를 밝혔다.

그리고 어찌 되었든 간에 필자가 맡고 있는 성남도시개발공사가 이렇게 정치적으로 쟁점화되고 국민께 걱정을 끼쳐 드리는 점에 대해 공직자로서 정중하게 사과했다.

한편 이번 도시건설위원회에서는 공모지침서 작성 과정에서 초과이익 환수와 관련하여 의미 있는 질문과 답변이 나왔다. 개발사업본부에 대한 질의응답에서 국민의힘 이기인 성남시의원은 이현철 개발사업2처장에게 공모지침서 작성 과정에서 실무진이 검토한 내용을 두고 질의하였다.[41]

— 이기인 위원 : "공모지침서를 만드는 과정에서 이익조건과 같은 여러 조건들을 개발사업본부장이 검토하라고 지시한 적이 있습니까?"
— 성남도시개발공사개발사업2처장 이현철 : "나머지는 거의 일반적인 것이었고, 이익부분에 대해서 검토했습니다."

— 이기인 위원 : "이익에 대해서요?"
— 성남도시개발공사개발사업2처장 이현철 : "이익이 두 가지가 있었는데, 하나는 1공단을 시공해서 무상 기증하는 부분이 있었고, 그 다음에 임대아파트 부지(확보)가 있었습니다. 저희 입장에서는 향후 보상을 하고 택지 조성까지 하면 최소 1년에서 2년이 걸리고, 그 후의 경제 상황을 알 수 없기 때문에 플러스 알파를 검토를 요한다는

41] 성남시의회. 제267회 도시건설위원회 제4차(2021. 10. 6.) 회의록. 성남시의회 홈페이지

것을 수기로 써서 개발본부장님께 제출을 했습니다."

━ 이기인 위원 : "그러니까 향후 우리가 예측할 수 없는 미래가치에 대해서, 특히 경제전망이 좋아진다면 추가적으로 플러스알파, 즉 수익이 일어날 수 있기 때문에 이 부분들을 공공에서 환수하거나 우리가 마땅히 가져올 수 있는 대책을 마련해야 된다라는."

━ 성남도시개발공사개발사업2처장 이현철 : "예, 그렇습니다."

━ 이기인 위원 : "그러면 정확하게 실무팀은 1팀이었지만 개발사업본부에서 검토를 하라고 해서 2팀에서도 처장님께서 직접 수기로 보고를 하신 거네요. 그렇지요?"

━ 성남도시개발공사개발사업2처장 이현철 : "예, 그렇습니다."

━ 이기인 위원 : "그것을 유동규 본부장이 어떻게 했습니까?"

━ 성남도시개발공사개발사업2처장 이현철 : "그거는 제가 모릅니다. 저는 개발본부장님한테 지시한 대로 갖다 드렸습니다."

━ 이기인 위원 : "결국 유동규 본부장이 어떻게 처리했는지는 모르지만."

━ 성남도시개발공사개발사업2처장 이현철 : "예, 그렇습니다."

━ 이기인 위원 : "결국 공모지침서에서 그 조항이 빠졌습니까, 안 빠졌습니까?"

━ 성남도시개발공사개발사업2처장 이현철 : "그거는 제가 모르고 있

다가 계약이 완료됐을 적에 빠진 것은 확인이 됐습니다."

■ 이기인 위원 : "1팀은 어떻습니까? 1팀도 그런 조항을 필요하다고 검토 보고를 올렸습니까?"

■ 성남도시개발공사개발사업2처장 이현철 : "지금 언론에 뜬 게, 오늘 뜬 것도 1팀에서 작성을 한 거거든요. 저희 팀이 아니라 1팀에서 작성한 그게 언론에 지금 기사화된 걸로 보입니다."

■ 이기인 위원 : "그럼 1, 2팀 둘 다 초과이익에 대해서 환원을 해야 된다고 올린 거네요. 그렇죠?

■ 성남도시개발공사개발사업2처장 이현철 : "예, 맞습니다."

■ 이기인 위원 : "그 마지막 최종 결정은 유동규 본부장이었습니까?"

■ 성남도시개발공사개발사업2처장 이현철 : "그렇지 않습니다. 유동규 본부장님이 사장 대행할 적은 3월 11일부터이기 때문에 그 공모지침서를 할 적에는 사장 대행이 아니었지 않습니까? 사업 협약할 때 사장 대행이었던 것 같습니다."

당시 개발사업2팀은 2015년 2월 4일 성남시의회로부터 대장동 사업 '다른 법인 출자 타당성'에 대한 승인을 받기까지 이 사업을 직접 담당한 부서였기 때문에 이 사업에 대해서 잘 파악하고 있었다. 그런데 개발사업2팀장이 당시 초과이익 환수의 필요성을 증언한 것이다.

마침 그날 〈한겨레신문〉에서는 [단독] "'7시간 만에 사라진' 대장 동 초과이익 환수조항"이란 제목 하에 개발1팀에서 사업협약서를 준비하는 과정에서 아무런 이유 없이 초과이익 환수조항이 7시간 만에 사라졌다고 보도했다. 위 녹취록에서 보는 바와 같이 개발사 업1팀에서도 발생할 수 있는 초과이익을 환수해야 한다는 의견이 었다.

결국 대장동 사업을 추진하는 과정에서, 당초 민간사업자가 사 업계획서에서 제시한 아파트 부지 분양 예정가격보다 실제 분양가 격이 상승할 경우에는 예상하지 않은 초과이익이 발생하는 것이었 고, 이들은 확정이익과 별도로 적절하게 회수해야 한다는 것이 개 발사업본부 부서장을 포함한 실무자들의 공통된 의견이었다.

그러나 앞서 지적한 대로 당시 이재명 후보는 초과이익 환수가 있을 수 없다고 주장하였다. 이재명 후보는 고정이익 환수의 이면 에는 예정된 이상의 이익이 생기면 모두 민간사업자가 갖는 것이 라고 주장했는데, 성남도시개발공사 실무직원들은 초과이익을 회 수해야 한다는 의견을 내놓은 것이다. 이재명 후보와 성남도시개 발공사 실무직원들 간에 왜 이렇게 의견 차이가 발생했을까?
실무자들이 본인이 담당하는 업무에 한해서는 관리자들보다 더 자세하게 안다는 것은 상식이다. 그러면 이재명 후보가 틀린 걸까? 아니면 야당이 주장하는 바와 같이 유동규 전 기획본부장의 배임과 관련되어 있으므로 그런 주장을 하는 걸까? 쉽게 결론을 낼 수 있는 문제가 아니었다.

대장동 사업은 아직 종료되지 않았다. 현재 진행 중인 사업이었다. 이 사업에 문제가 있다는 것을 알았으면, 공사는 무슨 피해를 보았는지 따져봐야 하고 무슨 조치든 취해야만 한다.

유동규 전 기획본부장의 배임이 있었던 당시에 필자가 없었다고, 그리고 아직 검찰, 경찰 등 수사기관의 조사가 끝나지 않았다는 핑계로 방치하게 된다면, 필자도 배임의 책임을 면할 수가 없다는 생각이 들었다. 비록 뒤에 법적인 소송에서 필자에게 문제가 없다고 면죄부를 받을 수 있더라도 말이다.

08

성남시와 경기도의 대장동 사업 수습 노력들

은수미 성남시장에 대한 보고가 무산되다

2021년 10월 7일, 성남시의회 도시건설위원회에 대한 업무보고 다음 날 필자는 공사 직원을 시켜 성남시장 비서실장을 통해 은수미 시장에 대한 대면 보고를 신청했다. 공식적으로 보고할 필요가 있다고 보고, 문서 한 페이지로 간략하게 요점을 작성해서 비서실장에게 전달했다.

무엇보다 향후 대장동 사태를 수습하기 위해 성남시와 성남도시개발공사가 어떻게 손발을 맞춰야 할지 논의해야 할 필요가 있었다.

대장동 사업은 성남시와 성남도시개발공사 모두 걸려 있는 일이지만, 법적으로 피해의 당사자는 대장동 사업 프로젝트금융투자회사(PFV)의 주주인 성남도시개발공사이고, 따라서 법적인 소송도 성남도시개발공사가 소송 당사자가 된다. 성남시는 대장동 도시개발사업에 대한 인허가권자로서 사업의 준공에 관한 결정 권한을 가지고 있다. 물론 성남도시개발공사는 성남시의 산하기관이며 성남시는 법적으로 관리 감독하는 권한을 보유하고 있다.

따라서 논리적으로 생각해봐도 대장동 사태에서 해결의 주체는 성남도시개발공사이고, 성남시는 이를 지원하면서 문제가 없는지 여부를 관리 감독하는 역할을 하면 되는 것이다. 이렇게 각 기관의 역할을 명확히 하고 서로 어떻게 협조할 것인지 논의할 필요가 있었다.

그러나 성남시장 비서실에서는 그 뒤 아무런 응답도 없었다. 한 페이지로 작성한 문서가 과연 시장에게 보고되었는지조차 알 수 없었다. 그저 다른 소식통을 통해 '시장 본인은 성남도시개발공사 상황에 대해 모두 알고 있다. 굳이 보고 받을 필요가 없다'라고 했다는 이야기도 들려왔으나, 100% 확인된 것은 아니었다. (이후 11월 1일, 대국민 보고 전에 은수미 시장을 만나 면담 요청 사실을 확인해보니 정작 본인은 보고 받지 못했다고 말했다.)

그러나 중요한 것은 성남시는 이 문제에 대해 성남도시개발공사 사장인 필자하고 협의할 의사가 없다는 점을 확인한 셈이다. 이 부분은 뒤에 필자가 향후 대장동 사업에 대한 대국민 보고를 진행하는 과정에서 매우 중대하게 영향을 미치게 된다.

필자가 성남도시개발공사 사장으로서 대장동 사태에 대한 해결의지를 공식적으로 천명했음에도 불구하고 그때까지 성남시는 대외적으로 별다른 의지 표명이 없었다.

2021년 10월 7일 〈경향신문〉은 "은수미 성남시장. 대장동 개발 특혜 의혹에 '묵묵부답'", "산하기관 임직원 줄줄이 조사받는데…입 다문 은수미 성남시장"이란 각각의 제목 하에 두 개의 기사를 통해, 은수미 시장이 대장동 사태와 관련하여 적극적으로 대응하고 있지 않다고 비판하고 나섰다.

〈경향신문〉은 "은수미 성남시장이 '대장동 개발 특혜 의혹'에 대해 침묵으로 일관하고 있다. 민간업체가 시민들에게 돌아갈 천문학적인 이익을 챙긴 데 대해서도 성남시 차원의 재발방지나 개선책도 내놓지 않고 있다. 지역 정치권에서는 '은 시장 또한 이번 사태에 대한 책임에서 자유로울 수 없기 때문에 함구하고 있는 것 아니냐'는 비판이 나온다고 지적했다.

〈경향신문〉은 또한 은수미 시장 관계자의 말을 인용하여 '수사가 진행 중인 사항이고, 또 지금은 시장이 입장을 표명할 단계는 아닌 것 같다'라면서 '이 문제와 관련해서 대장지구 입주자나 입주예정자들에게는 피해가 없도록 하겠다'라고 언급하는 데 그쳤다.[42] 그저 수사가 진행되는 것을 지켜보고 있었을 뿐이었다.

42】〈경향신문〉. 2021. 10. 7. 산하기관 임직원 줄줄이 조사 받는데…입 다문 은수미 성남시장.
〈경향신문〉. 2021. 10. 7. 은수미 성남시장. 대장동 개발 특혜 의혹에 '묵묵부답'

경기도의 대장동 부당이익 환수 준비 관련 공문

경기도는 2021년 10월 6일 대장동 개발 의혹과 관련하여 민간사업자에게 개발이익 배당을 중단하고 경우에 따라 부당이득 환수를 준비할 것을 성남시와 성남도시개발공사에 권고하는 공문을 발송했고, 성남도시개발공사는 그 이튿날 해당 공문을 접수했다. 이재명 경기도지사가 움직인 것이다.

경기도는 공문에서 "현재 판교 대장지구 개발사업은 뇌물 등 수사가 진행 중이며, 그 죄가 확정되지는 않았지만, 이해관계인이 뇌물을 받았다는 이유로 구속된 상황이기에 성남시와 성남도시개발공사는 50%+1주 과반 의결권을 행사해서라도 사업자 자산을 즉시 동결·보전 조치하고 개발이익이 추가 배당되지 않도록 해야 할 것"이라고 했다. 그리고 "개발사업자의 금품, 향응 제공 등이 사법기관에 의해 인정되는 경우, 이익배당 부분을 부당이득으로 환수할 수 있도록 객관성 있는 법률전문가들로 TF를 구성해 준비할 것을 권고한다."고 강조했다.

경기도는 성남도시개발공사가 2015년 사업추진 당시 사업공모 참가자들로부터 제출받은 '청렴이행 서약서'를 근거로 제시했다. '청렴이행 서약서'에는 '성남도시개발공사 담당 직원 및 사업계획서 평가자에게 직간접적으로 금품, 향응 등의 부당한 이익을 제공하지 않겠다', '담당 직원 및 사업계획서 평가자에게 금품, 향응 등을 제공한 사실이 드러날 경우 협약체결 이전의 경우에는 우선협상대상자 선정 취소, 사업실시협약 체결 이후 착공 전에는 협약의 해제 또는 해지, 착공 후에는 당해 협약의 전부 또는 일부를 해제 또는 해지하여도 감수하겠으며, 민·형사상 이의를 제기하지 않겠다'는 등의 내용이 포함되어 있었다.

이재명 경기도지사 측에서도 유동규 전 기획본부장이 배임과 뇌물 혐의로 구속되는 것을 보면서, 필자가 2021년 10월 6일 성남시의회에서 발언한 것과 같은 맥락에서, 성남시와 성남도시개발공사의 법적, 행정적 조치를 생각한 것이었고, 이는 당연한 것이었다. 성남시 관련 부서에서는 혹시 성남도시개발공사와 경기도 간에 사전에 협의가 있었는지 궁금해하는 공무원들도 있었다. 물론 사전 협의는 없었다.

물론 일부 언론에서처럼 이재명 후보가 성남시장으로 재임했던 2015년 당시 대장동 개발사업 공모 참가자들이 제출한 청렴이행서약서에 금품제공 등 불법시 부당수익을 환수할 수 있도록 안전장치를 만들었고, 이에 근거해서 성남시에 부당이익 환수를 권고했다는 점을 분명히 함으로써 본인은 과다한 배당을 받은 민간사업자들과 전혀 관련도 없을 뿐만 아니라, 유동규 전 기획본부장과도 선을 긋고 또 민간사업자들의 부당이익도 회수할 수 있다는 것을 강조한 게 아니냐고 보는 시각도 있었다.

그런데 경기도가 보낸 공문에서 언급한 '청렴이행 서약서'의 효력에 대해 의견이 엇갈렸다. 즉 민간사업자들이 뇌물을 준 점을 들어 사업자와의 협약을 해제 또는 해지할 경우 이제까지 민간사업자들에게 배당한 이익까지 회수할 수 있겠느냐 하는 것이 문제였다.

친분이 있는 변호사들과 협의해 본 결과 부정적인 의견이었다. 앞으로 하는 사업 진행에 적용되는 것이지, 처음 배당한 이익까지 환수하는 것은 불가능할 수 있다는 의견이었다. 결국 최대의 쟁점은 민간사업자가 포함된 배임이 있었는지 여부였다. 배임 여부에 따라 성남도시개발공사가 취해야 할 법적인 조치가 크게 달라지는 것이다.

성남시와 성남도시개발공사가 취한 조치들

경기도의 공문을 받은 이후 성남시와 성남도시개발공사도 각각 대장동 사업 관련 TF를 구성하고 대장동 개발이익 환수를 위한 법리검토 등 준비에 들어갔다.

성남도시개발공사는 2021년 10월 12일 필자인 사장이 직접 단장을 맡고 개발, 전략, 법률, 홍보 및 외부 법률가가 포함되는 TF 조직을 구성했다. 대장동 사업추진 당시 사업을 추진한 핵심 임직원들이 대부분 회사를 떠나고 현재 남아 있는 일부 직원들은 번갈아가며 수시로 검찰과 경찰에 호출되어 조사를 받고 있는 상태였다.

수사결과가 나오지도 않은 상태에서 누구도 책임을 지고 이 사건 수습책임을 맡겠다고 선뜻 나서는 임직원이 없었다. 필자도 2021년 11월 6일 임기 종료까지 채 한 달이 안 남았다. 그래도 결국 사장이 직접 책임을 지고 진두지휘해야만 하는 상황이었다.

필자는 대장동 TF를 만들어 처음 회의를 주재하면서 직원들에게 당부했다.

"유동규 전 기획본부장이 구속되었다는 것은 사실상 우리 공사에서 불법과 부정이 발생했다는 것이 확인된 것이다. 현재 우리 성남도시개발공사의 명예는 땅에 떨어졌고 성남시민과 국민들로부터 지탄을 받고 있다.

그러나 이 회사는 여러분들이 이제까지 다니면서 일궈왔던 직장이고, 앞으로도 여러분들이 정년퇴직해야 할 곳이다. 만일 지금 사태를 수습하는데, 여러분들이 적극적으로 앞장서지 않는다면 더 이상 성남시민이나 국민께 얼굴을 들 수 없고 아무런 변명도 할 수 없다.

죄를 지은 사람들을 골라내서 처벌을 하는 것은 검찰과 경찰 등 수사기관의 몫이다. 우리는 회사가 피해 본 부당이익을 회수하는데 최선의 노력을 다해야 할 것이다. 여러분들은 이번 대장동 사태와 관련하여 아무런 죄를 짓지 않았다. 그런데 만일 이 문제를 수습하는데 적극 나서지 않는다면 여러분들은 임무를 다하지 못하는 것이고, 그렇게 된다면 결국 그것도 배임과 마찬가지다.

102

결국 대장동 사업에 대한 수사도 언젠가 종결될 것이고, 이에 따른 법적, 행정적 조치도 취해질 것이다. 이 과정에서 어차피 실행 작업은 여러분들이 감당해야 할 몫이다. 적극적으로 치고 나가서 사태를 수습해서 회사가 입은 피해도 회복하고, 그 과정에서 성남 시민과 국민으로부터 신뢰를 회복할 것인지, 아니면 수습과정에서 끌려다니며 할 일은 다 하면서도 결국은 욕만 먹을지는 여러분들 판단에 달렸다. 이 건은 내가 진두지휘하겠다.

여러분들의 적극적인 협력을 바란다."

대장동 TF에 참여한 직원들의 자세는 진지했다. 그리고 적극적이었다. 그런데 문제는 직원들이 이런 비상 상황을 스스로 겪어보지 못해서 어찌해야 좋을지 모르고 있었다.

먼저 현 상황에 대해 공사가 취해야 할 법적 조치의 방향을 정리할 것을 지시했다. 회사의 법률자문 변호사와 이를 상의하도록 하였다. 필자는 직접 과거 보고서 등 대장동 관련 자료들을 좀 더 상세하게 검토하기 시작했다.

성남도시개발공사가 법률자문 계약을 맺고 있는 법무법인은 두 곳이다. 그중 하나는 대장동 사업추진 당시부터 법률 자문을 하고 있었고, 다른 하나는 성남시의 법률자문을 하는 법무법인 대현이었다. 성남시는 공통된 의견을 내기 위해 성남시와 성남도시개발 공사가 법무법인 한 곳을 선택하여 각각 자문계약을 맺고 공통된

목소리를 내는 것을 선호하였다. 그러면서 성남시는 법무법인 대현과 계약을 추진하고 있다고 밝혔다.[43]

결국 뒤에 보니 성남시는 그렇게 했다.

그러나 필자의 생각은 달랐다.

첫 번째는 법률 검토 단계에서는 단일한 의견을 내는 것보다 다양한 법률적 검토의견을 내는 게 오히려 더 낫다. 그리고 서로 견해가 다르면 함께 모여 조율하면 된다. 결국 현 상황을 해결할 수 있는 법적, 행정적인 절차를 찾아내어 필요한 조치를 취하는 것이 최선이며, 법적인 검토가 서로 다를지라도 소송을 수행함에 있어 주위적 주장이나 보조적 주장으로 함께 담으면 되는 것이었다.

결국 법적인 검토 사항이 풍부하면 풍부할수록 좋은 것이었다. 법률 검토 내용을 통일하는 건 별문제가 되지 않았다. 그 내용을 최대한 담는 게 더 중요한 것이었다.

두 번째는 법적, 행정적 조치를 취함에 있어 성남시와 성남도시 개발공사의 위치와 역할이 서로 다르다는 점에 있었다. 성남도시개발공사는 대장동 사업을 수행하는 프로젝트투자금융회사(PFV) 성남의뜰의 50%+1주를 가진 당사자이고 따라서 다른 민간사업자

43] 〈연합뉴스〉. 2021. 10. 25. 성남시, 대장동 법률자문단 구성…부당이익 환수 중점 검토

로부터 배임 등의 범죄로 입은 피해를 복구하기 위해 소송을 벌여야 하는 주체이자, 당사자였다. 성남의뜰 이사회나 주주총회에서 필요한 행정적 조치를 취해야 하는 당사자이기도 했다.

그러나 성남시는 성남의뜰이 사업자로 시행하고 있는 대장동 개발사업의 인허가권자이고, 이에 따라 착공뿐만 아니라 다가오는 준공 절차를 인가하는 역할을 해야 하므로 엄연히 다른 역할이었다. 즉 성남도시개발공사는 사업자이고 성남시는 인허가권자였다.

물론 성남시는 성남도시개발공사를 지휘, 감독하는 역할이 있다. 그렇다고 해도 성남시가 성남도시개발공사를 대신할 수는 없는 것이다. 따라서 성남도시개발공사는 향후 대장동 관련 행정절차 및 제반 소송업무를 직접 수행해야만 하고, 성남시는 이를 지원하면서, 관리 감독하면 되는 것이다.

그런데 동일한 법무법인을 선정하여 법률자문을 받는 상황에서, 성남시와 성남도시개발공사가 중점 검토를 하는 부분이 만일 서로 다를 경우 어떻게 할 것이냐 하는 문제가 대두될 수 있었다.

결국 공무원들은 자기 업무를 문제없이 해서 징계받지 않고 승진으로 보상받는 것이 최우선이기 때문에 이런 문제가 닥치면 두 조직이 대응하는데 문제가 생길 수도 있다는 점이다.

세 번째는 성남도시개발공사뿐만 아니라 성남시도 대장동 사업과 관련하여 검찰과 경찰의 수사를 받는 처지라는 점이다. 그런 상황에서 성남시와 성남도시개발공사가 대장동 사업에 있어 공통된 목소리를 낸다는 것은 다른 한편에서는 수사받는 처지에서도 공통된 목소리를 내기 위한 것으로 오해 받기 쉬운 상황이었다.

〈중앙일보〉는 2021년 10일 29일 단독기사에서 "성남시가 대장동 개발사업에서 논란이 불거진 부당이익의 환수 조치 등을 위해 법률 자문을 맡긴 법무법인 대표가 성남도시개발공사의 임원인 것으로 확인됐다."라며 "공사가 최대주주로 있는 시행사 '성남의뜰'의 위법행위 등을 검토할 법무법인이 공사와 관련이 있는 것으로 드러나 향후 이해충돌 문제가 불거질 전망이다."라고 보도하였다.[44]

성남시가 법률자문을 맡긴 이 법무법인 소속 윤모 변호사와 김모 변호사는 성남도시개발공사의 '정보공개심의위원회'의 외부위원으로 참여하고 있기도 해서, 언론에서는 이들이 성남도시개발공사의 대장동 문건 비공개 결정에 참여했다고 보도하였다. "정보공개 판단의 객관성 담보를 위해 도입된 심의위원회 외부위원 자리가 대장동 법률자문단으로 채워진 건 큰 문제"라고 지적했다.[45] 결국 그 뒤 이 법무법인 소속 외부 심의위원 2명은 사임했다.

성남시도 예산재정과, 정책기획과, 도시균형발전과, 법무과, 공보관실 등 담당 부서장으로 TF를 꾸리고 경기도의 권고사항에 대한 실행 방향을 논의했다. 성남시는 TF에서 연말로 예정된 대장동

44] 〈중앙일보〉. 2021. 10. 29. [단독] '대장동 부당이익 환수' 자문, 성남도공 임원이 맡았다.
45] 〈TV조선〉. 2021. 10. 28. [단독] 대장동 문건 '비공개' 결정 뒤에 성남시 법률자문단 있었다.

개발사업의 준공승인 문제, 대장동 주민들의 민원 해소방안을 논의할 예정이라고 언론은 보도했다.

아울러 "유동규의 배임죄가 성립한다면 사건 관계자들을 상대로 한 손해배상 청구도 가능하다."라며, 유동규가 기소 되는 대로 공소장을 확보해 관련 절차에 들어갈 방침이라고 언론은 전했다. 그러나 성남시의 상황은 언론보도 내용을 중심으로 대장동 사업의 내용을 파악하기 시작하는 초기 단계였다.

성남도시개발공사와 성남시의 이러한 조치에 대해 부정적인 전망을 피력하는 언론도 있었다. 성남도시개발공사가 추가 배당에 제동을 걸고 싶어도 성남의뜰 이사회를 통해야 가능한데, 3명으로 구성된 성남의뜰 이사회에서 성남도시개발공사 측 이사가 1명이어서 공사 측이 민간주주의 반대를 뚫고 배당중단을 결의할 수 있을지 불투명하고, 주주총회 역시 안건 의결에는 75%의 지분이 필요한데 공사는 50%+1주에 불과해 배당중단을 의결할 수 있을지 불투명하다는 주장이었다. [46]

한편 이재명 민주당 후보는 2021년 10월 21일 본인의 페이스북에 〈대장동 개발이익 완전 환수하는 은수미 성남시장님, 응원합니다〉라는 제하의 글에서 "(생략) 최근 공직자 매수 혐의가 드러나 곧바로 성남시에 민간 몫 개발이익 환수를 위한 '협약 해제와 개발이익 환

46] 〈채널A〉. 2021. 10. 13. 성남도공, '대장동 추가 배당 중단 방침…실현 가능성은?

수' 조치를 요구하였는데, 성남시가 개발이익환수를 위한 협약 해제, 배당 동결, 준공검사 보류 등 실질적 조치를 진행하고 있습니다. 수천억대인 화천대유의 아파트 분양 수입을 가압류하고 미지급된 용지 대금 지급을 동결하면 이들이 취한 개발이익은 전부 환수 가능할 것입니다."라며, "성남시의 신속하고 강력한 개발이익 환수 조치를 환영하며, 응원합니다."라고 글을 맺었다.

이에 대응하듯이 은수미 성남시장도 다음 날인 2021년 10월 22일 페이스북에 글을 올려 "우선 청렴계약서에 의거한 부당이익 환수는 법률 자문 등 충분한 검토를 진행하겠다. 이와 별도로 손해배상 역시 법률 검토하겠다."라고 밝혔다. 대장동 사업 준공 승인 시기 연장에 대해서는 "적극적인 검토를 하고 있다."라면서 "준공승인을 하면 시행사 성남의뜰은 개발이익금 추가 배당을 마무리하게 돼 청산절차를 밟게 되지만 준공승인을 지연하면 시민분들의 피해와 불편이 있을 수 있다."고 말했다.

또 "성남시민의 권리를 최우선으로 환경청 등 관련기관 자문, 법률자문결과를 토대로 신속하게 대응 방향을 알려드리겠다."라면서 "(대장 지구의) 버스 등 교통, 주변 인프라에 더 신경 써 입주민들이 생활하시는 데 불편함이 없도록 하겠다."고 밝혔다.[47]

47] 〈경향신문〉. 2021. 10. 22. 은수미 대장동 관련 '뒤늦은' 입장표명… "부당이득 환수·준공 승인 시기 연장 검토"

그간 은수미 성남시장은 대장동 사업에 대해 침묵으로 일관하였는데, 이재명 후보의 페이스북 글에 대응하여 처음으로 본인의 입장을 표명한 것이었다. 은수미 성남시장의 대장동 첫 인터뷰는 2021. 10. 26. 〈경향신문〉에서 진행되었다.

"그 당시에는 최선의 결정이었다고 생각합니다."

"그동안 대장동 의혹에 대해 함구했던 것은 자칫 잘못하면 정치적인 행보로 인식될 것을 우려해 말과 행동을 자제해왔다."

"대장동 개발사업과 관련된 자료를 검토하면서 사실관계를 파악한 결과 당시 성남시는 부끄러운 결정을 내리지 않았다는 게 내 판단이다. 하지만 결과적으로 볼 때 민간업체에 막대한 추가이익이 발생해 국민께 심려를 끼쳐 드린 부분은 정말 죄송하게 생각한다."

"지자체가 할 수 있는 근본적인 부동산 대책을 고민하고 있다."고 말했다.[48]

은 시장은 대장동 개발 특혜 의혹에 대한 법적 조치와 관련하여 '화천대유에 대한 손해배상 소송', '청렴계약서에 근거해 개발이익 환수가 가능한지', 그리고 '연말로 다가온 준공 승인 연장 문제'를 살피고 있다고 밝혔다.

---

[48] 〈경향신문〉. 2021. 10. 26. 은수미 성남시장 대장동 첫 인터뷰 "대규모 사업들 투명한 방향으로 가도록 재점검" 처음 인터뷰 기사 제목은 '은수미 성남시장 대장동 첫 인터뷰 "당시에는 최선의 결정"'으로 뽑았으나 시간이 지나면서 "대규모 사업들 투명한 방향으로 가도록 재점검"으로 바뀌었다.

은 시장은 '대장동 개발사업의 배당이 은 시장 취임 이후 이뤄진 만큼 사전에 막을 수 있었던 것 아니냐'라는 지적에 대해서는 "내부적인 진행 문제여서 알 수 없었다."라면서 "포괄적인 책임에 있어서는 죄송하다고 생각한다. 대장동 TF를 통해 사실관계를 확인하고 중장기적인 대처를 하려고 한다."라고 말했다.

한편 현재 민·관 협력으로 추진 중인 '백현마이스 사업'에 대해서는 "이 사업의 경우 2조 5,000여 억 원이 들어가지만 공공의 가치를 실현할 수 있게 설계가 됐다."면서, "일부 언론에서는 이 사업이 대장동하고 똑같다고 하지만 그렇지 않다."고 말했다.

〈연합뉴스〉는 2021년 10월 25일 성남시가 법무법인 대현과 '이번 주중에 대장동 법률자문계약을 맺기로 했다'고 보도했다.[49] 법무법인 대현의 김우진 변호사는 "대장동 개발사업과 관련한 법적 분쟁과 법률적 문제에 대해 TF와 상담하고 의견을 제시하게 된다."라며, "경기도에서 성남시에 요청한 대장동 개발 민간사업자에 대한 자산 동결·보전, 개발이익 추가배당 금지, 부당이득 환수 등을 중점적으로 검토하기로 했다."라고 하면서, "이를 위해 공모지침서, 사업협약서, 주주협약서, 개발계획변경인가 공문 등 관련 자료를 TF에 요청했다."라고 말했다.

49] 〈연합뉴스〉. 2021. 10. 25. 성남시, 대장동 법률자문단 구성…부당이득 환수 중점 검토

성남시에서 추진하는 대장동 사건 관계자들을 상대로 한 손해배상청구와 관련해 김 변호사는 "유동규 전 성남도시개발공사 기획본부장의 공소장에 배임 혐의가 빠졌고, 이에 따라 성남도시개발공사는 아직 피해자로 적시되지 않아 공소장 확보에 어려움이 있다."라면서, "손해배상청구는 사건 진행 상황을 더 지켜봐야 할 것으로 보인다."라고 말했다.

성남시장의 인터뷰 내용이나 성남시가 법률 자문 계약을 맺는 내용을 보아도 성남시는 이제 대장동 사업을 검토하는 초기 단계에 머물러 있었다. 필자가 2021년 11월 1일 대장동 사업과 관련하여 대국민 보고를 하는 당시까지 성남시는 대장동 사업과 관련해서 언론이 언급하는 자료를 성남도시개발공사에 요청하는 정도였다.

이러한 상황을 종합해보면 2021년 10월 21일 이재명 후보가 본인의 페이스북에서 〈대장동 개발이익 완전 환수하는 은수미 성남시장님, 응원합니다〉라는 제하의 글을 통해 "성남시가 개발이익환수를 위한 협약 해제, 배당 동결, 준공검사 보류 등 실질적 조치를 진행하고 있습니다. (중략) 성남시의 신속하고 강력한 개발이익 환수 조치를 환영하며, 응원합니다."라고 쓴 것은 사실상 별다른 대응을 하지 않고 지켜보다가 경기도의 대장동 대응 촉구 공문에 대해 겨우 움직이기 시작한 성남시의 대응을 촉구하고 독려하는 의미가 컸다고 필자는 생각했다.

그런데 조직적으로 외부 법률전문가가 참여하는 법률자문단을 제일 먼저 구성하는 것이 본질적인 문제는 아니었다. 외부 법률자문단도 결국 성남도시개발공사나 성남시가 취해야 할 법적, 행정적 조치를 검토하기 위한 수단일 뿐, 그 자체가 목적은 아니기 때문이다.

필자는 성남도시개발공사 사장으로서 현 상황에 대해 취해야 할 법적, 행정적인 조치들이 상황별로 어떤 게 있는지, 그리고 어떤 시나리오를 설정하고 대응해야 할지가 가장 중요한 문제라고 생각했다.

그러나 성남시는 경기도의 권고사항을 지시사항으로 받아들이며 외부 법률자문단을 조직으로 구성하는 데 열중하였다. 공사에 공문을 보내 앞에서 얘기한 대로 단일 법무법인을 선정하는 방안과 성남시와 성남도시개발공사에서 각각 별도로 구성하되 회의 시 서로 변호사가 참여하는 방안을 제시하였다.

필자는 별도로 구성하고, 각 기관에서 논의한 내용을 공유하는 방안을 제시하였다. 필요한 내용을 서로가 알고 이견을 조율하면 충분한 것이었다. 결국 성남시와 성남도시개발공사에서 각각 법률자문단을 구성하였다. 다행스러운 일이었다.

그러나 필자는 성남시와 성남도시개발공사가 대장동 사태를 대응하는 데 있어 기본적인 견해차가 있었다고 생각한다. 성남시는 기본적으로 검찰의 수사 결과를 지켜본 뒤에 필요한 조치를 취해야 한다는 것이었고, 이러한 입장은 당시 은수미 성남시장의 발언 내용을 보면 잘 나타나 있었다.

필자는 대장동 수사결과를 앉아서 기다릴 게 아니라 적극적으로 참여하여 스스로 밝히고 필요한 법적, 행정적 절차가 있으면 신속하게 대응하는 것이 중요하다고 보았다. 시간이 지나갈수록 부당 이익의 회수는 당연히 점점 어려워질 수밖에 없기 때문이다.

돌이켜보면 이러한 입장 차이가 2021년 11월 1일 대장동 사태 관련 대국민 보고를 둘러싸고 필자와 은수미 시장 간에 갈등을 일으킨 근본 배경이었다.

검찰은 공동주택 택지매각 예측 가격 평당 1,500만 원과 사업계획서에 기재된 가격 평당 1,400만 원의 차이를 부당이익 산출의 기준으로 삼는데, 여기에는 초과이익 환수를 불가능하게 만든 배임 내용이 빠져 있다.

부당이익 환수는 배임으로 인해 피해를 본 금액을 회수하는 것인데, 검찰의 산출방식대로만 하면 검찰이 제시한 배임 행위와 부당이익 금액 산출이 서로 일치되지 않는다.

Part 3

·

대장동 사태를
국민께 직접 보고하다

09
수사의 진행과 쌓여가는 고민들

김만배 영장 기각, 정치권과 시민단체의 진실 논란과 책임공방

유동규 구속 이후, 민간 초과이익 환수조항의 삭제를 둘러싼 배임의 정황에 대해 언론의 보도는 집중되었고, 이에 따라 이재명 후보에 대한 책임론 주장도 더욱 거세졌다. 먼저 결재권자인 이재명 당시 시장이 모를 수가 있나 하는 주장이 압도적이었다.[50]

본인이 대장동 사업을 모두 설계했다고 주장했는데, 당연히 결재권자로서 알았을 것이기 때문에 공범일 가능성이 크고 만일 몰랐다면 무능하다는 주장이 논리적으로 연결되었다.

더구나 대장동 배당금 일부가 '그분' 것이라는 내용이 대장동 녹

50] 〈세계일보〉. 2021. 10. 7. [사설] 초과수익 환수조항 삭제, 결재권자 이재명이 모를 수 있나
〈문화일보〉. 2021. 10. 7. 성남시민 반발 확산…"이재명, 알았다면 공범·몰랐다면 무능"
〈조선일보〉. 2021. 10. 7. 3개월 만에 삭제된 '민간 초과이익 환수' 조항… 이재명이 결재했나

취록에서 나왔다는 소식은 이러한 의혹을 더욱 가중시키는 것이었다. 앞에서도 설명했지만 대장동 녹취록은 대장동 사업의 유력한 설계자이자, 개발이익 644억 원을 배분받은 천하동인 5호의 실소유주로, 사건의 실체를 잘 아는 인물인 정영학 회계사가 만들었고 이후 검찰에 제출한 것이었다.

이 녹취록에서 김만배 화천대유 소유주가 천하동인 1호의 배당금(1,208억 원)에 대해 "절반은 '그분' 것이다. 너희도 알지 않느냐"는 취지로 말했다는 보도가 나온 것이다.[51] 그러나 김만배 씨는 천하동인 1호 실소유자를 묻는 기자들의 질문에 대해 "의심의 여지없이 화천대유 소속이고, 화천대유는 제 개인 법인"이라고 답했다.[52]

시민단체의 비판도 줄을 이었다.

2021년 9월 29일 경제정의실천시민연합(경실련)의 성명에 이어, 참여연대와 민주사회를 위한 변호사모임(민변)도 2021년 10월 7일 서울 종로구 참여연대 사무실에서 공동 기자회견을 열고 대장동 사업은 "앞에서는 공공의 탈을 쓰고 뒤에서는 민간 택지로 개발이익을 극대화한 것"이라며 "애초 계획대로 한국토지주택공사(LH)가 공공 택지로 개발하거나 분양가 상한제를 적용했어야 한다."라고

51]〈조선일보〉. 2021. 10. 11. [사설] 이번엔 "배당금 절반 그분 것", '대장동 녹취록' 전모 밝혀야

52]〈한겨레신문〉. 2021. 10. 12. "절반은 그분 것 말한 이유는…" 김만배 14시간 검찰 조사 후 귀가

주장하며 대장동 개발사업을 비판했다.[53]

    이러한 와중에 2021년 10월 10일 이재명 경기도지사가 제20대 대통령선거 더불어민주당 후보로 선출됐다. 그러나 당초 56%를 기록할 것이라는 예상과 달리 3차 선거인단 투표에서 큰 표 차로 지면서 득표율 50.29% 턱걸이로 과반을 득표했다.

    이재명 후보는 이날 서울지역 경선에서는 51.49%를 득표해 2위인 이낙연 후보(36.35%)를 큰 표 차로 이겼지만, 24만 8천 명이 함께 투표한 3차 선거인단 투표에서는 28.3% 득표에 그쳐 62.37%를 득표한 이낙연 후보에게 크게 밀렸다.[54] 전혀 의외의 결과가 나온 것이다.

    그날 확인한 서울지역 경선 결과를 보더라도 왜 그런 결과가 나왔는지 정확한 이유를 알 수 없다고 언론들은 보도했다. 다만, 어떤 식으로든 대장동 사태가 민심에 일정부분 영향을 미쳤을 것으로 예상은 하고 있었다.[55]

    야당은 대장동 사업에 대한 공세를 강화했다. 국민의힘은 당 지

53】〈조선일보〉. 2021. 10. 8. 참여연대·민변 "대장동, 공공의 탈 쓰고 민간이익 극대화"
〈연합뉴스〉. 2021. 10. 8. 시민단체 '대장동 특혜의혹' 진상조사단 발족. "이 외에도 송범시민사회단체연합(범사련)과 바른사회시민회의 등 보수 성향 시민사회단체들이 8일 서울 중구 프레스센터에서 기자회견을 열고 대장동 부동산개발 특혜 의혹을 밝힐 진상규명조사단을 발족한다고 밝혔다."
54】〈연합뉴스〉. 2021. 10. 10. 민주당 대선후보에 이재명…대장동 여파 속 턱걸이 본선 직행
55】〈조선일보〉. 2021. 10. 10. 3차 투표 참패 묻자…이재명 "국민의 회초리, 대장동 가짜 뉴스탓"
〈한겨레신문〉. 2021. 10. 10. 대장동 발목 잡혔나, 이재명 '턱걸이'로 대선후보 확정
〈조선일보〉. 2021. 10. 11. 3차 선거인단, 이낙연 62% 이재명 28%
〈한겨레신문〉. 2021. 10. 11. 대장동? 조직표?…이재명·민주당에 "많은 숙제" 남긴 3차 국민경선

도부와 소속 국회의원 50여 명이 참석한 가운데 10월 8일 국회 본청 앞에 '대장동게이트 특검 추진 천막투쟁본부'를 설치하고 특검 관철을 주장했다. 이들은 오전 9시 국회 본청 앞 출정식에서 '특검 거부하는 자가 범인이다' '진짜 몸통은 설계한 이다' '성남 대장동 특혜비리 특검 수용하라!' 등이 적힌 손팻말을 들고 "민주당의 특검 거부 진실은폐 규탄한다." 등의 구호를 외쳤다.

성남시의회에서 야당이 추진한 '대장동 특혜의혹 행정사무조사'는 다수당인 더불어민주당의 반대로 무산됐다. 성남시의회는 2021년 10월 12일 본회의를 열어 재석의원 가운데 찬성 15명, 반대 19명으로 부결 처리했다. 야당 의원들은 "초과이익 환수조항이 삭제되는 바람에 민간사업자들이 대장동 개발로 수천억 원의 부당이익을 챙겼다."라며 행정사무조사를 벌여야 한다고 주장했지만, 여당 의원들은 "검찰과 경찰조사가 진행 중이고 성남시와 성남도시개발공사에서 법적, 행정적 대응에 나서고 있는 만큼 행정사무감사는 불필요하다."라고 반박했다.[56]

언론들은 대장동 사업에서 사업자 선정 과정의 문제, 초과이익 환수 등 배임이 있었다는 정황을 계속 보도하고 있었고,[57] 이제 세

56] 〈연합뉴스〉, 2021. 10. 12. 성남시의회 '대장동 특혜의혹 행정조사' 민주당 반대로 불발
57] 〈한겨레신문〉, 2021. 10. 12. 유동규 별동대, 특정업체 유리 '빨간펜 경고 문서' 묵살했다
〈조선일보〉, 2021. 10. 14. 돈 대줬던 금융사, 대장동 초과수익 포기
〈동아일보〉, 2021. 10. 15. 화천대유 컨소시엄, 만점 가까운 994.8점으로 선정
〈동아일보〉, 2021. 10. 15. 도개공, 이사회 "민간 부당이익" 우려에 "市 확정이익 중요" 강행

상의 관심사는 대장동 사업의 배임이 어디까지 확대되는가에 쏠려 있었다.

2021년 10월 3일 유동규를 배임으로 구속한 이후 검찰 수사의 핵심은 배임의 공범에 대한 수사였다. 성남도시개발공사 입장에서도 민간사업자의 배임 여부를 밝혀내는 것은 그들의 배당수익을 회수할 수 있는지와 관련된 매우 핵심적인 문제였다.

검찰은 김만배 화천대유 대주주를 소환하여 배임 여부에 대한 조사를 벌였고, 결국 2021년 10월 12일 김만배를 특정경제범죄법상 배임·횡령과 뇌물공여 혐의로 구속영장을 청구했다. 김만배는 유동규에게 700억 원을 주기로 하고 5억 원을 전달한 혐의, 곽상도 국회의원 아들 퇴직금으로 50억 원 등 750억여 원의 뇌물공여 혐의, 성남도시개발공사에 1,100억 원대의 손해를 끼친 배임 혐의, 기타 55억 원 횡령 혐의를 받았다.
김만배는 검찰에서 '성남도시개발공사의 지침대로 응했을 뿐'이라며 배임 공모 혐의를 부인한 것으로 언론은 보도했다.

그런데 법원은 10월 14일 김만배에 대한 구속영장 청구를 기각했다. 법원이 구속영장을 기각한 이유에 대해 언론들은 정영학 회계사가 제출한 녹취록의 신빙성 등에 대해 검찰의 소명이 부족한 점을 들었다. 언론들은 검찰을 비판했다. "구속영장 청구 사유인 뇌물 공여와 배임, 횡령 혐의와 관련해 검찰은 수사의 기본이라 할 수 있는 '관련자 계좌추적'을 뒤늦게 시작한 관계로 법원에 계좌 관련 수사 자료를 제출하지 못했다."라고 2021년 10월 15일 〈문화일보〉는 보도했다. [58]

김만배의 신병을 확보하고, 이후 수사 방향을 화천대유의 로비 의혹으로 수사를 확대하고자 한 검찰의 수사도 일단 제동이 걸리게 되었다.

2021년 10월 15일 검찰은 성남시청에 대한 압수수색을 시작했다. 서울중앙지검 수사팀은 성남시청 도시주택국, 교육문화체육국, 문화도시사업단, 정보통신과 등 대장동 사업 관련 부서에서 수사자료를 확보했다. 검찰은 압수수색 영장에서 유동규 전 성남도시개발공사 기획본부장과 화천대유자산관리 대주주 김만배의 〈특정경제범죄 가중처벌 등에 관한 법률〉상 배임과 뇌물, 곽상도 의원의 뇌물수수와 정치자금법 위반 혐의 등을 적시했다. [59]

2021년 9월 23일 대장동 개발 비리 사건 수사에 본격 착수한 지 23일 만에 성남시청을 압수수색한 것이다. 그동안 성남시청에 대해 신속하게 압수수색을 하지 않아 야당과 법조계로부터 부실 수

58] 〈문화일보〉. 2021. 10. 15. 판사 "계좌추적 했나" 검사 "이제 막 시작"…文 지시 3시간 만에 청구된 '김만배 부실 영장'
59] 〈연합뉴스〉. 2021. 10. 15. 검찰, '대장동 개발 의혹' 성남시청 11시간 압수수색

사라는 비판의 목소리가 나오기도 했다.[60]

야당과 언론의 공격에 대해 더불어민주당은 정면 대응으로 맞섰다. 2021년 10월 17일 이재명 대선 후보의 경기도 국정감사 출석을 하루 앞두고 민주당은 '화천대유 토건비리 진상규명 TF'와 '고발사주 국기문란 진상규명 TF'를 출범시키며 총력 대응에 나섰다. 두 TF는 이 후보를 둘러싼 대장동 의혹과 국민의힘 유력 대선주자인 윤석열 전 검찰총장의 고발사주 의혹을 당 차원에서 대응한다는 취지로 만들어졌다.

민주당은 대장동 사태를 그동안 '국민의힘 게이트'라고 강조해왔다. 부패한 토건세력과 언론·법조·부패정치 세력들이 이익공동체를 만들고 부당이익을 추구한 것이라고 주장했다.

송영길 민주당 대표는 "2011년 대검찰청 중앙수사부가 부산저축은행 수사에서 대장동 불법 대출 사건을 원칙대로 수사했다면 토건 세력이 대장동에 미리 땅을 사재기하는 것을 막을 수 있었을 것"이라고 주장하며, "(당시) 윤석열 대검 중수부 2과장은 대장동 불법대출 사건을 왜 수사선상에서 제외시켰는지 지금 택도 아닌 말로 변명하고 있는데 정확한 수사가 필요하다고" 주장했다.[61]

60]〈동아일보〉. 2021. 10. 15. 검찰, '대장동 의혹' 성남시청 압수수색
〈연합뉴스〉. 2021. 10. 21. 검찰, '대장동 의혹' 성남시장실·비서실 뒷북 압수수색(종합) 성남시청 시장실, 비서실에 대한 압수수색은 21일 실시됐다. 15일 압수수색에서는 시장실과 비서실이 빠져 뒷북·부실수사라는 비판을 받기도 했다.
61]〈경향신문〉. 2021. 10. 17. TF 띄우고 '대장동 총력 방어' 나선 민주당…국감 나가는 이재명에 '태도' 강조

2021년 10월 18일 경기도청에서 열린 국회 행정안전위원회의 국정감사는 예상대로 대장동 의혹을 둘러싸고 여야 간에 설전이 벌어졌다. 이재명 경기도지사는 "부동산 불로소득을 100% 환수하지 못한 것은 제 부족함"이라고 언급하면서 도의적 책임을 인정했지만, 대장동 의혹의 본질은 국민의힘과 토건세력이 얽힌 비리라는 기존의 입장을 굽히지 않았다.

이재명 지사는 "불가피하게 민관 공동작업으로 했기 때문에 그래도 5,500억 원이라도 환수했다."며, "민간 몫에 해당하는 데서 돈을 나눠 가진 사람들이 바로 국힘 분들"이라고 주장했다.

대장동 사업 설계의 최종 책임자를 묻자, "제가 (설계자가) 맞다."라면서 "성남시의 공공 환수액과 내용, 절차, 보장책 등을 설계했다."라고 답했다.

이재명 후보는 "(이익 환수를) 비율이 아닌 고정형으로 한 것의 이면은, 예정된 이상의 이익이 생기면 민간사업자가 갖는 것"이라고 했다. 민간의 초과이익을 환수할 수 있는 조항이 삭제됐다는 지적에는 "집을 5억 원에 내놔서 계약해 놓고 나중에 잔금 치를 때 되니, 집값 올랐으니 나눠 갖자고 하는 것이 사리에 합당하지도 않고, 그랬으면 협상이 안 됐을 것이고 부당한 일"이라고 비유했다.[62]

이는 초과이익 환수 장치를 넣는 것이 부당하다는 의미로 해석

62] 〈서울신문〉. 2021. 10. 18. 이재명 "대장동 공공이익 환수 내가 설계"
〈경향신문〉. 2021. 10. 18. 야 "대장동 게이트 설계했나" 이재명 "공공이익 환수 설계"

됐다.

'야당은 이날 이재명 후보가 대장동 개발계획 세부 사항까지 일일이 보고 받았다는 점에서, 초과 이익 환수조항 삭제도 알았을 가능성이 크다고 주장했고, 이것이 성남시에 피해를 입혔기 때문에 명백한 배임, 최소한 직무유기라고 주장'했다.

이재명 경기도지사는 유동규가 뇌물·배임 혐의로 구속된 데 대해선 "인사권자 입장에서 인사를 잘못한 것, 공직자 일부가 오염됐다는 의혹에 대해서는 인사권자로서 깊이 사과드린다."라고 했다.[63] 사실상 유동규에 대해 뇌물혐의만 생각하고 있을 뿐 배임에 대해서는 가능성조차 인정하지 않는 답변이었다.

유동규의 배임 여부에 대한 이재명 후보의 입장은 필자가 성남도시개발공사 홈페이지에 대국민 보고를 올린 2021년 11월 1일까지도 그대로 유지되고 있었다.

다음 날 국민의힘은 전날 민간사업자 초과이익 환수조항 삭제 의혹과 관련하여 이재명 후보가 "삭제한 게 아니고 추가하자고 하는 일선 직원의 건의를 받아들이지 않았다."라고 한 발언이, 이재명 후보에 대한 배임을 적용할 수 있는 근거라고 주장했다. 이 후보가 초과이익 환수조항이 없었다는 것을 사전에 알고 있었고, 이를 추

63] 〈조선일보〉. 2021. 10. 19. "내가 대장동 설계자"라면서 유동규 탓한 李

가해야 한다는 일선의 건의를 묵살한 것을 자인한 만큼, 유동규에게 적용한 배임 혐의가 이 후보에게도 해당할 수 있다는 것이라고 주장했다.

박수영 국민의힘 국회의원은 "애초에 성남도공의 '확정이익'이라는 결론을 정해 사업 공모를 한 것은 민간이 아무리 많은 초과이익을 거둬도 환수할 수 없는 구조를 만든 것"이라며 "더 많은 이익을 성남시민에게 드릴 수 있었던 책임을 회피하는 것이자 배임"이라고 주장했다.

이재명 후보는 국감장에서 "우선협상대상자가 (결정)된 다음에 본질적 내용에 대해 (계약) 변경을 하면 안된다. 감사원 징계사유일 정도로 함부로 바꿀 수 없다. 이게 법이다."라고 말했었다."[64]

당시 이재명 후보는 "공모 자체가 청약이고 여기에 응모한 것이 법적으로 따지면 낙약이다. 감사원에 따르면 이미 공모하고 응모한 상태에서 (본질적 내용을) 바꾸는 것이 징계사항"이다. 또 성남시가 애초 공모 당시 초과이익 환수조항을 넣지 않은 것은 미리 확정이익을 가져가겠다는 성남시 지침 때문이라며 나중에 초과이익 환수조항을 넣게 되면 지침 위반이 된다는 식으로 설명했다.[65]

64] 〈문화일보〉, 2021. 10. 19. '이익환수조항 거부' 언급한 이재명, '배임' 논란
〈중앙일보〉, 2021. 10. 20. 이재명 "초과이익환수 직원 제안 거부" 야당 "배임죄 자백"
65] 〈세계일보〉, 2021. 10. 19. "성남시 지침 강제성 모호…이재명 삭제 묵인 땐 배임 가능성"

2021년 10월 20일 경기도청에서 열린 국회 국토교통위원회 경기도 국정감사에서 이재명 경기도지사는 본인에 대한 배임 논란을 의식한 듯 "일선 직원이 제안했는데 도개공 간부 선에서 채택 안 했다. 나도 언론보도 보고 알았다."고 답해 18일 본인의 발언에 따른 배임 의혹을 전면 부정했다.[66]

논란이 일자 이 후보 측은 성남도시개발공사 내부에서 직원들이 결정한 것이고, 이 후보는 최종 결정된 것을 보고 받은 것뿐이며, 이 후보 발언에서 주어가 생략되었는데 생략된 주어는 이 후보가 아니라 성남도시개발공사라고 라고 해명했고, 야당은 이 후보가 말을 바꾸고 있다며 반발했다.[67]

배임과 관련하여 유동규 전 기획본부장이 구속되었고, 배임 관련 언론 기사가 계속 보도되고 있음에도 불구하고 이재명 후보는 대장동 사업에 배임이 있었다는 자체를 인정하지 않고 있었다.

66】〈한국경제신문〉. 2021. 10. 20. 초과이익 환수 건의 "안 받아들여 → 못 들어봐"…말 바꾼 이재명 이 후보는 "당시 실무자가 땅값이 오를지 모르니 오르면 초과이익 일부를 받자고 제안했다는 사실을 저도 언론보도를 보고 알았다."고 주장했다.
67】〈세계일보〉. 2021. 10. 20. "李, 환수조항 추가 건의 묵살했다면 배임 공범 가능성"
〈서울경제신문〉. 2021. 10. 20. 몰랐다 → 건의거부 → 보고 안 받아… 野 "李, 배임 우려에 말 바꾸기"
〈문화일보〉. 2021. 10. 20. 이재명의 主語와 主體 말장난

배임이 빠진 검찰의 유동규 1차 기소 등 검찰의 부실수사 논란

10월 21일 검찰은 대장동 의혹의 핵심인 유동규에 대해 뇌물 등의 혐의로 기소했다. 구속 사유였던 배임이 기소에서 빠졌다. 검찰은 성남도시개발공사에 수천억 원대의 손해를 끼쳤다는 특정경제범죄법상 배임 혐의와 관련해서는 "공범 관계나 구체적 행위 분담 등을 명확히 한 뒤 추후 처리할 예정"이라며, 이번 공소사실에선 제외했다고 〈서울신문〉은 보도했다.[68]

언론들은 배임이 빠진 유동규의 기소에 대해 '부실수사'라며 비판하고 나섰다. 특히 뇌물도 화천대유로부터 700억 원을 받기로 했다는 혐의만 남았고, 대장동 개발과 관련해 민간업자들로부터 사업 편의 제공 등 대가로 받은 뇌물 액수도 3억 5,200만 원으로 축소되었다.[69]

검찰이 유동규 공소장에서 배임을 뺀 이유에 대해, 한편에서는 유동규와 화천대유 대주주 김만배, 남욱, 정영학 등 대장동 4인방을 배임의 공범으로 한 번에 기소하기 위한 '전략적 판단'으로 보기도 했다.[70]

68] 〈서울신문〉. 2021. 10. 21. '대장동 게이트' 유동규 첫 기소… 檢, 배임 빼고 뇌물 혐의만 적용
69] 〈한겨레신문〉. 2021. 10. 22. 유동규 배임 빠지고 뇌물 덜어내고…검찰의 초라한 '수사 성적표'
70] 〈한국일보〉. 2021. 10. 23. 검찰이 유동규 공소장에 배임 뺀 이유는 전략적 판단?

그러나 다른 한편에서는 유동규의 기소에서 '배임 혐의를 제외한 건 결국 '윗선' 의혹을 받는 더불어민주당 대선 후보인 이재명 경기도지사를 무혐의 처분하기 위한 수순'이란 지적이 나오기도 했다.[71]

대장동 개발 로비 특혜 의혹을 규명하기 위해 3주 넘게 대규모 인력을 투입한 검찰 수사가 고비마다 부실 수사 논란에 휩싸이면서, 특별검사(특검)에 사건을 넘겨야 한다는 목소리도 더 커지기 시작했다. 계좌추적 등 수사의 기본기를 지키지 못해 공소장 곳곳에 유동규 배임에 대한 정황을 담고도 적용하지 못했고 결국은 '윗선' 수사 전망까지 불투명해졌다는 지적이 나오고 있었다.[72]

검찰이 유동규에게 700억여 원의 뇌물혐의만 적용하고 배임 혐의가 제외된 채 기소하자 야당은 '꼬리 자르기' 부실 수사라고 비판하며 특검 도입을 거듭 주장하였다.[73]

여당은 '검찰의 표적 수사'라고 맞받아쳤다. 민주당 '화천대유 토건비리 진상규명 태스크포스'는 '유동규 기소 관련 입장문'에서 "처음 유 전 본부장 구속영장을 청구할 때 포함된 배임 혐의가 공소장에는 빠졌다."라며, "처음부터 특정인을 엮어 넣기 위해 무리하게 배임 혐의를 끼워 넣었다는 사실을 반증한다."라고 비판했다. 민주

71] 〈중앙일보〉. 2021. 10. 22. 검찰, 유동규 배임 혐의 빼고 기소…이재명 무혐의 수순?
72] 〈서울경제신문〉. 2021. 10. 24. 일선 검사들 "반쪽짜리 기소"…檢 내부도 특검론 '무게'
73] 〈한겨레신문〉. 2021. 10. 22. 국힘, 배임 빠진 유동규 기소에 "공작적 기소 용납 못해"

당은 "대장동 사업은 배임이 아니라 공공환수의 모범"이라고 강조
하였다.[74] 이재명 후보 측은 아예 유동규의 배임 자체를 부정하는
방향으로 주장을 하고 있었다.

대장동 사업은 여야의 대선주자들이 모두 연루된 초대형 사건이
었다. 그런데 검찰 수사에서 김만배의 구속영장 청구가 기각된 점,
당초 구속영장에서 제시된 것과 달리 기소 단계에서 배임 혐의가
빠진 점, 대장동 사업에서 뇌물을 받은 것에 대한 수사가 제대로
이뤄지지 않고 있는 점, 증거물 확보를 위한 압수수색의 문제 등으
로 인해 여야 모두에서 비판받고 있었다. 특히 자금 추적 등 주요
혐의를 입증할 만한 '결정적' 물증을 제대로 제시하지 못해 부실수
사 논란까지 제기되고 있었다. 특검으로 가야 한다는 여론이 점점
힘을 얻기 시작했다.

황무성 초대 성남도시개발공사 사장 사퇴 압력과
공사 초과이익 삭제 관련 의혹의 제기

대장동 사업을 추진하는 과정에서 공사수익이 줄어들었다는 황
무성 초대 성남도시개발공사 사장의 증언이 나왔다. 2015년 1월 26

74] 〈경향신문〉. 2021. 10. 22. 배임 빠진 유동규 기소에 민주당 '이재명 표적 수사' 검찰 비판

일 대장동 사업에 대한 투자심의위원회에서 심의한 내용과 달랐다는 것이다.

이하 회의록에 나타난 대화 내용이다.

— 이현철(심사위원) 개발사업2팀장 : "50% 이상을 출자한다고 했는데 사업의 수익도 50%를 받을 수 있나?"
— 김민걸(간사) 전략사업팀장 : "의결권 있는 주식의 50% 이상을 초과 출자할 것이기 때문에 50%에 대해서는 수익을 보장받을 수 있다."

하지만 불과 열흘 후인 2015년 2월 6일 황 전 사장이 사직서를 제출한 이후 2월 13일 공모지침서가 공고되었는데, 50% 수익을 받는 방안이 사라지고, 공사가 고정이익 1,822억 원만 가져가는 내용으로 바뀌었다는 것이다.[75]

2021년 10월 25일 국민의힘 김은혜 국회의원은 기자간담회에서, 2015년 2월 6일 당시 유한기 성남도시개발공사 개발사업본부장이 황무성 사장에게, "이재명 시장의 명"이라며 사퇴를 종용하는 녹음파일을 공개했다. 황무성 사장은 대장동 사업 추진과 관련하여 대

75] 〈동아일보〉, 2021. 10. 26. [단독] 황무성 사퇴전 '공사 수익 50% 보장' → 사퇴 후 '1,822억 고정' 공사 규정상 투자심의위원회는 유동규 기획본부장이 위원장을 맡는데, 불참해서 황사장이 대신 위원장을 맡았고, 내부인사 4명과 외부인사 2명이 심의위원으로 참석했다.

장동 사업을 주도하는 전략사업팀 신설 및 전문 계약직(변호사, 회계사) 채용과 관련하여 유동규 기획본부장과 갈등이 있었고 그 결과 본인이 사퇴를 종용받게 되었다고 주장했다.[76]

성남도시개발공사 개발사업본부 개발사업1팀과 개발사업2팀 모두 공모지침서를 만드는 과정에서 부서장 등 실무자들이 초과이익 환수의 필요성을 제기했지만, 받아들여지지 않았다는 사실은 이미 앞에서 설명한 바 있다. 그런데 공모지침서 문제가 이제는 당시 사장에게서 다시 제기된 것이었다.

황 전 사장은 2021년 10월 27일 〈서울신문〉과의 인터뷰에서 "검경 조사 과정에서 과거에 보고 받지 않은 변경 내용을 처음 봤고, 내가 최종 결재자로 처리돼 있더라"라면서 "사장 결재는 겉표지에만 하니 누군가 뒷부분을 바꿔 버린 게 아닌지 의심이 든다."고 말했다.

그는 이어 "사표를 낼 당시에는 성남도개공이 대장동 개발이익의 50%를 보장받는 방식으로 확정된 상태였다."며, "이미 투자심의위원회를 통과하고 이사회 결의까지 거친 내용이라 그렇게 진행된 것으로 알고 있었는데, 수사기관에서 보여준 자료를 보니 변경돼 있더라"라고 했다.[77]

76]〈한국일보〉. 2021. 10. 25. 성남도공 초대 사장 "유동규 팀 신설·정민용 채용 반대하자 중도 사퇴당했다"

77]〈서울신문〉. 2021. 10. 27. [단독] 황무성 "내가 모르는 공모지침서에 내 결재"…대장동 사업 '공문 바꿔치기' 정황 드러났다

황 전 사장은 2021년 10월 28일 〈국민일보〉와 통화를 통해 '대장동 개발사업 컨소시엄'에 대형 건설사도 참여할 수 있도록 유한기 당시 개발사업본부장에게 수차례 지시했지만 묵살됐다고 밝혔다.

황 전 사장은 이것이 화천대유의 특혜 의혹과 연결되는 것으로 본다고 검찰에 진술했다고 한다. 황 전 사장은 "당시 왜 대형 건설사를 안 넣는지 이해되지 않았다. 지금 생각해 보면 소위 '만만한 놈'을 데리고 사업을 하려고 했던 것 같다."라며, "(화천대유 대주주) 김만배는 개인이라서 대형 건설사가 참여하면 사업 진행이나 수익 배분 과정에서 휘둘릴 걸 우려한 것 아니겠느냐"고 주장했다.[78]

황 전 사장의 문제 제기는 유한기 전 개발사업본부장의 부당한 사퇴 압박과 의심되는 배후(?)를 중심으로 전개되었고, 사퇴 압박의 배경으로 대장동 사업에서 발생한 의혹들이 함께 제기되는 형태였다. 유한기 전 개발사업본부장은 황 전 사장의 사퇴 권유가 황 전 사장의 명예를 배려한, 본인의 독자적인 행동이었다, 라고 주장하였다.

황 전 사장이 당시 상황을 몸소 겪은 최고 의사결정권자인데다가, 당시 부하직원으로부터 사퇴 압박을 받는 지극히 비상식적인 상황까지 발생했으므로, 황 전 사장의 대장동 사업에 대한 문제 제기는 설득력이 있었고 파장이 컸다. 국민의힘은 이날 유한기 전 개

78] 〈국민일보〉. 2021. 10. 29. [단독] "'대형 건설사 넣어라' 지시 묵살… 김만배 넣으려 한 것"

발사업본부장과 이재명 후보를 황무성 전 사장 사퇴 압박(직권남용 권리행사방해죄) 혐의로 고발했다.

  검찰의 수사가 제대로 결과를 내놓지 못하자, 특검을 요구하는 국민들의 여론도 높아지기 시작했다. 한국갤럽이 2021년 10월 26일부터 3일간 국민 1천 명을 대상으로 실시한 여론조사에서 '특검을 도입해야 한다'는 의견이 65%에 달했고, '그럴 필요 없다'는 의견은 25%에 불과했다. 이재명 후보가 대장동 개발사업에 '특혜를 주기 위해 의도적으로 개입했다'고 생각하는 응답자가 55%에 이르렀다.[79]

  국민 여론은 대장동 사업에서 이재명을 의심하고 있었다. 그리고 검찰의 수사를 불신하고 있었다.

79]〈매일신문〉. 2021. 10. 30. [사설] '대장동 의혹 특검', 도도한 민심 따라야

10
대장동 대국민 보고 :
"유동규와 화천대유, 배임 공범이다."

대장동 사업에 대한 대국민 보고를 결심하다.

 필자는 성남도시개발공사 사장으로서 2021년 10월 6일 성남시의 회 도시건설위원회 업무보고에서, 대장동 사업에 대해 공사가 취 해야 할 법적 행정적 대응방안을 마련하겠다고 성남시민과 국민에 게 약속했다.

 소수 부동산 개발업자에게 막대한 개발이익이 배당되고, 여기에 서 정치인, 법조계, 성남시의원 등 지역 내 유력자 등에게 수십억 이 돌아가는 등 대장동 사업이 우리 국민에게 미친 정신적 충격은 매우 컸다. 9월에 처음 대장동 사태가 터졌을 때는 도대체 무엇이 문제인가 하는 실체적 진실을 확인하기 어려웠다.

 그런데 배임의 가능성이 하나씩 드러나고 2021년 10월 3일 유동 규가 구속되는 것을 보면서 이제는 배임을 저질러 공사에 피해를 준 세력들에게 손해배상을 요구하는 법적 조치를 취할 수 있겠다는 희망이 생기기 시작했다.

필자가 성남도시개발공사 사장인 것을 아는 주위 분들이 필자에게 여러 가지 질문도 해 왔고, 울분이 치민다면서 잘 처리해 달라고 당부하기도 했다. 이들의 마음은 사실 국민 모두의 마음이었다.

2021년 10월 6일 발표한 입장문은 이런 상황에서 작성되었다. 유동규 외에 배임을 저지른 세력들이 어디까지인지 아직 드러나지 않았고, 따라서 어떤 법적, 행정적 절차를 밟아야 할지까지는 검토하지 못했지만, 그냥 두고 볼 수는 없었다.

회사는 회사대로 분위기가 말이 아니었다. 대장동 사업과 관련된 직원들은 거의 매일 검찰과 경찰에 불려가서 조사받다시피 했고, 매일 보도하는 대장동 사건으로 인해 다른 수많은 직원도 죄인처럼 고개를 숙여야만 했다.

성남도시개발공사는 직원들이 1,000명이 넘는다. 그중 개발사업본부 직원은 모두 합쳐야 24명 정도이다. 직원 대부분이 성남시 공무원을 대신하여 성남시 공영주차장, 체육시설, 공공도서관, 지하도와 터널 등 40여 개가 넘는 대행사업에서 근무한다. 과거 성남시 시설관리공단 시절 업무가 합병으로 그대로 공사로 넘어왔기 때문이었다. 따라서 직원 수나 사업의 종류 면에서 개발사업이 공사에서 차지하는 비중은 작았다.

성남시의원 중에는 성남도시개발공사가 문제가 많다며 없애야 한다는 주장까지 하는 사람들도 있었다. 그들은 그렇게 하면 공사 임직원들이 위협을 느끼지 않을까 생각하지만 천만의 말씀이다. 오히려 개발사업과 관련이 없는 대부분 직원들 입장에서 보면 차라리 개발사업을 하는 공사가 없어지고 과거의 시설관리공단으로 돌아가는 것이 속 편할 수 있다. 개발사업이 잘못되면 함께 욕이나 먹지만, 잘돼서 많은 이익이 생겨도 자신들에게 돌아오는 것은 아무것도 없기 때문이다.

대부분 직원은 본인들이 공사의 개발사업과 아무런 관련이 없는데도 불구하고 그저 공사의 직원으로서 불명예를 감내하는 수밖에 없었다. 필자는 성남도시개발공사와 전체 직원들의 명예를 위해서라도 현재 문제가 되고 있는 대장동 사태를 수습하는 데 적극적으로 앞장서야 했다.

처음에는 검찰이 조속하게 수사결과를 내놓으면 그것을 기반으로 법적, 행정적 대응방안을 마련하면 될 것으로 생각했다. 매일 언론의 기사를 주목하며, 검찰의 수사가 진척되기를 기다렸다. 당연히 관심의 초점은 어디까지 배임이고, 그 증거는 무엇인가에 달려 있었다.

2021년 10월 3일 유동규의 구속 이후 화천대유 대주주 김만배 등 대장동 사업 관련 민간사업자들로 수사가 확대되었다. 그러나 기대와는 달리 검찰의 수사는 순조롭게 진행되지 못했다. 10월 11일

136

검찰은 화천대유 김만배를 첫 소환하여 14시간의 조사 끝에 12일 구속영장을 청구했지만, 14일 법원은 구속영장을 기각했다.

2021년 10월 18일 검찰은 화천대유 4호 소유주 남욱이 국내로 입국하자 그를 인천공항에서 체포하여 조사했지만, 10월 20일 수사가 미진한 관계로 석방했다.

2021년 10월 21일 드디어 유동규가 기소되었다. 그러나 앞에서 본 대로 기소 내용에서 배임은 제외되어 있었다. 야당은 배임 꼬리 자르기로 여당은 무리하게 배임을 적용했다고 일제히 검찰을 비난했다.

검찰은 검찰대로 곤경에 빠져 있었다.

정말 검찰 수사가 제대로 갈 것인가?

평소 검찰을 잘 아는 변호사 친구들이 있어 이들에게 자문을 구해보았다. 이들은 "검찰의 수사를 너무 믿지 말라"고 나에게 조언했다. 성남도시개발공사와 같은 공조직에서는 내부에서 감사해야 할 일이라도 해당 사건에 대해 감사원 감사나 검찰이나 경찰 등 수사기관의 수사가 시작하면 내부 감사를 멈추고 감사원 감사나 수사기관의 수사결과를 지켜보는 게 보통이었는데, "검찰을 너무 믿지 말라니?"

답답한 소리였다.

만일 대장동 사업을 법적, 행정적으로 처리할 수 있는 시간이 충분히 남았다면 그래도 걱정이 덜했을 것이다. 대장동 사업은 올해 연말 준공을 향하고 있었고, 민간사업자들에게는 이미 배당이 거의 다 이뤄진 상태였다. 추가배당을 할 부분이 있다면 그 배당을 중지하여야 할지, 나아가 화천대유에게 72억 원 상당의 이행보증금을 반환해야 할지도 판단해야만 했기 때문에 지체할 시간이 없었다.

한편 필자가 직접 관장하고 있던 공사의 대장동 TF에 지시한 법률 검토도 속도를 내지 못하고 있었다. 회사 내 대장동 TF를 출범한 직후, 회사의 고문 변호사를 통해 공사가 취해야 할 법적, 행정적 조치를 검토하라고 지시했는데, 법률자문에 소요되는 예산의 전용 문제로 인해 논의가 길어졌다.

더 나아가 법률 검토를 의뢰받기로 한 변호사는 과거 당시 대장동 사업과 관련하여 '공모지침서'와 '사업협약' 작성 시 검토 업무를 했다는 것이었다. 회사 내 일각에서 이해충돌 가능성을 제기했다.

배임이 빠진 상태에서 검찰이 유동규를 기소한 2021년 10월 21일, 무엇인가 결단이 필요했다. 필자의 임기도 11월 6일로 끝난다. 그것도 11월 3일부터 5일까지는 제주도에서 사실상의 의무교육[80]이 잡혀 있어서 사실상 남은 날짜는 열흘에 불과하다.

필자는 분명히 10월 6일 성남시의회 업무보고에서 대장동 사업의 진실을 밝히고 공사가 취해야 할 법적 행정적 대응방안을 마련

80] 공기업의 임원들은 연간 일정 시간 교육을 이수해야 한다. 그렇지 않을 경우 경영평가에서 감점을 받게 되고, 그렇게 되면 결국 직원들이 손해를 입게 된다. 경영평가 결과에 따라 직원들의 인센티브가 결정되기 때문이다.

하겠다고 성남시민과 국민에게 공개적으로 약속하지 않았는가?

한편 이 사건은 내년 대통령선거와 관련하여 매우 뜨거운 정치적 쟁점으로 부각되고 있었기 때문에 여러 가지 상충되는 주장과 왜곡으로 인해 국민에게 혼란과 실망을 안겨주고 있었다. 무엇보다 이 사건에 대한 실체적인 진실이 조속히 밝혀져야 할 필요가 있었다.

당시 성남시는 앞에서 살펴본 바와 같이 검찰 수사결과를 기다리며 소극적으로 대응하고 있었다. 필자가 퇴임한 이후 성남시에서 공사를 압박하면 남아 있는 임직원 중에서 누가 이에 대응하여 소신껏 업무를 추진할 수 있을까? 공사의 대응도 성남시의 지지부진(?)한 처리 방식에 말려 들어갈 게 뻔하다고 생각했다.

결국 필자가 퇴임하기 전에 대장동 사업의 해결방안에 대해 나름대로 중간 매듭을 지어야 한다고 생각했다. 그래야 향후 전개될 대장동 관련 소송의 주체로서 공사가 선도적으로 대응할 수 있다고 보았다.

사장이 실무자가 되어 작성한 대국민 보고서

필자가 2020년 성남시장을 상대로 낸 해임취소소송에서 변론을 맡았던 법무법인 상록의 담당 변호사에게 연락을 취했다.

담당 변호사도 언론을 통해 어느 정도 대장동 사업에 대해 파악하고 있었다. 필자는 대장동 사업과 관련하여 배임의 가능성이 있다는 점을 설명하고 이에 대한 법적인 검토를 부탁했다. 필자는 대국민 보고서를 만들고, 담당 변호사는 법률 자문보고서를 작성하기로 했다.

2021년 10월 23일 토요일, 직원들에게 연락하여 대장동 관련하여 작성된 문서를 모두 모아서 25일 월요일 아침까지 가져오라고 지시했다. 이번에는 그동안 미처 보고 받지 못한 문서들까지 다 뒤져볼 작정이었다.

2021년 10월 25일 월요일, 법무법인 상록에 정식으로 법률 자문을 의뢰했다. 〈성남시 분당구 대장동 개발사건 관련 법률자문 의뢰〉라는 제목 하에 '성남도시개발공사가 2015년 6월 민간사업자와 체결한 사업협약 및 그 이후 체결한 제반 계약과 관련된 법률 검토 및 이들 계약과 관련하여 성남도시개발공사가 수행하여야 할 법적 조치는 무엇이고, 그 법률적 근거는 무엇인지'에 대한 법률 검토를 요청하였다.

실무자를 중심으로 일을 처리하면서 보니, 도시개발사업 부문의 서류를 해독하는 데 있어 필자가 생각한 만큼 실무자들은 능력이 못 미쳤다. 오랫동안 도시개발사업 실무를 직접 해봤던 필자가 직접 나서야 했고, 대장동 TF 직원들은 필자가 하는 일을 보조하는 역할을 해야 했다.

법무법인 상록에서 보내는 법률자문서도 별도 기안자 없이, 필자가 기안자이자 승인자였다. 그러나 당연히 회사가 작성한 공식 문서이기 때문에 문서 등록 등 공공기록물관리법 등의 절차를 모두 준수하였다.

처음 대국민 보고서 작성을 시작하면서 차례를 정하고 대장동 사업의 개요 등 일반적인 내용은 직원들에게 작성해 오도록 지시했다. 하루가 지나도 소식이 없었다. 그다음 날 작성 내용을 확인해 보니 필자가 의도한 것과 달랐다. 보고서를 같이 작성할 때, 참여자는 내용뿐만 아니라 구체적인 산출물 형식과 양식에서도 호흡을 맞춰야만 한다.

직원들은 필자가 의도하는 대국민 보고서를 만든 적이 없다. 최소한 필자하고는 말이다. 결국 필자가 직접 작성하기로 했다.

직원들이 준비한 모든 서류를 밤늦게까지 차분하게 읽으면서 스스로 컴퓨터 자판을 치기 시작했다. 필요한 자료를 구해오고, 작성된 서류의 내용뿐만 아니라 혹시 숫자가 틀리는지, 오타가 있는지 등등 검토하는 것이 직원들의 몫이었다. 통상 실무자들이 문서를 작성하면 관리자들이 검토하고 승인하는데, 여기서는 필자가 작성을 하고, 검토자는 대장동 TF의 직원들이었다.

대국민 보고서는 2021년 11월 1일 월요일 성남도시개발공사 홈페이지를 통해 법률자문서와 함께 게재할 생각이었다. 경영기획실장에게 아침 8시 30분까지 출근을 해서 준비하도록 지시하였다.

그러나 필자가 퇴임을 며칠 남겨 놓고 대장동에 대한 대국민 보고를 하게 되면 여러 가지 오해와 논란이 반드시 뒤따를 것으로 생각되었다. 2022년도 대통령선거를 앞둔 당시 상황에서 대장동 사건 자체가 뜨거운 정치적 쟁점이었을 뿐만 아니라, 임기가 며칠 남지 않은 상황에서 이런 보고서를 발표하는 것도 그리 흔치 않은 사례였기 때문이다. 그래서 대국민 보고서 앞부분에서 이러한 상황과 필자의 생각을 자세하고 명확하게 설명하기로 했다.

다음의 내용은 2021년 11월 1일 '판교대장 도시개발사업 대응방안' 보고서 내용을 좀 더 쉽게 이해할 수 있도록 정리한 것이다.

이 보고서는 성남도시개발공사 내부의 자료 검토를 통해, 대장동 사업을 수행하는 과정에서 어떤 문제가 발생했는지를 살펴보고 그 내용을 국민께 보고하는 내용이었다.

이 사건 발생이 2015년이어서 세월이 흘렀고, 당시 업무를 주도한 임직원들은 대부분 퇴직했다. 그리고 무엇보다도 범죄의 흔적이 은폐되거나 내밀하게 숨겨져 있었기 때문에 내부에 남아 있는 문서를 통해 모든 문제를 파악할 수는 없었다.

따라서 대장동 사업의 모든 문제점을 다 드러낼 수는 당연히 없

었다. 그러나 그럼에도 불구하고 필자와 공사의 대장동 TF는, 조사
하는 과정에서 밝혀낸 배임의 가능성에 대한 증거와 내용을 밝힌
것이다.

대장동 민간사업자 선정 세부 인허가 과정

그동안 대장동 사업과 관련하여 여러 가지 보도가 혼란스럽게 쏟
아져 나오고 있었다. 이 사업을 제대로 파악하기 위해서는 프로젝
트금융투자(PFV)의 설립이나 도시개발법의 시행 등 법규상 절차에
대한 이해가 필요한데 일반 국민의 시각에서 볼 때는 그리 쉬운 내
용도 아니고, 평상시 자주 접하는 내용도 아니다. 따라서 대장동
사업이 추진되는 절차를 정리해두고 단계별로 제기되고 있는 문제
점들이나 주장들을 먼저 검토해 볼 필요가 있었다.

민관합동으로 법인을 설립하여 도시개발사업을 추진하기 위해서
는 먼저 '신규 투자사업 타당성 검토', '다른 법인 출자승인', '민간사
업자 공모 및 우선협상대상자 선정', '사업협약', '주주협약' 및 '특수
목적법인(SPC) 설립'의 절차를 밟는다.

'신규 투자사업 타당성 검토' 절차는 지방공기업법 제65조의3에
의거 사업의 필요성과 사업계획의 타당성을 검토하는 것이고, '다

른 법인 출자 승인' 절차는 지방공기업법 제54조[81]에 의거 출자의 필요성 및 타당성을 검토하는 것으로 모두 지방자치단체의 장에게 보고하고 의회의 승인을 받아야 하는 절차이다. 대장동 사업과 관련해서는 위 두 가지 절차가 모두 2015년 2월 4일 성남시의회 도시건설위원회를 통과했고, 2월 12일 본회의를 통과했다.

'다른 법인 출자승인'은 공공기관이 투자사업을 하기 위해 민관합동으로 다른 법인을 설립할 때 여기에 출자하는 것이 적절한가에 대한 검토이다. 이 단계에서는 사업의 공공성도 물론 당연히 중요하지만, 가장 중요한 것은 경제성을 따지는 것이다. 즉 민관합동법인을 만들어서 투자하는데 손해 보지 않고 이익을 확보할 수 있는지, 그리고 사업추진과정에서 자금흐름 및 이와 관련된 위험성 등을 파악해보는 것이다.

'다른 법인 출자승인' 절차는 '출자타당성 조사용역', '투자심의위원회', '이사회의결', '성남시의회 승인', '성남시장 승인'의 과정으로 구분된다.

'출자타당성 조사용역'은 투자의 경제성 여부를 객관적으로 검증

81] 지방공기업법 제 54조(다른 법인에 대한 출자) 및 동법 시행령 제47조의 2(다른 법인에 대한 출자타당성 검토 등)에 따르면, 출자의 필요성과 타당성에 대하여는 법규상 적격 요건을 갖춘 전문기관의 사전검토를 거쳐야 한다. 사전검토 내용은 사업의 적정성 여부, 사업별 수지 분석, 재원 조달방법, 출자대상 법인이 수행하는 사업이 지역경제에 미치는 영향을 고려해야 한다. 다른 법인에 출자할 수 있는 한도는 직전 사업연도 말 공사 자본의 100분의 10 이내로 한다.

하기 위해 외부 용역업체를 선정하여 위에서 설명한 경제성 검토를 의뢰하는 것이다. 용역 결과가 나오면 공사 내부의 심의 검토 과정을 거친다. 이게 '투자심의위원회' 심의 절차다. 그리고 공사 이사회에 회부하여 승인을 받는다. 이사회 의결 절차이다.

이후 이 결과를 성남시장에게 보고한다. 성남시장은 성남시의회에 안건으로 부의한다. 성남시의회에서는 성남시의회 소관 상임위원회(공사는 '도시건설위원회') 심사를 거쳐, 본회의 의결을 거쳐야 된다. 성남시의회 승인절차이다.

성남시의회를 통과하고 난 뒤에 최종적으로 성남시장이 공사에 승인 통보하면 '다른 법인 출자승인' 절차는 마무리된다. 결국 '다른 법인 출자승인' 절차는 공사가 민관합동으로 특정사업을 벌일 것이냐 여부를 따지는 것으로 성남시와 성남시의회가 가장 중요하게 다루는 절차이다.

물론 성남도시개발공사가 위에서 도시개발사업 절차를 시작하기 전에, 성남시는 먼저 해당 사업에 대한 기본적인 검토를 한다. 사업추진의 정책적인 필요성, 개략적인 경제성 검토 등등 지방자치단체가 정책적인 측면에서 이 사업을 해야 할지를 검토하는 것이다. 그래서 사업을 추진할 필요가 있다고 판단하면 성남도시개발공사에 사업추진 의뢰를 한다.

즉, 사업추진에 있어 기본 검토를 하는 것으로 성남시에서 도시개발사업을 시작하기로 할 때 제일 처음 정책 결정을 하는 단계이

다. 대장동 사업도 그렇고, 현재 사업을 착수하는 백현마이스 도시
개발사업도 마찬가지다.

그런데 '다른 법인 출자 승인' 절차에서는 투자조건과 이익배당
방법 등을 구체적으로 다루지 않는다. 이 절차에서 사업이 전체적
으로 수익성이 있다면 일단 이익이 지분별로 배분되어도 역시 수
익성 자체는 문제가 없는 것으로 보기 때문이다. 따라서 이 단계는
투자사업을 함에 있어서 손실을 보지 않는지 여부를 따지는데 중
점이 있다.

대장동 사업의 경우, 2015년 2월 4일 성남시의회 도시건설위원회
및 2월 12일 본회의에서도 이익배당과 관련된 부분은 전혀 다루지
않았다.

투자에 따른 이익배분 조건은 '민간사업자 공모 및 우선협상대
상자 선정' 절차에서 다루게 된다. 당연히 우선협상대상자를 선정
하는 단계이므로 투자에 따른 이익배분 조건을 더 이상 미룰 수 없
다. 이 절차는 세부적으로 '공모지침서 작성', '공모', '사업설명회',
'질의응답', '사업계획서(제안서) 제출,' 평가(정량, 정성)', '우선협상대
상자 선정' 절차로 구성된다.

'공모지침서 작성' 과정은 투자 및 이익 배분 조건을 설계하는 단
계이다. 소위 사업추진 조건을 구체적으로 설계하는 단계이다. 대
장동의 확정이익 배분 조건도 이 단계에서 만들어진 것이다. 보통

이 단계도 외부 용역을 통해 수행한다. 이 단계에서 내부 직원과 외부용역업체가 함께 노력해서 객관적으로 최상의 이익배분 및 사업성공의 조건을 찾아내려고 한다. 따라서 이 단계는 투자이익을 극대화할 수 있는 조건을 만들고, 이를 가장 잘 이행할 수 있는 민간사업자 파트너를 선별하는 과정이다. 나머지는 공모지침서에 따라 우선협상대상자를 선정하기 위해 실행하는 절차들이다.

'사업협약'은 선정된 우선협상대상자와 협상을 거쳐 투자와 사업추진 조건 등을 조정하여 완성하는 것이다. 공모지침서에 의거 공모절차를 거친다고 해도, 예상하지 못하는 경우의 수가 나타날 수 있고, 공사와 민간사업자 상호간 이익을 극대화하기 위해 공모지침서에 명시된 조건을 토대로 공사와 민간사업자 간의 투자와 배분조건, 의무와 권리 등을 확정하는 것이다. '사업협약'은 구체적으로 공사와 컨소시엄 전체가 합의하는 절차이다.

'사업협약'이 정해지면 공사와 컨소시엄이 참여하는 민관합동법인의 설립이 구상된다. '사업협약'에 규정된 내용을 근거로 민관합동법인에 참여하는 주주 간의 의무와 권한이 자세하게 기술된다. 이것이 '주주협약'이다.

'주주협약'을 근거로 민관합동법인인 '특수목적법인(SPC)'이 설립된다. '특수목적법인(SPC)'은 특정사업 추진을 목적으로 설립되며, 해당 사업이 종료되면 이 회사는 청산절차를 밟는다. '특수목적법인(SPC)' 중에서도 법인세 감면 혜택을 고려하여 프로젝트투자금융 (PFV) 회사를 설립하는 것이 일반적이다.

이렇게 해서 '성남의뜰'은 처음에는 민간사업자 컨소시엄으로 우선협상대상자로 선정되었고(2015. 3. 27.), 사업협약체결(2015. 6. 15.), 주주협약(2015. 6. 22.)을 거쳐 성남도시개발공사가 주주로 참여하는 프로젝트투자금융회사(PFV) ㈜성남의뜰 법인이 설립되었다 (2015. 7. 28.).

㈜성남의뜰은 이후 성남시로부터 성남 판교대장 도시개발사업의 시행자로 지정되어 실시계획 (변경)승인 등을 거쳐 현재까지 개발사업을 영위하고 있으며, 2021년 12월 말 대장동 사업의 준공을 계획하고 있으나 대장동 사태로 인해 이 글을 쓰는 현재 2022년 3월 말로 연기되었다.

대장동 사업과 관련하여 성남도시개발공사 내 업무수행 조직을 살펴보면, '다른 법인 출자승인' 절차 전체는 개발사업본부에서 수행하였고, '민간사업자 응모 및 우선사업자 선정' 중 공모지침서 작성은 전략사업팀에서, 이후 나머지 모든 절차는 개발사업본부에서 수행하였다.

대장동 사업 추진 단계별 배임 가능성 검토

■ 투자심의위원회 심의 과정에서의 배임 가능성

앞에서 살펴본 바와 같이 '다른 법인 출자승인' 절차 전체에서 참여 주주 간 이익 배분 문제는 다뤄지지 않았다. 2015년 1월 22일 준공된 대장동 사업 출자 타당성 조사용역에서도 확정이익 배당 문제는 다루지 않았다. 확정이익 배당조건은 공모지침서 제29조(사업계획서 평가방법) 중 사업이익 배분 항목에 포함된 것으로 공식적으로는 '민간사업자 공모 및 우선사업자 선정' 절차에서 확정된 것이다.

그런데 2015년 1월 26일 투자심의위원회 위원장을 맡은 황무성 사장이 문제를 제기한 것이다. 앞에서 살펴본 대로 황 전 사장은 대장동 사업에서 지분율대로 50% 이상 이익 배분이 되는 것으로 알고 있었다. 그런데 검찰과 경찰의 조사를 받으면서 본인이 과거에 결재한 공모지침서에 확정이익 조건이 들어가 있다는 걸 알게 되었는데, 누군가 본인이 결재한 문서의 뒷부분을 바꿔버린 것 아니냐면서 문서 조작 가능성까지 제기했던 것이다.[82]

82] 〈서울신문〉. 2021. 10. 27. [단독] 황무성 "내가 모르는 공모지침서에 내 결재"…대장동 사업 '공문 바꿔치기' 정황 드러났다.

그런데 당시 회의록과 문서들을 검토한 결과 황 전 사장이 제기한 문서 조작 의혹은 사실과 거리가 있었다. 우선 문서가 전자결재 그룹웨어에서 처리한 것이어서 문서 뒷부분을 바꿀 수 있는 여지가 없었다. 이와 별도로 황 전 사장은 2015년 2월 11일 문서 '대장동·제1공단 결합도시개발사업 공모지침서 내용(공공기여) 확정의 건'을 결재했다.

이 문서에 첨부된 회의록에는 같은 날 오후 1시에 전략사업팀장, 전략사업팀차장, 개발사업1팀장, 개발사업1팀차장 등 4인이 참석자로 되어 있고, 공모지침서 내용 중 공공기여 조건을 확정하는 것이었다. 공사가 받는 2차 이익 관련하여 임대주택용지를 수령하는 조건을 정함에 있어, 그에 해당하는 현금으로도 배분할 수 있도록 하는 내용을 추가하는 것으로 논의하였다.

황 전 사장은 공모지침서뿐만 아니라 위와 같이 공모지침서에 포함되는 공공기여 조건을 정하는 것도 결재했다. 따라서 공모지침서 결재서류가 조작되었다는 주장은 근거가 없다고 본다.

당시 전략사업팀장이 50% 이상 이익을 배분받는다는 답변도 1차 및 2차 이익 회수 조건을 보면 50% 이상 될 뿐만 아니라, 통상적으로 지분만큼은 배분된다는 당연한 논리를 답변한 것으로 볼 여지도 있었다. 무엇보다도 그 회의록에 기술된 발언 내용을 제외하면, 당시 작성된 문서들에서 지분율 이익배당에 대한 논의를 찾아볼 수 없었다.

따라서 황 전 사장이 제기한 의혹은 받아들이기 어렵다고 보았다. 2021년 11월 1일 공사 대국민 보고서를 발표한 다음 날인 11월 2일, 황 전 사장은 〈국민일보〉와의 인터뷰에서[83], "2015년 2월 공모지침서를 결재할 당시엔 투자심의위원회 및 이사회에서 의결된 내용이 그대로 담겨 있을 것이라고 생각했다."고 검찰에 진술했다.

또한 "2015년 2월 6일 사퇴 압박을 받은 뒤 공모지침서를 결재하면서 70페이지 넘는 세부 내용을 하나하나 다 확인할 여력이 없었다."고 말했다.

황 전 사장은 "7년 전에 세밀하게 확인하지 못했다고 해서 대장동 의혹의 책임이 나에게 있다는 것이냐", "당시 내가 더 치밀하게 봤어야 한다는 것은 인정한다."면서도 "50% 수익 보장 내용은 이사회를 거쳐 시의회까지 보고된 사안이다. 사퇴 압박을 받고 약 일주일 뒤의 결재였다."고 말했다. 그러면서 "이재명 더불어민주당 대선 후보는 최근 지사직을 사퇴하기 직전 책상에 올라온 서류를 전부 다 한 장 한 장 확인하고 결재했는지 반문하고 싶다."고 했다.

결국 황 전 사장의 공모지침서 조작 의혹은 하나의 해프닝으로 끝난 셈이었다.

그렇다고 황 전 사장이 확정이익을 정한 공모지침서를 결재했다

83] 〈국민일보〉. 2021. 11. 3. [단독] 황무성 "사퇴 압박에 공모지침서 확인 못하고 결재"

고 해서 이에 대한 책임이 있다는 의미는 전혀 아니다. 확정이익이든 지분율에 따른 이익이든 이익의 배분 방법은 고정된 것이 아니다. 상황과 조건에 따라 달라질 수 있다고 본다. 당시 확정이익으로 이익배분 조건을 정한 것도 충분히 선택할 수 있는 경영상의 판단이었기 때문이다.

필자는 황 전 사장이 당시 상황을 착각한 게 아닌가 하는 생각을 했다. 공사에 오기 전 같은 직장에서 근무한 부하로부터 사퇴 압박을 받으니 얼마나 참담한 심정이었겠는가? 또 그 당시는 배당방법으로 확정이익 조건이 들어가는 것은 당연한 분위기였다. 확정이익 외에 초과이익에 대한 문제는 개발사업본부 실무자들이 주장한 것으로, 수면 밑에서 일어나고 있는 일이나 다름없었다. 황 전 사장 입장에서는 충분히 그렇게 착각할 수도 있었다고 생각한다.

2021년 11월 2일 위 언론보도에 따르면, 검찰조사에서 "황 전 사장은 '마지막으로 하고 싶은 말을 해보시라'는 질문을 받았다고 한다. 그는 "정치권에선 자꾸 대장동 개발사업 의혹을 토건세력 비리라고 하는데, 유 전 본부장과 김 씨는 토건세력도 아니고 그냥 협잡꾼들이다. 협잡꾼들이 건설인 명예를 훼손하고 있다."는 말을 남겼다고 한다.

필자도 건설인은 아니지만 '토건세력 비리'라는 주장에 동의하지 않는다. 언론보도에 따르면 대장동 사업을 설계한 사람은 정영학 회계사이고, 김만배, 남욱 같은 변호사들이 주역이다. 이들이 도시 개발사업을 통해 투기하는 세력이다. 이들이 국민께 돌아가야 할 이득을 중간에서 가로채는 것이다. 그리고 이들이 투기를 일삼게 된 것도 제도에 약점이 있고, 공직자들이 부패했기 때문이다. 건설 인들은 설계하고 공사하는 사람들일 뿐이다.

'토건세력'에 책임을 돌리는 것은 사실을 호도하여 특정집단을 희 생양으로 삼으려는 비겁한 의도가 숨어 있다고 본다. 황 전 사장 같은 건설인들의 명예를 훼손하는 일이다.

■ 공모지침서 작성 및 공모 과정에서의 배임 가능성

공모지침서 작성과정에서 이익 배분 내용이 처음 포함되었다. 1차 이익배분은 1공단 공원 조성(사업비 2,561억 원 산정), 2차 이익배분은 임대아파트용지 배분이 확정이익 조건으로 포함되었다. 그런데 내 부 문서를 살펴보니 확정이익이 어떤 논의 경로를 거쳐 공모지침서 (안)에 반영되었는지는 남아 있지 않았다. 당시 전략사업팀 정○○ 차장이 혼자서 전담하였으며, 공사 내부에는 공모지침서(안) 최종 산출물만 남아 있었다.

언론보도에 따르면 이재명 후보 스스로 본인이 이익 배분 조건을 확정이익으로 설계했다고 발언하였다.[84] 그렇다면 이와 관련하여 보고문서가 작성되었을 것이다. 그러나 그런 종류의 문서는 남아 있지 않았다. 공식문서로 생산되었으면 기록물로 보존이 되어 있을 텐데 말이다.

그런데 공식문서는 아니지만 공모지침서를 만드는 과정에서 의혹이 제기되었다. 공모지침서를 만드는 전략사업팀이 개발사업1팀, 2팀과 공모지침서의 내용을 논의하는 과정에서였다. 개발사업1팀 개발지원파트장이 1차, 2차 이익 외에 추가이익 제안 시 추가 배점을 부여하는 방안을 전략사업팀 투자사업파트장에게 전달하였으나 반영되지 않았다는 내용이 언론에 보도되었다.[85] 또한 개발사업2팀장은 2021. 10. 6. 성남시의회 도시건설위원회 보고에서 '향후 경제상황을 알 수 없기 때문에 플러스 알파에 대한 검토를 요한다'는 내용으로 당시 개발사업본부장에게 메모를 전달했다고 증언했다.

그런데 더 심각한 것은 공모지침서 질의회신 과정에서 튀어나왔다. 공모지침서를 공고하고 질의회신을 받는 과정에서, 사업자가 공모지침서 상 제시한 이익 배분에 국한되느냐고 질문한 데 대해, 공사에서는 "공사의 이익은 제시한 1차, 2차 이익배분에 한정합니

84] 〈서울신문〉. 2021. 10. 18. 이재명 "대장동 공공이익 환수 내가 설계"
85] 〈한겨레신문〉. 2021. 10. 25. [단독] 대장동 '빨간펜' 문서엔 "공사 수익 70% 보장하면 만점 주자"

다."라고 응답한 것이다.

23	36 Page	제29조 (사업계획서 평가방법) ⑦항 '사업이익의 배분' 관련, 1차 사업이익배분으로 1공단 조성비를 전액 사업비 부담하고, 이를 제외한 개발이익에서 2차 사업이익으로 임대주택용지를 제공(공사의 출자지분 50.1% 상당)한 이후 추가로 성남도시개발공사에 제공하는 개발이익 배당은 없는 것으로 판단하면 맞는지요?	공사의 이익은 제시한 1차, 2차 이익배분에 한정합니다.

공모지침서 내용 중에 추가이익 항목이 반드시 들어가야 하는지에 대해서는 반론이 있을 수 있다. 추가이익 항목이 들어갈 경우 민간사업자들이 이에 대한 부담으로 확정이익을 받아들이지 않을 수도 있지 않을까 하는 우려도 있을 수 있다.

그러나 공모지침서에 따라 민간사업자가 제출하는 사업계획서 (제안서) 내용에 수익과 비용, 이익 항목이 포함되기 때문에 민간사업자가 제시하는 금액 이상으로 수익이 발생할 때 생기는 추가이익을 어떻게 배분할 것이냐, 하는 문제는 당연히 제시될 수 있는 것이었다.

그러므로 민간사업자가 추가배당을 모두 가져갈 수 없다는 이유로 공모에 참여하지 않거나 아니면 확정이익을 받아들이지 않을 수도 있지 않을까 하는 우려는 근거가 없었다. 확정이익을 받아들이면서 추가이익을 제시할 수도 있고, 추가이익을 제시하지 않을 수도 있는 것이다. 그저 공모에 참여하는 사업자의 판단에 맡겨두면 될 사항이었다.

그런데 위 질의응답을 보면, 질문자가 1차 사업이익과 2차 사업
이익의 제공을 전제한 뒤 추가이익 배당 제시 가능성에 대해 언급
하는데, 이를 하지 않도록 단정적으로 배제할 필요는 전혀 없는 것
이었다. 공모지침서의 작성과 질의응답 과정에서의 이러한 답변은
배임의 가능성을 배제할 수 없는 것이었다.

추가이익 항목이 들어가면 확정이익을 제시할 수 없지 않은가 하
는 의견은 아무런 근거가 없는 엉뚱한 주장이었다.

■ 사업협약 단계에서 추가이익 배제로 인한 배임 가능성

사업협약서에서 공사의 1차 이익 배분은 1공단 공원(2,561억 원 산
정)을 조성하는 것이었는데, 설령 금액이 초과하여도 민간사업자가
부담하는 것이기 때문에 별문제가 없었다. 2차 이익 배분도 임대주
택용지를 공사가 제공받거나 아니면 현금 1,822억 원을 수령하는
것으로 정해졌다.

그런데 사업협약서의 가장 중요한 문제는 공모지침서에서 제시
하였던 '사업 기간 종료 시점의 총수익금' 계산을 배제한 것이었다.

공모지침서에는 "③ 공사와 민간사업자는 사업 기간 종료 시점의
총수익금에 대하여 사업협약 시 정한 방법으로 배분한다 ④ 수익배
분과 관련된 기타 세부적인 사항은 사업협약에서 상세히 정한다."
라고 정하고 있으므로, 사업협약을 체결할 때는 우선 사업 기간 종
료 시점의 총수익금이 얼마인지를 추정하는 작업부터 하여야 한다.

공사 개발사업1팀에서는 아래와 같은 내용으로 사업협약서(수정안)을 마련하여 2021. 5. 27. 10시 34분에 전략사업팀과 경영지원팀에 검토를 요청하였다.

"성남도시개발공사는 본조 5항에 따라 확정으로 배당(1,822억 원)을 요구하며 이에 추가배당을 요구하지 않기로 한다. 단, 민간사업자는 본 사업의 진행 중 추가 비용이 발생할 경우에는 민간사업자의 책임으로 부담하여 시행하여야 한다. 또한 민간사업자가 제시한 분양가를 상회하여 발생되는 추가이익금은 출자지분율에 따라 별도 배당하기로 하며, 계획분양가(3.3㎡당 14,000천 원) 대비 하락된 분양가가 형성되어 민간사업자가 주택건설의 공동사업을 요청할 경우 공사는 협의 하에 공동으로 주택건설사업에 참여할 수 있다. 이때 개발수익은 출자지분율에 따르기로 한다."

제출된 사업계획서에 따르면 민간사업자 '성남의뜰'은 총 1조 8,393억 원의 분양대금 수입을 전제로, 전체 사업 이익 3,595억 원에서 공사 이익 1,822억 원을 제외하면 본인들의 이익은 1,773억 원으로 만족한 것이었다.

민간사업자가 제시한 분양 아파트 용지 기준 계획분양가는 3.3㎡당 1,400만 원이었는데, 부지가격이 상승하여 감정가액이 상승할 경우 전체 사업이익은 증가하게 되고 따라서 추가이익은 당연히 고려할 수 있는 사항이었다.

위 사업협약서(수정안)는 상식적으로 이러한 상황을 고려하여 제시된 것이었다.

그런데 개발사업1팀에서는 문서상 아무런 응답이 없는데도 불구하고 같은 날 사업협약서(수정안)를 재수정하여, 17시 50분에 사업협약서(재수정안)를 같은 부서들에 검토 요청하였다. 당시 문서를 발송한 개발사업1팀장은 정확히 기억나지 않지만, 전략사업팀의 요청으로 재발송한 것 같다고 진술하였다. 한편 당일 오후 2시에는 협약체결을 위한 사전 검토회의가 열려 전략사업팀장과 차장, 경영지원팀차장, 개발사업1팀장 등 4명이 참석했는데, 회의록의 내용은 현재 공사에서 확인할 수 없었다.

결론적으로 사업협약을 하는 과정에서 추가이익 분배조항을 삭제한, 적법하고 타당한 이유는 찾을 수 없었다. 초과이익 상당의 재산상 이익을 민간사업자가 독점으로 취득하게 하고, 그에 반하여 공사에는 그만큼의 손해를 입힌 것이다. 업무상 배임의 범죄로 볼 수 있다고 판단했다.

초과이익 삭제 관련 민간사업자 관여 의혹

공모지침서의 해석과 관련하여 공모지침서 제41조(사업자 공모지침의 해석)는 다음과 같이 기술하고 있다.

공모지침서 제41조 (사업자공모지침의 해석)

① 본 공모와 관련하여 공고문, 공모지침서, 사업설명회 자료, 질의답변서가 상이한 경우 질의답변서, 사업설명회 자료, 공모지침서, 공고문 순으로 우선하여 해석한다.

② 본 공모지침 등 공모와 관련하여 이의가 있거나 명기되어 있지 않은 사항에 대하여는 공사의 해석 및 의견에 따라야 하며, 해당 결정에 대하여 이의를 제기할 수 없다.

민간사업자 측에서는 위에서 제시한 '공모사업자 공모 질의응답 관련 문서 23번 항목'을 근거로 사업협약서가 작성되었으므로 적법하고 타당하다고 주장할 수 있다.

그러나 질의응답에서의 답변내용은 공모지침서에 포함되지 않은 부분이었다. 오히려 민간사업자 측이 이 사건 업무상 배임 혐의의 공범임을 알려주는 정황 증거가 될 수 있었다. 성남의뜰 컨소시엄에서는 위 답변내용을 적극 활용하였고, 다른 컨소시엄들에서는 위 답변내용을 전혀 인식하지 못하였던 것으로 보이는 단서가 있었다.

성남의뜰 컨소시엄은 자신들이 제출한 사업계획서 98쪽 〈(4) 출자자 간 의결권 / 지분율 / 배당률〉 제목의 표 오른쪽 칸에서 공사와 은행들이 받을 우선주와 관련하여 '의결권 있는 비참가적, 누적적 우선주'라는 표현을 삽입하였다. (자세히 보지 않으면 발견하기 어렵다).

그런데 위 내용 '의결권 있는 비참가적, 누적적 우선주'라는 표현은 사업 관련 직원들에게는 쉽게 이해하기 어려운 용어인데 사실

법적 의미는 결정적으로 중요한 것이었다.

위 용어 중에서 '비참가적'은 결국 우선주의 몫의 배당이 끝나면 나머지 추가이익에 대하여는 참가하지 않는다는 것으로 본 이익배당의 핵심이었다. 그런데 추가이익의 배당 부분에 대하여는 오로지 성남의뜰 컨소시엄만이 위와 같은 제안을 한 것이다.

결국 성남의뜰 컨소시엄은 공모지침 단계에서 질의와 답변을 통하여 단초를 마련하였고, 사업제안서에도 그 내용을 삽입한 것으로 판단했다. 민간사업자 측 관련자들의 주도하에 공사의 담당자들이 가담하는 형식을 띠고 있었다.

이에 성남도시개발공사는 민간사업자와 공사 담당자 모두 업무상 배임죄의 공동정범으로 볼 수 있다고 판단하였다.

한편 성남의뜰 컨소시엄은 무이자 5,600억 원의 제공 의무를 불이행했다. 성남의뜰 컨소시엄은 사업제안서(참고자료 8)에서 본 사업의 사업비용으로 총 9,000억 원을 대출을 받아야 하는데, 3,400억 원은 유이자로 차입하고, 나머지 5,600억 원은 출자자가 직접 사용하는 토지를 이용하여 무이자로 조달하여, 안정적인 사업구조를 달성하고 평균 차입이자율을 낮추겠다는 제안을 하였다. 그러나 성남의뜰 컨소시엄은 현재까지도 5,600억 원 무이자 제공을 이행하지 않았다. 그렇다면 민간사업자는 계약의 중요한 부분을 이행하지 않았음이 분명한 것이었다.

부당이익으로 반환받아야 할 금액

사업협약서, 주주협약서, 정관의 내용은 총매출액이 민간사업자 사업계획서(제안서)의 내용대로 분양 아파트 부지 분양가 평당 1,400만 원을 기준으로 하여 산정한 처음의 금액에 한정하여 적용하는 것이고, 추가이익 부분에 대해서는 별도로 공사와 민간사업자 사이에 정하여야 하는 것이었다.

당초 사업제안서에서 제시한 총매출액은 1조 8,393억 원인데 비해 실제 매출액은 2조 2,242억 원으로 3,849억 원이 증가하였다. 추가이익의 배당에 대하여는 대략 공사 50.0001% 민간사업자 6.9999%의 비율로 배당하면 될 것이었다. 나머지 은행들은 현재와 같이 변동 없이 투자분의 연 25%의 몫을 배당하면 족하다고 판단했다.

총매출증가액 3,849억 원 중에서 공사와 민간사업자가 각각의 출자비율에 따라 배분하면 공사의 추가이익은 3,376억 원, 민간사업자 473억 원이 된다. 민간사업자 몫은 총 2,246억 원(원래 배당예정액 1,773억 원+추가 배당액 473억 원)이다. 민간사업자들은 적법한 계약을 통하여서도 이렇게 막대한 금액의 이익을 취득할 수 있는 것이었다.

그러므로 민간사업자는 현재까지 4,039억 원을 배당받았는데, 정당한 몫인 2,246억 원을 공제한 나머지 1,793억 원은 부당이득으로 반환하여야 한다고 판단하였다.

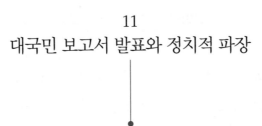

11
대국민 보고서 발표와 정치적 파장

대국민 보고서에 대한 정치적인 논란 우려

앞에서 설명하였듯이 '판교대장 도시개발사업 대응방안'에 대한 대국민 보고는 2022년 대통령선거를 앞두고 매우 뜨거운 정치적 쟁점 사항이었다.

화천대유 대주주인 김만배의 구속영장 청구가 기각되고, 성남도시개발공사 유동규 전 기획본부장의 기소에서 배임이 빠진 이후, 야당은 이재명 후보로 연결되는 꼬리자르기 수사라고 반발하였고, 여당은 애초부터 유동규 전 본부장을를 구속하면서 배임의 혐의를 씌운 것이 무리라고 검찰을 비판하고 있었다. 무엇보다 그때까지 이재명 후보는 대장동 사업에서 배임이 있었다는 사실을 전혀 인정하지 않았다.

피해를 당한 당사자인 성남도시개발공사 사장이 배임이 있었다고 공개적으로 발표를 한다는 것은 더불어민주당과 이재명 후보 측에게는 돌발적인 상황이 될 것으로 생각했다. 당시 여야가 치열하게 2022년 3월 대통령선거를 놓고 경합하는 상황에서 대장동 사업에 대한 대국민 보고는 당연히 커다란 파장을 일으킬 사건이었다.

그런데 필자가 추구하는 것은 대장동 사업에서 공사가 입은 손해를 복구하는 데 있지, 대통령선거에 영향을 미치는 것이 아니었다.

또한 대장동 사업에 대해 언론보도가 난무하는 상황에서 실체적 진실을 국민께 사실대로 알려드리는 것이 마땅한 의무였다. 필자의 발표를 통해서 검찰의 수사가 더 잘 진행할 수 있기를 바랄 뿐이었다.

대국민 보고 발표 직후 유동규 배임 추가 기소, 그리고 민간사업자들 구속

2021년 11월 1일 출근해서 성남도시개발공사 홈페이지에 대국민 보고서와 법무법인 상록의 자문의견서를 같이 게재할 수 있도록 지시했다. 발표 시간은 12시로 정했다.

9시 30분경 동 자료를 성남시에 공문으로 정식 통보했다. 필자는 행정절차에 문제가 없었음을 명확히 하기 위해서 성남시에 대국민 보고서와 법무법인 검토 의견서를 보내면서, 법률자문 요청 서류 사본도 함께 보냈다.

성남시청 비서실에서 11시에 성남시장 면담이 가능하냐며 연락을 해왔다. 2021년 10월 7일 대장동 처리방안을 논의하기 위해 시장 면담을 신청했을 때는 아무런 응답도 없었는데 말이다. 피할 이유가 없었다.

은수미 성남시장과 약 30분 정도 논의를 했다. 은수미 시장은 기본적으로 대국민 보고서 발표를 만류하는 입장이었다. 대국민 보고서 내용이 공사의 공식 입장이 아닌 사장 개인 입장 아니냐, 그리고 그런 내용을 발표하는 데 있어 성남시와 상의해서 해야 하는 것 아니냐 하는 질책이 주 내용이었다.

은수미 시장은 근거 없는 오해를 하고 있었다. 이 보고서는 사장의 개인 입장이 아닌 공사의 공식 입장이다. 그리고 이 보고서를 국민께 보고할 지에 대한 판단은 공사 사장의 고유 권한이다. 성남시장의 결재를 받는 사항이 아니라는 점도 분명했다. 그리고 이에 대한 책임은 사장이 지는 것이다.

드러난 대장동 진실을 이러저러한 이유로 발표하지 않는 것은 국민을 배신하는 행위라고 보았다. 사실상 대국민 보고서 발표를 하지 말라는 은수미 시장의 요청을 단호히 거부하는 것이 마땅하다고 판단했다.

성남시청에서 차로 5분 거리에 떨어져 있는 집무실로 돌아와 보니 11시 55분 경이었다. 곧바로 공사 홈페이지에 게시할 것을 지시했다. 결국 12시 8분에 홈페이지를 통해 국민께 대장동 사업에 대해 서면보고를 했다.

점심을 먹고 돌아와 보니 오후 1시경 검찰에서 유동규 전 본부장을 배임으로 추가 기소하고, 김만배, 남욱, 정민용에 대해서도 구속영장을 청구했다는 속보가 떴다. 우연히 필자의 대국민 보고 시기와 동시에 검찰에서도 대장동 사업에 배임이 있었다는 것을 발표한 셈이다.

검찰은 성남도시개발공사 측에서 유동규와 정민용, 그리고 민간 사업자 측에서 화천대유 대주주 김만배, 천하동인 4호 소유주 남욱 변호사, 5호 소유주 정영학 회계사를 공범으로 적시했다. 이들이 "공모지침 자체를 결탁해 작성하고 그 업체가 우선협상자로 선정되도록 불공정하게 배점을 조정했다."고 언론은 보도했다.[86]

검찰도 "사업 이익이 예상치를 뛰어넘을 경우 공사가 초과 이익을 환수할 수 있다는 조항을 사업협약 등에 포함시켜야 한다는 의견을 냈지만 묵살당했다."는 공사 실무진의 진술을 배임의 판단 근거로 삼은 것으로 전해졌다. 공사에서 발표한 내용과 같았다. 이 부분은 앞으로 재판을 통해 최종적인 판단을 받아야 할 것이다.

그런데 배임 액수에 있어서 검찰의 기소 내용과 공사의 주장은 서로 달랐다.

86] 〈동아일보〉. 2021. 11. 2. 檢, 유동규 배임 추가 기소…"성남도개공에 651억+α 손해 끼쳐"

배임 액수의 차이와 관련해서는 뒤에서 살펴볼 것이다.

그리고 성남시로부터 대국민 보고서 발표를 반대하는 공문도 도착해 있었다. 뒤에 확인해 보니 공사에서 보낸 대국민 보고서를 오전 11시 21분 접수했고, 40분 뒤인 낮 12시 4분경에 공사에 '공개에 신중을 기할 것'을 권고하는 공문을 보낸 것이다. 이 공문은 오후 1시 10분에 공사에 접수됐다.[87]

성남시에서는 먼저 해당 내용이 현재 수사 중인 사안으로 검찰의 압수수색과 참고인 조사가 진행되고 있고, 도시개발공사 대응 TF의 법률자문단 위촉 전에 1개 법무법인의 자문 의견을 대외 표명하는 건 시기적으로 맞지 않고, 더군다나 도시개발공사 정관상 이사회의 주요 의결사항으로 볼 수 있는 사항이지만 의결을 거치지 않았기에 신중을 기해 달라는 내용이었다.

그저 일반인이 보면 그럴듯한 반대 이유를 내세운 것뿐이었다. 필자는 성남시의 위 공문은 형식상 권고문이지만 실질적으로는 강압적이어서 부당한 명령으로 인식하였으므로 이는 시장이 직권을 남용하는 것으로 생각했다. 그러나 필자는 이미 대국민 보고서를

87] 〈동아일보〉. 2021. 11. 3. 성남시 "신중하라" 4분 뒤…도개공 사장 "대장동 배임" 보고서 공개

발표했기 때문에 처음에는 그저 무시하고자 했다.

오후 1시가 지나가자 중앙 언론들은 검찰의 배임 추가 기소 등과 함께 필자가 올린 대국민 보고서에 대한 소식을 대서특필했다.

더불어민주당은 대국민 보고서에 대해 (이재명 후보가 아닌) 일부 직원 개인의 일탈 행위라고 선을 그었다. 민주당 화천대유 토건 비리 진상규명 TF 단장인 김병욱 민주당 의원은 공사의 보고서에 대해 "사익을 추구한 공사 간부와 불로소득에 눈이 먼 민간사업자들의 결탁으로 의심되는 부분이 있다."라면서도 "공사의 보고는 특정 안건의 협의 과정에 있는 사안에 대해 개별 의견이 채택되지 않은 것을 지나치게 부각하고 있다."며, "개별 의견이 공식적으로 채택된 방안과 동등한 효력을 가진 것처럼 언급하고 있는 것은 그 사정을 잘 모르는 분들에게 많은 오해를 불러일으킬 수 있다."고 공사의 주장을 반박하기도 했다.

김 의원은 "성남도개공 보고서 내용을 보면 이 후보와의 관련성은 전혀 조사 결과에 반영돼 있지 않다."며, "설령 일부 직원의 일탈 행위가 있더라도 그것은 개개인의 일탈 행위이고, 어찌 보면 이 후보도 속았다고 판단하는 게 합리적인 것"이라고 거듭 강조했다. 민주당의 이러한 성명은 충분히 고려할 만한 가치가 있었다.

그런데 문제는 이재명 후보가 반발하면서 상황이 전혀 엉뚱하게 전개되었다. 이 후보는 여의도 광복회관 방문 후 만난 기자들이 성

남도개공 자체 조사 결과에 대한 입장을 묻자 반발했다.[88]

"그분 (개인) 의견에 불과하다."

"그리고 성남시하고 (성남도개공) 사장이 별로 사이가 안 좋은 것 같다."

"해임당했다가 소송해서 복귀하고 그만둘 분이라는 얘기가 있던데, 이게 과연 타당한 판단인지는 여러분이 판단해보시라."

"100% 다 못 뺏은 게 배임이라는 주장도 있는데, 100% 다 뺏으면 민간투자자가 왜 참여하겠나. 할 이유가 없지."

"상식선에서 판단해달라."

강한 불만을 나타낸 것이다. 그리고 메시지가 아니라 메신저를 공격한 것이다.

민주당 이재명 캠프는 적대적인 반응까지는 아니었는데, 이재명 후보가 불만을 터뜨리면서 필자가 올린 대국민 보고서에 대한 관심도 더 커져갔다. 대국민 보고서 내용이 배임을 담고 있더라도 이재명 후보 본인의 배임을 믿고 있는 사람들 입장에서는 성이 차지 않을 것이었다. 그런데 이재명 후보의 반발을 보면서, 적어도 이 보고서는 이재명 캠프에 유리하게 올린 건 아니라는 것이 반증된 것이다.

88] 〈뉴시스〉. 2021. 11. 1. 성남도개공 '유동규 배임' 결론에 이재명 "도개공 사장 의견일 뿐"

필자에 대한 공격은 성남시 쪽에서도 터져 나오기 시작했다. 처음에는 공사의 대국민 보고서 공개를 반대한 성남시의 입장을 옹호하는 기사에서, 필자의 보고서에 특정 저의가 있는 것 아니냐는 기사로 발전했다.

기사들은 성남시가 보고서 공개를 만류한 이유들을 인용하면서 법률자문 의견서를 작성한 곳이 필자의 해임소송을 맡은 법무법인이라는 점을 걸고넘어졌다. 또한 사장의 개인 의견을 공사의 공식 입장인 것처럼 발표해서 혼선만 일으켰다고 필자를 비판했다. 심지어는 대국민 보고서를 회사의 공식 기구(TF)가 아닌, 법무법인이 대신 작성해준 것으로 왜곡 보고하는 언론도 있었다.[89]

성남도시개발공사 홈페이지에 대국민 보고서를 게재한 이후 필자는 언론들과 대면 인터뷰를 한 적이 한 번도 없다. 대국민 보고서에서 필자가 대장동 사업에서 발생한 배임의 실체를 충분히 밝혔고, 또한 필자가 왜 이 보고서를 국민께 발표해야 하는지도 보고서 앞부분에서 충분히 설명했다. 혹시라도 과장과 왜곡이 생길 수도 있으므로 보고서 내용을 요약하는 보도자료도 내놓지 않았다. 기자들의 입장에서 보면 매우 불친절한 발표임이 틀림없었다.

언론 인터뷰를 하게 되면 취재하는 기자들의 관점이나 취향에 따

89] 〈경인일보〉. 2021. 11. 3. 배임적시한 성남도시개발공사 '대장동 문건'…사장측 해임소송 맡은 로펌이 써줬다

라 제각각의 해석을 내놓을 수 있는데, 대장동 문제를 놓고 여야가 치열하게 대치하는 형국에서 확대나 자의적인 해석은 최대한 피하고 싶었다.

그저 필자는 2021년 10월 6일 성남시의회에서 국민께 약속한 것을 지키는 것이었고, 필자가 퇴직 전에, 공사 대장동 TF가 해야 할 일을 한 단계 매듭짓는 일이었다. 이제 성남도시개발공사는 민간 사업자 배임까지 고려하여 법적, 행정적 처리방안을 실행하면 되는 것이었다.

기자들의 인터뷰 노력은 매우 집요했다. 필자와 인터뷰하려고 집무실 앞에서 온종일 기다리는 기자도 있었다. 다음 날인 11월 2일에도 성남시 입장을 대변하면서 필자의 의도를 왜곡하는 기사는 계속 나오고 있었다. 대국민 보고서 앞부분에서 충분히 설명했다고 생각했는데 추가적인 설명이 필요하다고 생각했다.

2021년 11월 2일 저녁에 퇴근해서 보니 필자를 집무실 문 앞에서 기다리던 D일보 기자에게서 문자가 와 있었다. 본인은 한 달 넘게 대장동 사태를 취재했는데, 필자가 발표한 보고서가 그동안 검찰에서 나온 내용보다 훨씬 낫다며 취재를 요청했다. 물론 취재하기 위해 나온 덕담이었겠지만, 다른 한편에서는 대국민 보고서 발표 이후 기자들이 궁금해하는 게 많겠다는 생각도 들기 시작했다. 지금처럼 침묵하고 기자들을 피한다고 될 일이 아니었다.

다음 날 2021년 11월 3일은 교육을 참석하기 위해 제주도로 떠나는 날이다. 오전 10시 반까지 김포공항에 도착해야 했다. 새벽에 잠을 깨서 인터넷을 검색했다. 아침 6시부터 각 언론에서 제기하는 의혹들을 정리하기 시작했다. 9시 30분경에 작성을 마치고 그 내용을 회사 홍보팀으로 보냈다. 역시 회사 홈페이지에 추가 게재하라고 지시했다.

〈대장동 대응방안 대국민 보고서 관련 질문에 대한 답변〉이란 제목으로 보낸 문서에서, 필자는 작성 경위와 최근 몇 가지 언론 주장에 대하여 상세하게 소명했다. 먼저 앞에서 설명한 바와 같이 대국민 보고서가 나오게 된 배경과 과정을 상세하게 설명했다. 이어 언론이 제기하는 의혹에 대해 다음과 같이 상세하게 소명했다.

— 보고서가 '사장 개인의 주장 내지는 소신'이라는 지적이나 주장에 대하여,

"이 보고서는 공사 사장이 공식적으로 성남시민과 나아가 국민께 보고하는, 공사의 공식 입장이며, 이에 대해서는 공사 사장이 책임을 지는 것이다. 다른 공공기관에서처럼 실무직원들이 작성하지 않고 사장이 직접 작성했다 하여 사장의 개인 의견이라는 주장은 통상적인 공기업의 부정적 이미지를 이용한 매우 저급한 주장이다."라고 반박하였다.

필자가 시간이 부족하여 직접 타이핑 쳐서 문서를 작성하고 대장동 TF직원들이 작성 과정에서 자료를 수집하고 문서를 체크했다는 사실도 함께 서술해 놓았다.

— 보고서를 윤정수 사장 해임소송과 관련된 법무법인이 대신 작성해 줘서 논란이 있다는 지적에 대해서는,

해임소송을 수행하고 있는 "법무법인 상록에서는 법무법인 의견 서를 작성한 것이고, 보고서는 앞에서 설명한 대로 윤정수 사장 본 인이 직접 TF 실무직원들의 자료 도움 등을 받아 작성한 것으로 법 무법인이 대신 작성했다는 것은 허위 주장이다. 또한 법무법인 상 록은 대장동 사건과 아무런 이해관계가 없다. 윤정수 사장의 해임 소송을 수행하고 있는 것은 논란의 근거가 될 수 없다. 논란의 유 무는 보고서 내용과 자문서 내용으로 판단하면 될 뿐이다."라고 일 축하였다.

— 공사가 외부 법률전문가를 선임하지 않고 있고 대장동 TF도 제대로 가동하지 않고 있다는 주장에 대해서는

"당초 성남시는 성남시가 주도하여 법무법인을 선정하고 시와 공 사가 동일한 법인에 각각 계약하고 동일한 목소리로 대응하자고 공사에 권유하였으나, 공사는 이 사건의 당사자이자 소송의 주체

라는 점인 데 비해, 성남시는 준공 등 대장동 사업 인허가권자이자 공사의 관리·감독기관이라는 점에서 법무법인 활용 목적이 서로 달라 별도로 구성하는 것이 바람직할 것으로 판단하였다."

"성남시는 실무부서를 중심으로 외부법률전문가(법무법인)가 참여하는 TF조직을 구성하고, 여기에서 회의 등을 통해 업무를 수행하고 있으며, 현재 자료 검토하는 단계이다. 지난주부터 현재까지 공사에 대장동 관련 자료를 요청하고 있으며, 성남시 자체적으로 공식 발표한 산출물은 없는 상태이다."

"이에 비해 공사는 사장이 자료를 직접 검토하고, 작성하는 등 직접 실무를 진두지휘하는 형태로 TF를 운영해 왔으며, 그 결과로 도출된 것이 11. 1. 대국민 보고한 보고서와 법무법인 자문서이다."

"따라서 위와 같은 지적은 성남시와 공사의 접근방법과 대응방법이 서로 차이가 있는 점을 무시하고 한 쪽의 시각에서 왜곡하는 것이다."

"물론 공사의 접근방법은 대장동 사업의 준공이 임박하는 등 시간이 촉박한 상황을 고려하여 취한 비상적인 접근방법이었다."라고 공사 대장동 TF의 접근방법에 대해서도 소상하게 설명했다.

— 공사가 성남시의 반대 권고에도 불구하고 대국민 보고서를 공개 발표한 이유와 관련하여

"성남시는 수사 중인 사건으로서 공사 TF 법률자문단 위촉 전에

1개 법무법인의 자문의견을 대외 표명하는 건 시기적으로 맞지 않고, 보고서의 발표가 정관상 이사회의 주요 의결사항으로 볼 수 있다며 위 보고서의 공개를 반대하였다."

"그러나 이 사건은 이미 검찰, 경찰 등 수사기관의 수사 내용이 널리 알려져 있어 공사 입장에서도 실체적 진실을 조속히 규명할 필요가 있고,"

"위에서 지적한 바와 같이 시간이 매우 촉박하여, 조속한 법적, 행정적 대응이 필요하였기 때문에 이를 정리하여 발표하는 것이 매우 시급하였다. 물론 부족한 부분은 추후 보강해 나가면 될 사항이다."

"공사 TF 법률자문단 위촉의 목적도 법적인 자문을 받는 데 있는 것이므로, 이미 외부 법무법인의 자문을 받은 내용을 발표함에 있어서, 이를 전제로 삼는 것은 아무런 근거가 없다."

"단순히 1개 법무법인의 자문의견이기 때문에 이를 대외 표명하는 것은 적절치 않다는 주장은 근거가 없다. 자문의견의 내용 중에 무엇이 문제인지를 지적하고 이에 대한 대안을 논의하는 것이 오히려 이 사건을 해결하는데 도움이 될 것이다."

"이 보고서는 이미 수사기관에서 조사하고 발표하는 사건을 다루고 있으며, 법무법인의 자문의견도 기본적인 법적, 행정적 절차와 그 뼈대를 다루고 있다. 따라서 이 부분은 정관상 이사회의 주요 의결사항이 될 수 없고, 직제규정상 업무를 총괄하는 사장이 판단하고 결정해야 할 고유권한이라고 판단했다."

"설령 성남시가 주장하는 대로 우려되는 부분이 있다 하더라도 우리의 목적은 대장동 사건의 해결을 위해 신속하고 효과적으로 대처하여 실기하지 않는 데 있는 것이지, 누가 더 완벽한 절차와 조직을 잘 만들고 대응 방법을 구상하는가에 있지 않음을 밝힌다. 더구나 대장동 사건과 관련하여 국민들의 공분과 논란이 쌓여 있는 상황에서 이 사건에 대해 신속하게 보고하는 것이 공사 사장의 임무라고 생각했다."

"공교롭게도 공사에서 위 보고서를 공사에 홈페이지에 공개한 지 약 1시간 후 언론 속보를 통해 유동규 배임 추가 기소, 민간사업자 구속영장 신청 등의 소식이 전해졌다. 전반적으로는 공사의 판단과 맥을 같이 한다고 본다. 동 수사 과정을 참고하면서 공사는 법적, 행정적 절차를 이행해 나갈 계획이다."

성남시의 지적 사항과 이를 확대 재생산하여 의혹을 부풀리고 있는 언론에 대해 한꺼번에 답변한 것이다.

언론들은 필자가 올린 답변서를 또다시 대서특필했다. 보도 내용도 매우 상세했다. 그리고 이들은 무엇보다도 우선 이재명 후보가 사장의 개인 의견이라고 발언한 내용과 필자가 보고서에서 공사의 공식 입장이라 한 것을 대비시켰다.

일부 언론은 더 나아가 필자가 이재명 후보의 발언에 대해 "통상적인 공기업의 부정적 이미지를 이용한 매우 저급한 주장"이라고

강도 높게 비판했다고 보도했다.[90]

그러나 이는 내용을 호도하는 주장이었다.

아마도 국민의 일반적인 시각에서 보면, 공공기관에서 사장은 직원들이 생산한 문서를 결재하지, 직접 문서를 작성한다고는 생각하기 힘들 것이다. 사장이 바쁘기도 하겠지만 문서 작성 같은 실무 능력이 남아 있겠느냐 하는 부정적인 시각도 있을 것이다. 그리고 회사의 공식문서라면 직원들이 작성하지 굳이 사장이 작성하겠느냐 하는 의혹도 생길 수 있을 것이다.[91]

필자는 이러한 부정적인 시각과 의혹을 지적한 것이다.

앞에서 설명한 것 같이 일부 언론에서는 심지어 대국민 보고서를 법무법인이 대신 작성해준 것으로 왜곡 보고하는 상황까지 있었기 때문이었다.

그래서 "다른 공공기관에서처럼 실무직원들이 작성하지 않고 사장이 직접 작성했다 하여 사장의 개인 의견이라는 주장은 통상적인 공기업의 부정적 이미지를 이용한 매우 저급한 주장이다."라고 반박한 것이다.

90] 〈조선일보〉. 2021. 11. 3. 성남개발公 사장, 이재명 향해 "배임 보고서가 개인의견? 저급하다."
〈동아일보〉. 2021. 11. 4. 성남도개공 사장, 李 겨냥 "배임 개인의견 주장은 저급"
〈중앙일보〉. 2021. 11. 4. 이재명은 "그분 의견"…성남도개공 사장은 "공사 공식 입장"
91] 필자는 (공)기업의 경영자이기도 하지만 연구자이기도 하다. 그리고 위로 올라갈수록 문서 작성 능력이 퇴화되지 않도록 유지해야 된다는 생각을 가지고 있다. 대부분의 업무는 문서라는 산출물로 결과가 정리된다. 그런데 위에서 결재하는 사람들이 문서 작성 등 실무적인 능력을 잃게 되면 의사결정을 하는데도 문제가 생기기 때문이다.

따라서 이런 주장은 성남시청에서 흘러나오고 있는 여러 가지 소문이나 주장에 대해 명확히 반박해두고자 한 것이었다. 그런데도 일부 언론은 이를 이재명 후보의 발언과 연계시키고 있었다.

기자들의 인터뷰가 쇄도했다. 일부 언론사에서는 워크숍이 진행되고 있는 제주 그랜드하얏트호텔로 필자를 찾아오기도 했다. 모두 거절했다. 이러한 내용을 답변해봤자 오히려 더 파장만 키울 것이란 생각이 들었다. 대장동 사태 자체가 대선정국에서 정치적으로 아주 민감한 주제이지 않은가? 그저 이 또한 단순한 해프닝으로 지나가게 놔두는 편이 더 나을 것으로 생각했다.

민간사업자 화천대유 대주주 김만배, 천하동인 4호 소유자 남욱 구속 및 기소

2021년 11월 4일 화천대유 대주주 김만배와 천하동인 4호 소유자 남욱이 구속, 수감됐다. 서울중앙지법 영장전담 부장판사는 "범죄혐의 소명되고, 증거인멸 염려가 있다."며 구속영장을 발부했다.

남욱의 후배이자, 성남도시개발공사에서 투자사업팀 차장으로 유동규의 명을 받아 대장동 사업에서 배임을 실행한 혐의를 받고 있는 정민용에 대한 구속영장은 기각되었다. 정민용은 "도망이나 증거인멸 염려가 없다."는 이유로 구속을 면했다.

법원이 구속영장을 발부한 것은 이들의 배임 및 뇌물공여 혐의에 대해 구속수사를 할 만큼 혐의가 소명됐다고 본 것이었다. 공사의 대국민 보고서는 문제가 발생한 조직에서 스스로 배임이 있었다는 것을 인정한다는 의미가 있었다. 2021년 11월 4일 〈YTN〉은 김만배와 남욱의 구속 소식을 알리면서, 두 사람의 배임 혐의 입증엔 성남도시개발공사의 역할도 컸다고 보도했다.

〈YTN〉 2021년 11월 4일 05시 19분 보도[92]

(생략)…

"이번 영장실질심사에서 김만배, 남욱 두 사람의 배임 혐의 입증엔 성남도시개발공사의 역할도 컸던 것으로 보입니다.

공사가 자체 조사 결과 배임 혐의를 스스로 인정했기 때문이죠.

이 보고서는 모레(6일) 퇴임하는 성남도공 윤정수 사장이 직접 작성한 것인데, 윤 사장은 보고서 공개 뒤 성남시와 더불어민주당 이재명 후보가 각각 '적절하지 않다', '개인 의견에 불과하다'고 한 데 대해, 공사의 대장동 TF 단장으로서 실무직원들의 자료 수집과 도움을 거쳐 확인한 '공사의 공식 입장'으로 실체적 진실을 밝힐 필요가 있다며 반박하기도 했습니다."

2021년 11월 22일 검찰은 화천대유자산관리 대주주 김만배 씨와 천

92] 〈YTN〉. 2021. 11. 4. '배임' 수사 재시동…'화천대유' 넘어 '윗선' 조준

화동인 4호 소유주 남욱 변호사를 〈특정경제범죄 가중처벌 등에 관한 법률〉위반(배임, 횡령) 및 뇌물공여 등을 사유로 재판에 넘겼다. 또한 검찰은 천화동인 5호 소유주이자 이 사건 수사 초기 김만배의 정·관계 로비 의혹 등이 담긴 녹취록을 제공한 정영학 회계사를 이들과 배임죄 공범으로 불구속기소했다. 이로서 유동규, 김만배, 남욱, 정영학 등 소위 대장동 사업의 핵심 4인방이 모두 기소가 되었다.

언론에 따르면 검찰도 성남도시개발공사가 배임의 증거로 대국민 보고서에서 발표한 내용들을 공소장에서 그대로 반영하였다.[93]

공사는 공모지침서 작성 및 민간사업자에 대한 공모 질의회신 단계에서 배임의 소지가 있다고 발표했었다. 검찰의 공소장에는, 이들이 공동으로 모의하여 민간사업자의 이익을 극대화할 수 있도록 7가지 필수조건을 공모지침서에 반영한 것으로 나타났는데 그중 한 가지가 확정이익 외에 추가이익 분배를 하지 않는다는 것으로 공사의 발표와 같은 내용이었다.

검찰은, 공모지침서 작성 과정에서 초과이익에 대한 배분을 주장하는 실무자들의 주장이 묵살된 점, 그리고 공모지침서 해석과 관련된 서면질의 답변에서 '공사의 이익은 제시한 1차, 2차 이익 배분

93】〈한겨레신문〉. 2021. 11. 5. 대장동, 이것만 보면 다 안다! – ① 민간사업자 '대박 설계'는 어떻게 나왔나
〈동아일보〉. 2021. 11. 23. 檢 "대장동 공범 배임액, 화천대유 분양수익의 절반 1,176억 추가"
〈디지털타임스〉. 2021. 11. 23. '대장동 4인방' 정영학·정민용과 공모지침서부터 '원팀'

에 한정합니다'라고 답변한 부분에 대해서 공사의 발표와 같이 배임으로 본 것이다.

나머지 필수조건 중에서 4가지는 성남의뜰 컨소시엄이 민간사업자로 선발될 수 있도록 심사기준을 만든 것이었다. 먼저 건설업자의 사업 신청 자격을 배제하였다. 이는 추후 컨소시엄 내에서 화천대유가 독점적으로 공동주택 건축사업을 시행하는 데도 활용되었다.

두 번째와 세 번째는 시중은행 외 다른 금융회사를 차별하는 것이었다. 시중은행 외 타 금융회사들이 좋은 점수를 받을 수 없도록 컨소시엄 대표사의 최고 신용등급 기준을 AAA로 상향하였다. 그리고 대표 주간사의 부동산 프로젝트 실적 최고 등급을 근거 없이 7,000억 원으로 설정했다.

네 번째는 다른 시중은행 경쟁자들에 대한 차별이었다. 평가항목 중 사업비 조달 비용의 최고 등급 평가 기준을 CD금리 수준인 2.5% 이하로 하였다. 금리 마진이 거의 없도록 하여 다른 은행권 컨소시엄의 참여를 막았다는 것이다.

다른 두 가지는 화천대유에 대한 특혜와 관련되어 있다. 조성된 토지를 분양하지 않고 민간사업자가 직접 사용하여 건축사업을 시행할 수 있도록 근거 조항을 만든 것과 사업신청자 구성원 중 1인을 자산관리회사로 선정되도록 하는 내용들이었다.

검찰은 이와 별도로 민간사업자들이 제출한 사업계획서를 심사하는 과정에서도 편파적인 심사가 있었다고 지적했다. 상대평가에는 외부 심사위원들뿐만 아니라 내부 심사위원 두 명도 참여했는데, 이들이 '프로젝트 회사 설립 및 운영계획(20점)', '자산관리 회사 설립 및 운영계획(20점)' 항목 부분에서 평가 방법을 어기고 성남의뜰 컨소시엄에는 만점인 20점을, 다른 컨소시엄에는 0점을 부여했다고 적시했다.

검찰은 사업협약서 작성 과정에서, 개발사업1팀이 처음 수정안에 작성된 내용, 즉 '민간사업자가 제시한 분양가(평당 1,400만 원)를 상회하여 발생되는 추가이익금은 출자지분율에 따라 별도 배당하기로 한다'는 조항이 누락된 부분에 대해서도 성남도시개발공사의 대국민 보고서와 마찬가지로 배임의 근거로 제시했다. 공사의 이익을 1,822억 원에 한정함에 따라 추가로 발생할 수 있는 이익에 대해서 공사가 배분을 요구할 수 없게 된 것이었다.

이처럼 검찰이 배임으로 기소한 핵심 내용과 성남도시개발공사가 배임의 근거로 제시한 내용은 일치했다. 그런데 배임의 결과로 성남도시개발공사가 피해를 본 금액을 산출하는 데는 차이가 있었다.

검찰은 사업협약 당시 공동주택 택지매각 가격을 평당 1,500만 원으로 보고 있었고, 이를 반영한 총사업이익은 4,898억 원이었다. 민간사업자인 성남의뜰이 제시한 사업계획서에는 평당 1,400만 원이었고, 총사업이익은 3,595억 원이었다. 두 금액의 차이 1,303억 원에 대해 공사의 지분 (50%+1주)을 적용하여, 공사는 651억 5천만 원의 손해를 입었다는 것이다. 이와 더불어 화천대유는 5개 블록에 대해 직접 사업을 시행하여 2,352억 원을 취득하였는데 이 부분에도 부당이익이 있었다고 보았다.

성남도시개발공사는 대국민 보고서에서, 분양가가 1,400만 원을 초과한 금액을 피해액의 산출기준으로 삼았다. 즉 사업계획서에서 제시된 총매출액은 1조 8,393억 원이었는데 실제 매출액은 2조 2,242억 원으로 3,849억 원이 증가했고, 이들 초과이익을 공사(50.0001%)와 민간사업자(6.9999%)가 비율대로 배분하면 공사의 추가이익은 3,376억 원, 민간사업자는 473억 원이 된다.(연리 25%로 배당받는 은행들은 배제하였다).

따라서 매출 증가를 반영한 민간사업자의 몫은 2,246억 원(사업계획서상 배당액 1,773억 원 + 473억 원)이 된다. 그런데 민간사업자가 이제까지 배당받은 금액이 총 4,039억 원이므로 정당한 몫인 2,246억 원을 공제한 나머지 1,793억 원은 부당이득으로 반환하여야 하는 것으로 본 것이다.

검찰은 화천대유가 5개 블록에 대해 직접 사업을 시행하여 얻은 이익에 대해서도 부당이익으로 포함하였지만, 공사는 계산에 넣지 않았다.

필자는 부당이익에 대한 검찰의 계산 방식에 문제가 있다고 생각한다. 위에서 살펴본 바와 같이, 검찰은 공동주택 택지매각 예측가격 평당 1,500만 원과 사업계획서에 기재된 가격 평당 1,400만 원의 차이를 부당이익 산출의 기준으로 삼는데, 여기에는 초과이익 환수를 불가능하게 만든 배임 내용이 빠져 있기 때문이다. 부당이익 환수는 배임으로 인해 피해를 본 금액을 회수하는 것인데, 검찰의 산출방식대로만 하면 검찰이 제시한 배임 행위와 부당이익 금액 산출이 서로 일치되지 않는다.

공사의 대국민 보고서에서는, 화천대유가 5개 블록에 대해 직접 사업을 시행하여 얻는 이익에 대해서는 계산하지 않았지만, 유동규 전 본부장과 민간사업자들과의 배임 공모가 드러났으므로 부당이익 환수 대상에 포함되어야 한다는 검찰 주장에 동의한다.

퇴임사에서 백현마이스 도시개발사업에 대해 주의를 환기시키다

2021년 11월 4일, 제주도 워크숍 2일째 되는 날이다. 마침 오후 프로그램은 운동과 지역의 명소를 찾는 자유시간이었다. 필자는 자전거를 빌려 바닷가를 돌아보았다. 가을의 정취가 깃들인 제주의 바다는 잔잔하고 서늘했다.

그날 화천대유자산관리 대주주 김만배와 천화동인 4호 소유주 남욱이 구속되는 뉴스를 TV를 통해 보면서 이제 검찰 수사도 한고비를 넘는구나 하는 생각을 했다.

사건이 발생한 성남도시개발공사 사장으로서 내부 조사를 통해 밝힐 건 밝혀서 온 국민이 관심을 쏟고 있는 대장동 사태를 해결하는데 조금이나마 기여했다고 생각하니 마음도 한결 홀가분해졌다.

이제 성남시민이나 국민께서도 이런 노력을 좀 인정해 주신다면, 성남도시개발공사에 대한 명예도 조금 회복되지 않을까 하는 기대도 들었다. 어느 조직이든 문제는 생길 수도 있다. 그런데 문제가 생겼을 때 자체적으로 원인을 규명하고 시정해서 국민에게 알릴 수 있느냐는 또 다른 문제였다. 적어도 성남도시개발공사는 이렇게 자생적인 능력을 갖춘 조직이라는 것을 조직 대내외적으로 보여주고 싶었다.

"내일이면 여기 워크숍도 끝나고 업무일 기준으로는 임기 마지막 날이다. 이렇게 임기 3년을 마치는구나."

지나온 날들이 주마등처럼 스쳤다.

2020년 12월 1일 필자는 임면권자인 은수미 성남시장으로부터 해임을 당했다. 작년부터 성남시의회와 성남시 공무원들이 연합해서 필자를 공격했고, 12월 1일 전투에서 일단은 이들 성남시 토착 토호 세력들이 이겼다.

필자는 은수미 성남시장을 상대로 2020년 12월 14일 수원지방법원 행정부에 해임취소 행정소송과 함께 해임집행정지 소송을 동시에 제기했다. 2021년 1월 21일 재판부의 해임 집행정지 결정으로 필자는 성남도시개발공사 사장으로 복귀했다.

2021년 8월 26일 해임취소 본안소송에서도 이겼다. 뒤이어 9월 5일 발표된 2021년(2020년도) 지방공기업 경영평가에서 성남도시개발공사는 1997년 성남시시설관리공단으로 출범한 이래 사상 처음으로 전국 1등의 영예를 차지했다. 47개 기초자치단체 시설공단, 공사 분야 평가에서 말이다. 사법적 판단이나 행정실적 모두에서 완승을 거뒀다. 성남시 토착토호 세력들과 전쟁에서 말이다.

이 글을 쓰면서 보니 언론이 은수미 성남시장의 불구속기소 소식을 전하고 있었다. 수원지검 형사6부는 2021년 11월 30일 성남시와 지역 경찰의 유착 비리를 수사해 은수미 성남시장과 경찰관 2명, 성남시 공무원 3명, 알선 브로커 4명을 재판에 넘겼다.

물론 은수미 성남시장 본인은 범죄에 관여하지 않았다고 언론과 SNS를 통해 주장했다. 구속되어 재판을 받고 있는 전 성남시 정책비서관은 검찰의 기소사실을 모두 인정했다고 언론은 보도했다.[94]

---

94) 〈조선일보〉. 2021. 11. 30. 은수미 성남시장 기소…수사 기밀 받고 경찰관 청탁 들어준 혐의 검찰 관계자는 "8개월이 넘는 보강 수사 끝에 성남시 공무원과 지역 경찰관, 알선 브로커 등이 유착한 이번 사건의 전모를 밝혀냈다."며, "이 사건 경찰관들은 수사권을 사적으로 남용해 성남시의 각종 이권에 개입해 이익을 취득하고, 시 공무원들은 이권 제공 대가로 사건 처리를 청탁하거나 수사 기밀 취득 등 편의를 받았다."고 설명했다.

은수미 시장이 연루되었는지 여부와 관련 없이 이는 성남시 토착토호세력들이 서로 연합해서 벌인 전형적인 토착 비리이자 범죄였다.

필자를 해임한 진짜 이유가 뭘까 하고 궁금해하는 지역 내 기자들이 있었다. 필자가 개인 비리나 비위가 없는 상황에서, 공사 직원들의 개인적인 일탈을 문제 삼아 해임한다는 것은 말도 안 되는 것이었다. 직원들의 관리 소홀로 필자를 해임했었는데, 막상 문제를 일으켜서 징계받은 직원 중에도 해임은 없었으니 말이다.

공사에서 추진하고 있는 백현마이스 도시개발사업에 의혹을 보내는 기자들도 있었다. 2조 7천여 억 원이 소요되는 백현마이스 사업은 그야말로 대규모 사업이었고, 이에 대한 물밑 경쟁이 작년부터 활발하게 전개되었다.

성남시는 2020년 12월 성남도시개발공사에 백현마이스 도시개발사업을 착수하라는 공문을 보냈다. 일부 기자들은 "아무리 해임 사유를 따져봐도 윤 사장을 해임시킬 수 있는 근거가 없다. 백현마이스 사업에 수많은 이권이 걸려 있는데, 윤 사장이 걸림돌이 될 것이 뻔하니 쳐내려고 시도한 것 아닌가"하는 의혹을 제기하곤 했다.

백현마이스 사업은 앞에서도 이미 설명한 바와 같이 2021년 10월 성남시의회에서 야당의 반대에도 불구하고 '다른 법인 출자 승인' 절차를 통과했다. 그리고 개발사업3처에서 공모지침서를 준비하고 있었다. 주주구성과 이익배당 등을 설계하는 가장 중요한 단계인 것이다. 대장동 사업도 구체적으로는 이 단계에서 사달이 난 것이었다.

필자는 떠나지만 공사 직원들에게 백현마이스 도시개발사업에 대해 특별한 당부를 할 필요가 있었다. 사업에 참여하고자 하는 민간사업자들에게도 주의를 주고, 성남시민들에게도 경각심을 불러일으킬 필요도 있었다.

퇴임사를 준비하기로 했다.

공공기관에서는 통상 기관장의 취임식과 퇴임식을 하는 게 일반적이다. 그런데 필자는 이런 절차를 별로 좋아하지 않는다. 사람들을 모아 놓고 마치 조회하듯이 훈계하는 듯한 이미지가 떠오르기 때문이다. 감사패를 준비하겠다는 것도 마다했다. 그저 퇴임할 때는 조용히 떠나고자 했었다.

그런데 백현마이스 사업을 생각해 보니 퇴임사라는 형식을 활용해서 당부하는 게 제일 좋겠다는 생각이 들었다. 혹시라도 필자의 퇴임사를 언론에서 보도해 준다면 더할 나위가 없겠다고 생각했다.

2021년 11월 4일 저녁 늦게 호텔에서 퇴임사를 준비했다.

'2조 7천여 억이라는 대규모 자금이 투자되는 이 사업에서도 대장동과 마찬가지로 투자 지분구조와 이익배분 방법이 핵심'이라는 점을 분명히 했다. 그리고 '백현마이스 사업에서는 사업추진과정과 계약관련 서류 등을 투명하게 공개하는 등, 대장동과 같은 상황이 발생하지 않도록 노력해 줄 것'을 간곡하게 부탁했다.

그리고 다음 날 5일 아침 회사 홍보팀으로 퇴임사를 메일로 보냈다. 이로써 성남도시개발공사 사장으로서 필자의 임무는 모두 끝났다.

고맙게도 언론들은 필자의 퇴임사에 대해서 자세히 보도해 주었다. 덕분에 백현마이스 도시개발사업에 대한 필자의 당부도 널리 알릴 수 있는 계기가 마련되었다.

대장동을 말한다

'공모지침서에서 그렇게 약속해 놓고, 초
과이익을 따진다면 약속 위반 아니냐' 하
는 생각을 한 게 아닌가?
대장동 사업을 추진하면서 당초 정해진 확
정이익이면 충분하다고 생각했을 것이고,
그 뒤 우선 협상대상자 선정 뒤 '사업협약'
에 대해 별도로 보고를 받지 못한 상태에
서 혹시 이런 오해를 한 것이 아닐까?

Part 4

.

대장동 사업 배임의 윗선(?) 논란, 그리고 특검의 대두

12
대장동 4인방 기소 이후 지체되는 검찰의 수사, 특검의 대두

대장동 4인방 구속 이후 대장동 수사의 부진

검찰이 2021년 11월 1일 유동규에 이어 11월 22일 화천대유 대주주 김만배, 천화동인 4호 소유주 남욱, 천화동인 5호 소유주 정영학을 기소하였다. 그런데 수사결과는 지난 4일 김만배와 남욱을 구속할 때 혐의 내용에서 더 진전된 게 없었다. 유동규 윗선의 개입이나, '50억 클럽'[95]이라 불리는 정관계 인사에 대한 뇌물 및 로비 의혹은 제대로 수사가 되지 않고 있었다.

이제 검찰 수사에 대한 세간의 관심은 '유동규 배임 윗선 의혹', '중수부 당시 윤석열 검사의 대장동 대출비리 봐주기 의혹', '50억

95] '50억 원 클럽'은 대장동 개발 민간사업자들에게 50억 원을 받거나 받기로 한 것으로 알려진 유력 인사들을 말한다.

클럽 등 뇌물의혹' 등 세 가지에 집중되어 있었다.[96]

검찰은 2021년 11월 24일 사업추진 당시 성남시장 비서실장을 지낸 임 모씨를 불러 조사하였고, 11월 26일 성남시의회 의장을 지낸 최윤길을 피의자 신분으로 소환하여 조사했다. 검찰은 12월 1일 유한기 전 개발사업본부장을 소환 조사하는 등 조사를 확대해 나갔다.[97]

12월 21일 검찰은 전 성남도시개발공사 정민용 전략사업실장을 〈특정경제범죄 가중처벌 등에 관한 법률〉상 배임 등의 혐의로 기소했다. 정 전 실장은 유동규의 지시를 받고 대장동 사건에 적극 가담한 인물이다.

검찰의 대장동 윗선(?)과 관련된 수사는 2021년 말까지 제대로 진전되지 않고 있었다.

대장동 민간사업자에 대한 부산저축은행 대출비리 사건에 대한 수사도 별 진전은 없었다. 2021년 11월 30일 국회 법제사법위원회 전체 회의에 출석한 박범계 법무부 장관은 2011년 부산저축은행 수사 당시 주임검사였던 윤석열 국민의힘 대선 후보가 '봐주기 수

96] 〈한겨레신문〉. 2021. 11. 25. 검찰, 대장동 '윗선 수사' 속도내기… 본격화냐 보여주기냐
97] 〈뉴스1〉. 2021. 12. 2. 검찰, '황무성 사퇴 종용·2억 수수 의혹' 유한기 소환. 유한기는 황무성 전 사장의 사퇴를 종용하고 민산사업자들로부터 대장동 개발사업 예정지에 대한 한강유역환경청의 환경영향평가 관련 로비 명목으로 2억 원을 전달받았다는 의혹이 있다.

사'를 했다는 의혹에 대해 "(검찰 수사팀이) 수사를 하고 있는 것으로 파악하고 있다."고 답했다. 그러나 이에 대해 제대로 수사결과가 나온 것은 없었다.

한편 검찰은 '50억 클럽'의 실체를 밝히기 위해, 2021년 12월 26일에는 박영수 전 특별검사와 〈머니투데이〉 홍선근 회장을, 27일에는 곽상도 국민의힘 국회의원, 권순일 전 대법관을 불러 조사했다.

검찰은 곽상도 의원에게 2021년 11월 29일 〈특정경제범죄 가중처벌 등에 관한 법률〉 위반(알선수재) 혐의로[98] 사전구속영장을 청구했으나 법원은 12월 1일 이를 기각했다. 범죄 혐의 소명이 부족했다는 것이다.

검찰은 2021년 12월 30일 김정태 하나금융지주 회장을 참고인으로 소환하여 조사했다. 검찰은 화천대유 김만배 등을 조사하는 과정에서, 2015년께 화천대유와 하나은행의 컨소시엄이 무산될 뻔한 상황을 당시 대한법률구조공단 이사장이었던 곽상도 전 의원이 막아줬다는 취지의 진술을 확보하고 수사를 해왔었다. 이 조사를 통해 곽 전 의원의 혐의를 조사하려는 것이었다.

검찰은 2022년 1월 5일 박영수 전 특검을 다시 불러 조사했다.

98] 곽상도 전 국회의원은 화천대유의 부탁을 받고 '화천대유–하나은행 컨소시엄' 무산을 막기 위해 김정태 하나금융지주 회장 쪽에 힘을 써주고 그 댓가로 25억 원을 받은 것으로 검찰은 보았다.

박영수 전 특검은 2016년 4월부터 11월까지 화천대유 고문을 지냈다. 그는 화천대유로부터 성과급과 퇴직금 명목으로 50억 원을 받기로 약속받았다는 의혹을 받고 있었다.

박 전 특검은 2011년 부산저축은행 대출 알선한 브로커 조 모 씨가 대검 중앙수사부 조사를 받을 때 변호인을 맡기도 했다. 브로커 조 모 씨는 대장동 개발 초기인 2009년 민간사업자 씨세븐에 1,100억 원대 대출을 알선한 것으로 알려져 있다.[99]

그의 딸도 화천대유에서 근무했는데, 2021년 6월에는 화천대유가 보유분인 대장동 소재 아파트를 시세의 절반 가격에 분양받은 사실이 알려져 특혜 의혹이 불거졌다. 또한 박 전 특검의 인척인 분양대행사 대표 이 모 씨는 2019년 김만배 화천대유 대주주로부터 109억 원을 전달받아, 이중 100억 원을 토목업자인 나 모 씨에게 전달했다는 의혹을 받고 있었다.[100]

99] 〈경향신문〉. 2022. 1. 5. 검찰, '대장동 수사 100일' 하루 앞두고 박영수 2차 소환 조사
100] 〈동아일보〉. 2022. 1. 6. 檢, '50억 클럽' 박영수 前 특검 불러 재조사.

■ 소위 '대장동방지법(개발이익환수 3법)'의 개정 추진

한편 대장동 사태를 방지하기 위해 민주당은 올해 정기국회에서 개발이익환수 3법(도시개발법·개발이익환수법·주택법 개정안)의 개정을 추진하고 있었다.[101]

'개발이익환수법 개정안은 개발부담금을 계획입지 40%, 개별입지 50%로 상향하고 부담금 감면 특례 규정을 3년마다 재검토하는 것을 골자로 한다. 도시개발법 개정안은 민·관 특수목적법인(SPC) 사업의 민간 이윤율을 총 사업비의 10%로 제한하고, 이윤율의 상한 초과분을 공공에 재투자하는 방안이다. 주택법 개정안에는 공공이 50% 이상 출자해 조성하는 토지에 분양가 상한제를 적용하는 내용이 포함됐다.'

민주당은 개발이익환수 3법의 개정이 향후 대장동 사태가 발생하지 않도록 하기 위한 법적 조치라고 주장했다. 그리고 이렇게 법적으로 정리를 해서 더 이상 이런 문제가 발생되지 않을 거라는 믿음을 국민들에게 주고 싶을 것이었다. 따라서 이런 법적 정리는 이재명 후보가 '대장동 문제'를 선제적으로 정리한다는 측면이 있었다.

101】〈연합인포맥스〉 2021. 11. 18. 윤호중 "개발이익 환수 3법 상정절차 동참해야"

야당은 이 법안이 "대장동 사태 물타기, 셀프 면죄부 법안"이라며 상정을 반대했다. 대장동 사건의 근본 원인은 법·제도가 아닌 당시 이재명 성남시장의 불법행위에 있기 때문에 특검으로 사안의 진상을 규명하는 일이 선행돼야 한다는 게 야당의 입장이었다.[102]

결국 진통 끝에 여야의 협의를 거쳐 도시개발법과 주택법 개정안은 2021년 12월 9일 국회 본회의를 통과했다. 그러나 개발이익환수법 개정안은 논란 속에서 상정되지 못하고 있었다. 국민의힘에서 가장 강력하게 반대했기 때문이다. 이들은 비수도권에서 민간투자 유치가 어려운 점을 문제로 제기했다.[103]

■ 유한기 전 성남도시개발공사 개발사업본부장 등의 비극적 선택, 그리고 가열되는 특검 논의

11월 22일 대장동 4인방에 대한 기소가 이뤄지자 국민의힘과 보수언론들은 이재명 후보와 정진상 등 유동규 윗선의 조사가 이뤄지지 않았다면서 '꼬리 자르기 부실수사'라며, 대장동 개발 비리 의혹의 몸통을 밝히기 위해 특검을 거듭 주장했다.

102] 〈머니투데이〉. 2021. 12. 1. [단독] 이재명 요구 '개발이익환수3법'…도시개발법·주택법 우선 상정

103] 〈뉴스1〉. 2021. 12. 2. '제2 대장동' 막는 도시개발법·주택법 법안소위 회부 결정 국민의힘 김상훈 의원은 "서울 경기는 조금의 개발사업으로 막대한 이익을 얻을 수 있는 사업이 도처에 있다."면서도 "비수도권에서는 유력한 민간 투자사를 유치하기에 급급한 사업장 많다."고 설명했다.

특검에 대한 요구는 그동안 이를 반대해왔던 더불어민주당에서 도 터져 나왔다. 민주당 이재명 후보는 11월 18일 〈뉴스1〉과 인터뷰에서 "곧 검찰의 중간 수사결과가 나올 텐데 특검을 강력히 요구할 수밖에 없는 상황이 아니겠나, 제가 특검을 강력히 요구할 수밖에 없다고 생각하고 있다."고 말했다. 그동안 검찰 수사결과를 전제로 한 '조건부 특검'을 언급해 왔지만 수사결과와 상관없이 특검을 요청하겠다는 의지를 내비친 것이다.[104]

민주당은 대장동 사건과 관련된 모든 것을 다루자는 입장이었다. 특히 윤석열 국민의힘 대선 후보가 주임 검사였던 2011년 부산저축은행 대장동 대출비리 수사 무마 의혹도 특검에서 같이 다루자고 주장했다. 그때 수사를 제대로 하지 않았다는 것이고, 그때 제대로 했으면 대장동 문제가 터지지도 않았을 것이라는 입장이었다.

처음 국민의힘에서는 대장동 사업에 대해서만 특검을 하겠다는 입장이었다. 그러나 윤석열 후보가 대장동 관련 부산저축은행 사건도 같이 특검을 하자고 수용하면서 적어도 특검 조사 대상에 있어서 걸림돌은 사라진 듯했다. 그러나 특검의 방식을 둘러싸고 민주당과 국민의힘은 국회에서 전혀 합의에 이르지 못했다. 민주당은

104] 〈뉴스1〉. 2021. 11. 18. 이재명 "특검 할 수밖에"…육참골단으로 대장동 '프레임 전환' 시도 "민주당 '화천대유 토건비리 진상규명 태스크포스(TF)' 단장인 김병욱 의원은 이날 "윤 후보는 부산저축은행 부실수사 의혹에 대한 분명한 입장을 밝히고 특검 수사를 받을 준비를 하라"며 대장동 특검 도입을 기정사실화하며 공세로 전환했다.

기본적으로 기존 상설특검법에 따른 특검을 추진한다는 입장인데 비해, 국민의힘은 국회 180석이라는 여권의 입김에 좌우되지 않도록 별도의 특검법을 신설해야 한다는 입장이었다. 국민의힘은 이미 2021년 9월 23일 대장동 관련 특검법안을 국회에 제출한 상태였다.

2021년 11월 22일 검찰이 대장동 사건 4인방을 기소한 이후 특별한 한방이 나오지도 않고, 또 특검한다고 해도 시간상으로 대통령 선거 전에 결과가 나오기도 어렵다는 전망이 나오면서 특검은 정치권 화제에서 점점 약해져 가고 있었다.

그런데 유한기 전 성남도시개발공사 개발사업본부장이 2021년 12월 10일 자택 인근에서 극단적인 선택을 했다는 소식이 전해지면서 다시 특검 논의에 불이 붙었다. 이재명 민주당 후보나 윤석열 국민의힘 후보 모두 조속히 특검해야 한다고 강조했다. 그러나 그 소리는 작아지고 있었다. 여·야 모두 말로만 특검을 외칠 뿐 누구도 적극적으로 특검 절차를 서두르지 않았다. 2021년 12월 말이 되면 검찰 수사가 거의 종결될 것으로 당시 언론들은 예상하고 있었다.

2021년 12월 21일 대장동 사업의 실무자로 그동안 수사기관으로부터 수사를 받았던 성남도시개발공사 김문기 처장도 저녁 회사 사무실에서 사망한 채로 발견되었다. 언론은 이 소식을 대서특필했다. 유가족들은 12월 23일 장례식장에서 기자회견을 열고, "김 처장이 대장동 초과이익 환수조항 삭제에 반대하다가 유동규 전 기획본부장으로부터 뺨을 맞았다."라고 주장했다.

김 처장이 "초과이익 환수와 관련해 본부장들이나 상관들에게 결재서류와 보고서를 통해 수차례 제출했는데 다 반려됐다."라며 "그것 때문에 구속된 (유동규) 전 본부장과 다툼이 있었다."[105]고 말했다.

대장동 사업을 추진했던 당시 이들이 배임 가능성을 인지하고 있었다는 추론이 가능하다.

이번에도 여야 정치권과 언론은 일제히 특검을 해야 한다고 주장하고 나왔다. 그러나 현재로는 특검이 실시될 가능성이 별로 없어 보인다. 이미 시간이 많이 흘러 특검을 한다고 해도 내년 대통령선거 전에 구체적인 결과가 나오기 어렵게 되어버렸기 때문이다. 결국 여야 간 특검 주장은 이제 상대방에게 책임을 뒤집어씌우는 정치적인 주장으로 변해버렸다.

2022년 1월 4일 〈한국일보〉는 '검찰이 유동규 전 성남도시개발공사 기획본부장 (구속기소) 휴대폰에서 유씨가 이재명 더불어민주당 대선후보 최측근인 정진상 선거대책위원회 비서실 부실장 및 김용 총괄부본부장과 통화한 기록을 무더기로 파악한 것으로 확인됐다'라고 단독 보도했다.

105] 〈중앙일보〉. 2021. 12. 24. 김문기 동생 "형, 초과이익 환수주장하다 유동규에 뺨 맞아"

2021년 9월 29일 검찰의 압수수색 직전 유 전 본부장이 휴대폰을 창밖으로 던지기 전까지 정 부실장과는 8차례, 김 부본부장과는 6차례 통화했다. 이들은 통화 흔적을 남기지 않기 위해 음성통화보다는 통신사에 통화 내역이 남지 않는 'Face Time' 전화 기능을 사용한 것으로 알려졌다.[106]

공범으로 구속되어 재판을 받고 있는 김만배 화천대유 대주주와 천하동인 4호 대주주 남욱 변호사도 유 전 본부장과 같은 날인 2021년 9월 14일 휴대폰을 새로 개통한 것으로 알려져 증거인멸에 대한 의혹을 불러일으켰다.

이 소식이 알려지자 일부 언론에서는 법조계의 의견을 인용하며 '대장동과 직·간접적으로 얽힌 인물들이 증거를 인멸하려 한 것', '총체적인 증거인멸 정황'이라고 지적하며 검찰이 유 전 본부장을 집중적으로 접촉한 이재명 후보 최측근들을 조사하지 않은 것은 납득하기 어려우며 이는 결국 검찰의 '봐주기 수사'의 결과라고 주장했다.[107]

이에 대해 김용 부본부장은 "유동규 씨와 친분이 있는 것은 맞다. 통화한 것은 대장동 개발 특혜 의혹 경위를 묻기 위한 목적에서 이

106] 〈한국일보〉. 2022. 1. 4. [단독] 유동규, 압수수색 직전 이재명 측근 김용·정진상과 14회 통화기록
107] 〈뉴데일리〉. 2022. 1. 5. '대장동 3인방', 의혹 다음 날 일제히 폰 교체…"증거 없애려 한 것"
〈조선일보〉. 2022. 1. 5. 대장동 첫 보도 다음 날 폰 바꾼 3인, 조직적 증거인멸 정황

뤄진 것"이라며 통화 사실을 인정했다.[108]

정 부실장과 유 전 본부장의 통화 사실은 이미 앞서서 알려져 있었다. 김용 부본부장은 의혹이 불거졌을 때 사실확인 차원에서 당사자와 통화를 한 것은 지극히 정상적인 일이라며 자신의 통화 내역이 유출된 것을 문제 삼았다. 그는 "수사기록 유출이 사실일 경우 검찰의 선거개입 의도가 명백하므로 엄중하게 책임을 묻겠다."라며 수사당국이 이를 명백하게 밝히라고 요구했다.[109]

한편 2021년 1월 4일 정의당 정호진 선대위 대변인은 브리핑에서, 김용 부본부장이 '검찰의 선거개입'이라고 강변한 데 대하여 "떳떳하면 수사를 받으면 될 일이지, 검찰의 선거 개입이라고 단정짓는 것은 도둑이 제 발 저리는 모습으로 보여질 뿐"이라고 질타했다.

그는 "보도에 따르면 통상적인 음성통화가 아닌 통화 흔적을 남기지 않는 특정 영상통화를 했다는 점 등에서 주장이 곧이곧대로 들리지 않는다."고 주장하며, 검찰에 대해서도 "수사기관이 미래 권력에 눈치 보는 것이야말로 선거 개입일 것"이라고 비판했다.[110]

〈중앙일보〉가 2022년 1월 4일 보도한 신년 여론조사에서는, 이

108] 〈한국일보〉. 2022. 1. 4. [단독] 유동규, 압수수색 직전 이재명 측근 김용·정진상과 14회 통화기록
109] 〈한겨레신문〉. 2022. 1. 4. 유동규, 압색 전 이재명 측근 김용과도 통화…김용 "사실 확인 차원"
110] 〈뷰스앤뉴스〉. 2022. 1. 4. 정의당 "김용, 선거개입이라고? 도둑이 제발 저려"

재명 민주당 후보가 대장동 의혹에 책임이 있다는 응답이 74.0%로 책임 없다는 응답 18.4%를 압도했다. 이 후보 지지층에서도 책임 있다는 응답(51.1%)이 책임 없다는 응답(42.0%)을 넘어섰다.[111]

이재명 민주당 후보는 윤석열 국민의힘 후보를 향해 공개토론하자는 제안을 했었는데, 이에 대해 윤석열 후보는 2021년 12월 27일 "대장동 특검을 받으면 응할 용의가 있다."는 조건을 내밀기도 했다.

국민의힘 비실명 관계자로부터 대장동 의혹에 한정해 토론을 열자는 역제안이 있었다는 언론보도에 대해, 2022년 1월 3일 〈JTBC〉 '뉴스룸' 인터뷰에서 이재명 후보는 만일 그게 사실이라면 대장동 토론을 받겠다는 적극적인 의사를 밝히기도 했다.

검찰은 2022년 1월 13일 저녁 '유동규 배임 윗선 의혹'과 관련하여 정진상 전 성남시 정책실장을 비공개로 불러 조사했다. 2022년 1월 16일 동아일보 단독보도에 의하면 검찰은 대장동 사업 추진 과정에서 성남시 정책결정 라인의 관여 여부와 2015년 2월 6일 황무성 전 성남도시개발공사 사장의 사퇴종용에 개입한 의혹 등을 추궁한 것으로 알려졌다.

검찰조사 결과에 대해서는 아직 확인되지 않았고 따라서 대장동 배임의 윗선(?)에 대해서 아무런 결과도 나오지 않았다. 한편 경기

111] 〈중앙일보〉. 2022. 1. 4. "대장동, 이재명 책임 있다." 74%, 김건희 사과 부정평가 59% [〈중앙일보〉 여론조사]. 이 여론조사는 〈중앙일보〉가 엠브레인퍼블릭에 의뢰해 2021년 12월 30~31일 1,010명에 대한 유무선 전화면접조사로 실시되었다.

남부경찰청은 수원지검에 최윤길 전 성남시의회 의장에 대해 뇌물수수혐의로 구속영장을 신청했고, 검찰은 13일 이를 법원에 청구했다. 최 전 의장은 2013년 시의회 의장 시절 성남도시개발공사의 설립 조례안을 통과시키는 등 화천대유 측을 도운 대가로 40여 억 원을 받기로 한 혐의를 받고 있다.[112]

최 전 의장은 2022년 1월 18일 구속영장이 발부돼 구속 수감됐다.

2022년 1월 10일 대장동 사건에 대한 법원의 재판이 시작되었다. 재판에서 정영학 천하동인 5호 소유주는 공소사실을 모두 인정했지만, 나머지 피고인들은 대장동 공모지침서 7개 조항이 배임의 근거라는 점을 모두 부인했다. 김만배 화천대유 대주주는 이 조항이 "당시 이재명 성남시장이 안정적 사업을 위해서 지시한 방침"에 따른 것이라며 '이재명' 카드를 꺼내들었다. 배임 혐의를 당시 이재명 성남시의 정책판단으로 돌리는 전략을 택한 것이다. 이에 대해 이재명 후보 측은 ▲독소조항이 아닌 '이익환수 조항'이고 ▲이재명 당시 성남시장의 사적 지시가 아닌 '성남시 공식방침'이라고 주장하면서 언론이 '인용한 기사는 사실관계도 틀리고 대선에 영향을 주는 보도'라며 사실관계에 입각한 정정보도를 요청했다.

이에 대해 국민의힘 이양수 선거대책본부 수석대변인은 "몸통은 이재명이고 자신은 꼬리라는 자백으로 들린다."라며 거듭 특검을

112] 〈동아일보〉 2022. 1. 16. [단독] 검찰, 李 최측근 정진상 전 성남시 정책실장 13일 조사

촉구했다.[113] 법원은 2022년 1월 17일 두번 째 재판을 연 데 이어 매주 재판을 개최할 것으로 알려지고 있다.

검찰수사가 계속되고 있고 재판이 시작되었지만, 대장동 사업에 대한 진실은 아직도 미궁에 빠져 있다. 언론에서 대장동 사건을 둘러싸고 무성하게 사실을 들춰내고 있지만, 여·야 간 서로 상반된 주장을 보도하는 데 머무를 뿐, 대장동 사업에 대한 속 시원한 정리는 여전히 오리무중이다.

그러나 국민들의 관심은 뜨겁다. 2022년 대통령선거에서 여전히 중요한 선거 이슈다. 그래서 조그만 사실이 밝혀져도 언론들은 대서특필한다. 여야 후보 간 대장동을 대상으로 주고받는 논박이 이를 잘 설명해준다. 대장동 비리의혹 사태는 여전히 진행 중이다.

그런데 대장동 사태의 진실이 정말 밝혀질까? 앞으로 검찰 수사에서 대장동의 비리의혹 사실이 더 밝혀질 수 있을까?

그러나 검찰 수사는 이제 종착역을 가리키고 있다. 특검의 가능성이 사라지지는 않았지만, 대통령선거까지는 거의 기대하기 어렵다. 어쩌면 대장동 사건은 더 이상 밝혀지지 않고 묻혀 버릴지도 모른다. 그렇지만 대장동 사태는 묻히지 않는다. 여전히 시퍼렇게 살아 있다.

113] 〈중앙일보〉. 2022. 1. 11. "7개 독소조항, 이재명 지시" 김만배… 1800억 배임 탈출할까 [法ON]
〈조선일보〉. 2022. 1. 11. "이재명 방침 따랐다"는 김만배… "李 무죄면 나도 무죄" 주장하는 꼴

13
대장동 사업 배임의 윗선(?)은 누구인가?

유동규와 이재명의 인연

대장동 배임의 윗선은 누구인가?

많은 사람들이 필자에게 이런 질문을 한다. 아마도 온 국민이 가장 당연히 궁금해하는 주제일 것이다. 필자가 성남도시개발공사 사장이자 대장동 TF 단장으로서 배임의 가능성을 조사하는 과정에서 특별히 신경을 쓴 부분이기도 했다.

앞에서도 설명했지만, 공사에 남아 있는 문서에서 당시 공사 사장이 이재명 시장에게 보고한 것은 '다른 법인 출자 승인' 단계뿐이었다. 이는 지방공기업법 제54조(다른 법인에 대한 출자)에 따른 공식적인 절차였다. 공사가 민관합동으로 도시개발사업을 하기 위해서는 '지방자치단체의 장에서 보고하고 의회의 의결을 받아야 한다'

그런데 확정이익 조건으로 민간사업자를 모집한 것은 민간사업자를 공모하는 '정책집행' 단계에서 이뤄졌지, 처음 도시개발사업을 '정책 결정'하는, '다른 법인 출자승인' 단계에서 나온 것은 아니었다.

물론 처음 정책을 수립하는 시점에서 확정이익 등에 대한 논의가 여러 번 있었을 것이다. 그러나 이에 대한 공식, 비공식 문서도 찾을 수 없었다. 결국 공사에 남아 있는 문서상으로는 대장동 사업 배임의 윗선이 있는지 여부를 알아낼 수 없었다.

물론 배임의 윗선으로 당시 이재명 성남시장에 대한 의혹이 가장 컸다. 민간사업자와 함께 배임으로 기소된 유동규 씨를 성남도시개발공사(그 이전에는 성남시시설관리공단) 기획본부장으로 발탁한 장본인이었기 때문이었다. 유동규는 2010년부터 2018년까지 이재명 당시 성남시장의 재임 기간 공사의 기획본부장으로 재직하였으며, 대장동 사업에서는 사장 직무대행으로 민간사업자를 선정하기도 했다. 더구나 2018년 7월 이재명 지사가 경기도지사로 당선된 이후 유동규는 경기관광공사 사장으로 임명되었다.

대장동 사태가 불거지자 이재명 경기도지사가 유동규를 가리켜 '부하직원일 뿐이지 정진상, 김용 같은 측근이 아니었다'라고 부인했지만, 유동규가 공사에서 재직 당시 거의 전권을 휘둘렀고, 그 힘의 원천이 당시 이재명 성남시장이라는 사실은 공사에서는 모두가 아는 사실이었다.

대장동 사태가 발발하자 언론들이 이렇게 이재명 경기도지사와 유동규의 관계를 보도하면서 당연히 유동규 배임의 배후에 이재명 경기도지사가 있을 것이라는 의혹을 제기했었다.

대장동 사업의 설계자 이재명

앞에서 살펴본 바와 같이, 더욱 결정적인 것은 수차례에 걸쳐 대장동 사업을 본인이 직접 설계했다고 주장한 것이다. 확정이익 배당조건도 본인이 제시한 것이라고 말했다.

2021년 10월 18일 경기도청에서 열린 국회 행정안전위원회의 국정감사에서도, 대장동 사업 설계의 최종 책임자를 묻자 이재명 경기도지사는 "제가 (설계자가) 맞다."면서도 "공공이익 환수 방법과 절차를 설계했다."고 답했다.[114]

2021년 10월 3일 유동규가 특정경제범죄법상 배임과 뇌물수수 등의 혐의로 구속되었고, 배임의 정황이 보도되고 있는 상황에서도 당시 이재명 경기도지사는 초과이익 환수 자체를 부정했다.

이재명 지사는 '성남시가 애초 공모 당시 초과이익 환수조항을 넣지 않은 것은 미리 확정이익을 가져가겠다는 성남시 지침 때문이라며 나중에 초과이익 환수조항을 넣게 되면 지침 위반이 된다'

114] 〈서울신문〉. 2021. 10. 18. 이재명 "대장동 공공이익 환수 내가 설계"

는 식으로 설명했다.[115]

야당으로부터 "대장동 사업의 초과이익을 환수할 수 있는 조항이 삭제됐다"는 비판이 제기되자 "삭제한 것이 아니라 초과이익 환수 조항을 추가하자고 한 일선 직원의 건의를 받아들이지 않은 것이 팩트(사실)"라고까지 말했다.[116]

이재명 지사의 이러한 발언은 곧바로 배임 논란을 불러일으켰다. 부하직원들의 건의를 받아들이지 않았다는 것이었다. 이에 대해 이 지사 측은 "발언의 주어는 '이재명'이 아니라 '성남도시개발공사'"라고 반박했고, '이 지사는 당시 보고만 받은 것'으로 배임 논란에 대해 선을 그었다.

이 지사는 20일 경기도청에서 열린 국회 국토교통위원회 경기도 국정감사에서 "당시 실무자가 땅값이 오를지 모르니 오르면 초과이익 일부를 받자고 제안했다는 사실을 저도 언론보도를 보고 알았다."고 주장했다.[117]

이재명 당시 성남시장이 사업을 설계했고, 더 나아가 본인이, 배임의 정황이 된 행위까지 옹호하면서 배임에 대한 의혹은 더욱 커졌다. 대장동 사업에서 배임이 있었다는 것을 인정하지 못하겠다

115] 〈세계일보〉. 2021. 10. 19. "성남시 지침 강제성 모호… 이재명 삭제 묵인 땐 배임 가능성"
116] 〈디지털타임스〉. 2021. 10. 19. [뉴스분석] "이익환수조항 거부가 팩트" 배임논란에 불지른 이재명 발언
117] 〈한국경제신문〉. 2021. 10. 20. 초과이익 환수 건의 "안 받아들여 → 못 들어봐"…말 바꾼 이재명

는 이 지사의 입장은 그 뒤로도 계속 이어졌다. 앞에서 살펴보았듯이 공사에서 대국민 보고서를 발표할 때도 마찬가지였다.

이재명 성남시장의 결재 문서에 초과이익 보고는 없었다

사람들은 질문한다. 공모지침서에 나오는 이익배당 조건이 엄청나게 중요한 것인데, 어떻게 이재명 지사에게 그 내용을 보고하지 않았겠느냐고.

공사에서는 이 부분에 대해 공식적으로 보고한 문서가 없었다고 앞에서 밝혔다. 그러면 대장동 사업 관련해서 당시 이재명 시장이 결재한 서류를 살펴보자.

일자	문서 제목
2013. 3.	대장동·1공단 결합 도시개발사업 위·수탁 운영계획 보고
2013. 11.	대장동·1공단 결합 도시개발사업 타당성 및 구역 지정을 위한 용역 중간보고회
2014. 1. 9	대장동·제1공단 결합 도시개발 구역 지정 추진계획 보고서
2014. 1.20	주민 의견 청취 공고
2014.12.16	'대장동·제1공단 결합 도시개발구역 개발계획 수립 입안 보고
2014.12.17	전략환경영향평가서
2015. 2. 2.	다른 법인에 대한 출자승인 검토 보고
2015. 6. 9.	성남 대장동·제1공단 결합 도시개발구역 개발계획 수립 고시
2015. 9.15.	대장동·제1공단 결합 도시개발사업 용역비 환수 계획 검토 보고
2015. 9.15.	도시개발사업 토지 세목
2016. 2.15.	도시개발·구역개발계획 변경안 입안
2016.11. 1.	성남 판교 대장 개발·실시계획 인가

위의 표는 대장동 사업 관련하여 언론들이 보도한 '성남시 이재명시장 대장동 사업결재 내역'[118]을 정리한 것이다.

〈조선일보〉는 2021년 10월 16일 성남시가 국민의힘 이종배 의원실에 제출한 '이재명 시장 결재 문서' 목록을 보도하며, '당시 이재명 시장이 대장동 관련 공문서에 최소 10차례 서명했다. 2014년 1월 대장동 개발계획 입안부터 사업방식 결정, 배당금을 어떤 용도로 사용할지까지 세세히 보고받고 이를 승인했다'고 보도했다.[119]

〈동아일보〉도 2021년 10월 18일 '국민의힘에선 "대장동 사업 전반에 대해 상세한 보고를 받은 이 후보가 환수조항 삭제와 협약 설계 등을 몰랐겠느냐"는 의혹을 제기하고 있다'라고 보도했다.

국민의힘 추경호 원내수석부대표는 "이 후보가 사실상 개발구역의 밥숟가락 개수까지 보고 받았다고 봐도 될 정도로 상세한 보고를 받은 것"이라며, "대장동 공영개발 환수금 1,822억 원을 선거 공약에까지 활용한 이 후보가 이익이 설계되는 과정인 초과이익 환수조항 삭제나 배당구조를 몰랐다는 건 소가 웃을 일"이라고 말했다'라고 이 지사의 배임 의혹을 강하게 제기했다.

118】〈뉴데일리〉. 2021. 11. 24. '대장동 문서 결재' 이재명 12번, 정진상은 7번… 검찰 공소장엔 이름 없다.
〈조선일보〉. 2021. 10. 16. [단독] 이재명, 대장동 공문에 최소 10차례 서명
119】〈조선일보〉. 2021. 10. 16. [단독] 이재명, 대장동 공문에 최소 10차례 서명

그런데 위와 같은 성남시장의 결재내용을 잘 살펴보면 두 가지로 구분된다. 성남시가 도시개발법상 대장동 도시개발사업의 인허가 권자로서 결재한 내용과, 지방공기업상 성남도시개발공사가 다른 법인 출자와 관련하여 승인한 사항 뿐이다. 언론에서는 상세하게 보고 받고 승인했다고 하는데, 이는 도시개발법상 인허가권자로서의 업무에 속한 것이고 당연한 것이었다.

따라서 이러한 지적은 이 후보가 초과이익 관련 사항에 대해 보고 받았을 것이라는 주장을 전혀 뒷받침하지 못한다. 오히려 대장동 사업의 공모, 우선 사업자 선정, '사업 협약' 등에 대한 결재가 전혀 보이지 않는다.

〈한국일보〉의 2021년 10월 9일 보도[120]는 이런 측면을 명확하게 보여준다. 이 신문은 이날 보도에서 대장동 초과수익 환수배제와 관련하여 성남시에 공식 보고는 없었다고 보도했다.

'사업협약과 주주협약이 체결되던 2015년 5~6월 대장동 사업에 관여했던 성남시 공무원과 간부들은 모두 성남도시개발공사의 협약 내용을 모르고 있었다. 이재명 시장을 지근거리에서 보좌하던 부시장도 관련 내용을 보고 받은 기억이 없다고 밝혔다. 당시 성남시에서 생산한 대장동 사업협약과 주주협약 관련 결재문서도 한

120] 〈한국일보〉, 2021. 10. 9. LIVE ISSUE 대장동 개발 특혜 의혹
　　[단독] 대장동 초과수익 환수 배제, 성남시에 공식 보고 없었다

건도 없는 것으로 나타났다.'는 것이었다.

결국 성남시의 결재문서를 보면, 언론들이 취재한 바와 같이 초과이익 환수 등 논란이 된 '대장동 사업협약 체결' 관련 공식문서가 없다는 것이 확인된 것이다.

대장동 사업 배임 윗선(?)에 대한 추론

〈한국일보〉는 위 보도에서

'하지만 성남도시공사 결정만으로 협약이 체결됐다는 게 납득이 안 간다는 지적이 높다. 민관합동 개발사업을 진행했던 전직 수도권 지자체장은 "규모가 큰 사업의 주주협약 체결 등을 단체장 보고 없이 진행하는 경우는 거의 없다"라며, "공식 보고 라인은 없을 수 있지만, 지방공기업이 지자체장 허락 없이 그런 사안을 다루는 것은 흔치 않다."고 말했다.

성남도시개발공사 사장 직무대리였던 유동규(52) 씨가 이재명 당시 성남시장에게 관련 내용을 직접 보고했거나 임의로 결정했을 가능성이 제기되고 있다.'고 의혹을 제기했다.

이재명 당시 성남시장이 대장동 사업에서 유동규의 배임과 관련된 부분에 대해 공식적으로 보고를 받은 바가 없기 때문에, 이와 관련된 비공식적인 보고나 다른 증거나 나오지 않는다면, 성남시에서 더 이상의 윗선 여부는 확인할 수 없게 되는 것이다.

이재명 후보는 줄곧 대장동 사업에서 배임은 존재하지 않는다는 입장을 취해 왔고, 유동규 전 본부장과 민간사업자가 기소된 이후에도 명확하게 배임을 인정한다는 발언을 한 적이 없다. 이재명 후보는 왜 그런 입장을 취해 왔을까?

오히려 그동안 이재명 후보가 반박한 내용들은 실제 상황에 비춰보면 앞뒤가 맞지 않는 것이었다. 처음에 '초과이익이 발생할 경우 환수한다면, 손실이 날 경우에는 확정이익을 줄 수 없는 것 아니냐'라는 취지로 반박했는데, 이는 전혀 근거가 없는 논리였다. 만일 사업계획서에 분양 매출수익과 단지 조성비용, 이익에 관한 서술이 없이 단순하게 확정이익을 보장한다고 했다면 그런 답변도 가능했다. 사업에 투자되는 자금의 종류에 따라서 고수익, 고위험을 감수하는 자금도 있을 수 있으니 말이다.

그러나 사업계획서에는 아파트 용지 분양가를 1,400만 원으로 설정한 상태에서 확정이익을 보장하고 있었기 때문에, 초과이익에 대한 문제 제기는 당연한 것이었고, 따라서 손실이 날 때는 확정이익을 보장받지 못할 수도 있다는 것은 논리적으로 전혀 연결이 안되는 엉뚱한 얘기인 것이었다.

이 후보는 10월 18일 경기도청에서 열린 국회 행정안전위원회의 국정감사에서도, '성남시가 애초 공모 당시 초과이익 환수조항을

214

넣지 않은 것은 미리 확정이익을 가져가겠다는 성남시 지침 때문이었다. 나중에 초과이익 환수조항을 넣게 되면 지침 위반이 된다'는 식으로 설명했는데, 이 또한 마찬가지였다. 즉, 초과이익 환수는 확정이익의 보장과 전혀 관련이 없는 별개의 주제인 것이다.

이 후보는 또 "내놓은 집을 5억 원에 사겠다는 사람에게 '집값이 올랐으니 나눠 가지자'고 하면 합당하지도 않고 협상도 안 됐을 것"이라는 발언을 했었는데, 이것도 전혀 대장동과는 상황이 다른 비유였다.

대장동은 '5억 원에 내놓은 집'처럼 가격이 고정된 것이 아니었다. 상대도 '집을 사는 사람'이 아니라 '집을 중개하는 사람'이었다. 그래서 비유도 '집을 팔아줄 건데 상황이 어떻게 되든 일단 5억 원은 책임지고, 더 받게 되면 같이 나눌 수 있다'는 비유가 오히려 적절했다.

왜 이렇게 이 후보는 대장동 초과이익 환수와 관련하여 전혀 다르게 파악하고 있을까?

필자는 이 후보가 그날 한 발언 중에 힌트가 있지 않나 조심스럽게 추측해 본다. 이 후보는 그날 "공모 자체가 청약이고 여기에 응모한 것이 법적으로 따지면 낙약이다. 감사원에 따르면 이미 공모하고 응모한 상태에서 (본질적 내용을) 바꾸는 것이 징계사항"이라고도 발언했는데, 이는 이 후보가 공모지침서의 내용을 잘 모르고 있다는 점을 시사해 준다.

당연히 성남시장이 대장동 사업의 공모지침서를 모두 읽을 필요는 없었을 것이다. 그런데 발언의 내용을 보면 이 후보는 공모지침서 내용이 '성남시에 확정이익 조건을 만족시켜주면 나머지는 모두 사업자가 향유하는 것'으로 이해하고 있지 않았을까 하는 생각이 든다.

그래서 '공모지침서에서 그렇게 약속해 놓고, 초과이익을 따진다면 약속 위반 아니냐' 하는 생각을 한 게 아닐까? 대장동 사업을 추진하면서 당초 정해진 확정이익이면 충분하다고 생각했을 것이고, 그 뒤 우선 협상대상자 선정 뒤 '사업협약'에 대해 별도로 보고를 받지 못한 상태에서 혹시 이런 오해를 한 것이 아닐까?

이재명 후보는 성남도시개발공사가 추진한 위례 A2-8BL 도시개발사업의 예상 수익에 대해서도 틀린 정보를 가지고 있었다.

이 후보는 대장동 사업을 확정이익으로 추진한 이유에 대해 '위례 사업에서 처음에는 1,000억 원의 이익을 예상했고, 그중 50%인 500억 원을 배당받을 수 있을 것으로 예상했는데, 전체 이익은 300억 원에 그쳤고, 공사는 150억 원만 배분받았다'라며, '민간사업자들이 건축비용 등을 부풀린 결과'라고 했다. 그래서 대장동 사업은 이런 영향을 받지 않도록 미리 확정이익으로 설계했다는 것이다. 2021년 12월 2일 성남시의 성남도시개발공사에 대한 행정사무감사에서 개발사업1처장은 "당초에 500억 원으로 추정했다. 성남시에 1,000억 원이라 보고한 적 없다."고 답변했다. 성남시 내부에서 누군가 잘못 보고했을 수도 있다. 어쨌든 이 후보가 위례사업에 대해 가진 정보가 틀린 것이다.[121]

처음 대장동 사업을 구상하고 정책을 결정하는 과정에서는 지방공기업법 제54조(다른 법인에 대한 출자)에 따라 보고를 받고 승인을 하였지만, '공모지침서 작성', '공모'절차, '우선사업자 선정', '사업협약'으로 이어지는 정책집행의 단계에서는 더 이상 법적으로 시장에게 보고하는 절차도 없었고, 이에 따라 공식적인 보고도 없었다.

그렇다 보니 이 후보 본인은 충분히 알고 있었다고 생각했는데, 다른 변수가 있었던 것이다. 예상하지 못한 '초과이익'이라는 변수가 말이다.

또 다른 측면을 보면 배임을 주도한 전 성남도시개발공사 사장직무대행 유동규가 공사의 조직을 완전히 장악했다는 점이다. 만일 공사에서 유동규 외에 당시 성남시장에게 비공식적으로 보고를 할 수 있는 채널이 별도로 있었다면, 사업협약 등에서 발생한 배임 행

121] 이에 대해서는 성남시가 위례프로젝트의 예상이익을 잘못 알고 있었다는 증언이 나왔다. 2021. 12. 2. 성남시의회 제268회 정례회에서 박호근 위원장의 당초 위례 수익에 대한 질문에 김문기 개발사업1처장은 "당초 500억 원 추정했다. 성남시에 1,000억이라 보고한 적 없다. 분양가를 낮추고 지하주차장을 추가하면서 총이익이 410억 원으로 축소되었다. 물론 그중 LH로부터 추가정산 받은 게 있다. 추가정산을 감안하지 않는다면 사업 전체 이익은 300억 원 수준이다."라고 답변하였다.

위가 성남시장에게 보고 되었을지도 모른다.

그러나 앞에서 살펴보았듯이 유동규는 공사 전체 조직을 장악하였고, 성남시장으로 연결되는 보고 채널을 독점하였기 때문에, 다른 계통을 통한 보고는 거의 없었다고 봐야 한다. 이런 상황에서 유동규가 별도로 보고 하지 않고 배임을 숨긴다면, 이재명 시장도 파악할 수 있는 방법이 없는 것이다. 어떻게 이재명 당시 성남시장이 이런 상황을 모를 수 있었겠는가 하는 질문에 대한 답변이 가능하게 된다.

민주당 이재명 후보는 2021년 12월 6일 〈MBC〉와의 인터뷰에서 결국 배신을 당했다는 취지로 답했다.[122]

━ 앵커 : 야당에서 어떻게 공격하냐 하면 유동규의 배임을 알았다면 후보님도 배임이고 몰랐다면 그건 어떻게 모를 수 있냐, 무능이다. 이 공격에 대해서는 어떻게 방어하시겠습니까?

━ 이재명 후보 : 저도 사실 믿었다 배신을 당한 입장이라서 그건 제 개인 문제이고… (중략) 그 점에서 무능하다고 하면 그 비난도 제가 감수해야 하지 않겠습니까?

122] 〈MBC〉 News. 2021. 12. 6. [뉴스외전 인터뷰] 이재명에게 꼬치꼬치 캐묻다…'대장동'부터 '진흙 속 연꽃'까지

이제까지 살펴본 대로 이 후보는 배임 논란이 나오면 그 자체를 부정하는 입장이었다. 그런데 이제는 본인이 배신당했다고 인정하고 있다. 위에서 제시한 추론과 서로 통하는 답변이라고 본다.

당시 민간사업자인 '성남의뜰' 사업계획서에서 나타난 전체 사업이익은 3,595억 원이었고, 성남도시개발공사에 배분되는 1,822억 원을 제외하면 이들의 예상이익은 1,773억 원이었다. 지분이 7%에도 미치지 못하는 화천대유와 천하동인(1호~7호)에게는 막대한 금액이다.

당시 부동산경기가 살아나고 있었던데다 이들이 사업계획으로 제시한 내용이기 때문에 이익을 1,773억 원으로 추정한 것도 보수적인 계산으로 볼 수 있다. 여기에 초과이익을 더하기 위해 이재명 성남시장에게 보고를 하고 승인을 얻는다? 그렇게 할 것이라고는 상상하기 어렵다. 만일 과욕을 부리는 것이 이재명 성남시장에게 탄로난다면, 산통(?)이 깨질 수도 있다고 생각하지 않았을까?

이 부분에 있어서는 이 후보 측의 반론이 설득력이 있다. 2017년 6월 이재명 성남시장은 최초 사업협약에는 없었던, 대장동 사업부지 북측 터널 공사와 배수지 신설 비용, 제1공단 공원 지하주자장 확대 비용으로 1,120억 원을 민간사업자에게 추가 부담시켰다. 당시 이재명 성남시장이 민간사업자의 사업이익을 적극적으로 회수한 결과였다. 이 후보가 유동규 배임의 윗선이라면 이런 상황과는 전혀 맞지 않는다.

이상과 같이 대장동 사업 행정절차의 진행 내용과 당시 정황 등을 종합해보면, 유동규가 당시 이재명 성남시장에게 보고하지 않고 저지른 배임이 유력하다는 결론에 도달하게 된다.

지금까지와는 다른 정황 증거나 배임을 직접적으로 증명해 낼 수 있는 다른 강력한 증거가 나타나지 않는 한, 더 이상 배임의 윗선(?)을 찾아내기는 어렵지 않을까 하는 생각이 든다.

아직 검찰의 수사는 끝나지 않았다. 가능성은 줄어들고 있지만 특검도 살아있다. 배임의 윗선(?)에 대한 의혹이 남아 있는 상황에서 필자의 이런 추론이 국민께 무엇인가 도움이 될 수 있을까?

대장동을 말한다

정부와 국회가 도시개발사업에 대한 정책 대안을 제대로 제시하려면, 현재 벌어지고 있는 도시개발사업의 문제점을 체계적으로 분석하고, 이에 대한 원인과 대책을 종합적으로 제시해야 한다. 그리고 이를 위해서는 제대로 된, 학술적인 조사연구도 필요하다. 이러한 과정을 거쳐 법적·제도적 조치들을 도출하고 적용해야 한다. 필자가 지적한 지방공기업법의 개정보완 문제도 이 과정에서 당연히 고려되어야 할 사항이다.

Part 5
.

정책집행의 관점에서
바라본
도시개발사업의 쟁점

14
민관합동 도시개발사업의 핵심!
이익배당 방법의 선택

도시개발사업에서 확정이익 배당조건은 금기인가?

대장동 사업에 참여한 민간사업자들에게 막대한 이익이 배당되면서, 이를 가능하게 만든 확정이익 배당조건에 관한 관심이 고조되었다. 지분율에 따라 배당을 받았다면 대장동 사업에서 민간사업자들에게 돌아갈 이익이 줄었을 것이기 때문에, 확정이익 배당조건 자체가 문제로 떠오른 것이다.

앞에서 언급한 바와 같이 황무성 전 성남도시개발공사 사장도 처음에는 공모지침서에서 확정이익이 아닌 지분율로 배당받는 것으로 알고 있었다고 주장했다.

2021년 11월 1일 공사에서 대국민 보고서를 발표한 내용 중에서 황 전 사장이 확정이익 배당조건의 공모지침서를 결재했다고 한 것에 대해서, 일부 언론은 '황무성 전 공사 사장을 결재자로 명시하면서도, 사업의 최종 승인권자인 성남시장과 관련된 내용은 배제해 "배임 혐의를 황 전 사장에게 뒤집어 씌우는 것 아니냐"(공사관계자)는 의구심을 남겼다'고 보도하기도 했다.[123]

이러한 분위기는 성남시의회에서 백현마이스 도시개발사업과 관련된 성남시의원들의 질문에 대한 답변에서도 이어졌다.

2021년 9월 30일 성남시의회 도시건설위원회에서는 '백현마이스 도시개발사업 다른 법인 출자 및 추진계획안'이 상정되었다.

━ 박호근 도시건설위원장 : "우리가 만약에 (대장동과) 똑같은 방식으로 간다면 이 예산을 통과시켜줄 수 없어요, SPC 설립을 하는 데 동의를 할 수가 없어요. (중략) 우리 본부장님 나오셔서 한번….."

━ 성남도시개발공사개발사업본부장 김진오 : "SPC 방식 자체가 사실 결함이 있는 건 아닙니다. (중략). 다만, 수익배분을 어떻게 할 것이냐가 제일 관건입니다. 그거는 일반적인 상식 수준의 상관례를 기준으로 하고 저희가 더 요구할 수 있는 것들은 요구를 해야 된다고 생각합니다…(생략)"

━ 박호근 도시건설위원장 : "그렇게 설명해서는요. 우리 위원들 설득이 안 돼요. 그거보다 더 디테일한 것들을 우리가 요구하는 겁니다."

123] 〈중앙일보〉. 2021. 11. 2. "대장동 4단계 배임" 이재명엔 침묵, 황무성은 때린 성남도공

- 성남도시개발공사개발사업본부장 김진오 : "지금 사실 이런 것들이 결정은 안 됐는데 제 생각을 말씀드리면요, 그러니까 이제 일반적으로 출자자들의 지분에 따라서, 지분구조에 따라서 배당하는 것이 일반적인 상관례이고요. 그래서 그거를 기준으로 하고."

- 박호근 도시건설위원장 : "그렇지요."
- 성남도시개발공사개발사업본부장 김진오 : "예, 출자지분에 따라서 균등하게 배분하는 것이 가장 합리적인 겁니다. 사실은. 그래서 그걸 기준으로 하고 거기에 우리가 더 요구할 수 있는 부분들이 있는지는 검토를 지금부터 좀 해볼 생각입니다."

결국 논의한 내용을 보면 "지분율 +α"로 이익을 배분하려고 하는 것으로, 지분율에 따른 배분을 이익 배분의 기본으로 생각하고 있다는 점을 알 수 있다.

그렇다면 정말로 지분율에 따른 이익 배분을, 도시개발사업의 이익 배분 표준으로 보아야 할 것인가?

다양한 도시개발사업에서의 이익 배당조건들

이 문제를 논의하기 위해서 언론에 보도된 다른 도시개발사업의 사례를 찾아보았다. 다음의 표는 〈한국일보〉가 2021. 9. 27. 하남풍산지구 아파트형공장, 안산 37BL 공동주택, 성남위례A2-8BL 공동주택, 성남판교대장, 의왕백운밸리 도시개발사업의 사례를 간략히 정리한 것이다.

이 중에서 공공 수익구조를 보면 하남풍산지구 아파트형공장과 성남판교대장 사업은 사전 확정이익을 기본으로 하고 있고 필요시 '+α'를 추가하고 있다. 안산 37BL 공동주택, 의왕백운밸리는 지분율에 따른 이익배분을 기준으로 하고 있다. 성남위례A2-8BL 공동주택은 수익대비 50% 비율 이익배분 방법을 취하고 있다.

저마다 다른 것이다. 왜 그런 차이가 날까?

이는 해당 도시개발사업의 위험성이 어떠한지, 그리고 공공기관이 이러한 위험에 대해 어떤 자세를 취하는가에 달려 있다.

흥미로운 것은 표에 보이는 프로젝트투자금융회사(PFV)의 자본금이 모두 50억 원이다. 사업비가 수천억에서 조 단위로 들어가는 사업에서 자본금은 그저 지분구조를 표시하는 수단이지, 초기 사업을 추진하는데 필요한 기초자금의 역할을 전혀 하지 못한다.

일반 법인은 처음 자본금을 구성할 때, 해당 자본금이 초기 사업비를 충당하는 역할을 한다면, 프로젝트투자금융회사(PFV)의 경우는 전혀 다른 얘기가 된다. 그래서 일반 회사 법인에서는 이익을 배당할 때 지분율에 따라 배당하지만, 프로젝트투자금융회사(PFV)의 경우는 지분율에 따라 배분하는 것이 일반적이라고 말할 수 없다.

성남 위례A2-8BL 공동사업은 아파트 건립 분양사업으로 5%를

하남 – 안산 – 성남위례 – 성남판교대장 – 의왕 사업절차 및 구조 비교

	하남풍산지구 아파트형 공장	안산37BL 공동주택	성남위례 A2–BBL 공동주택	성남 판교 대장	의왕백운밸리 도시개발 사업
주관 (민관참여자 모집연도)	하남 도시공사 (2008)	안산 도시공사 (2013)	성남도시 개발공사 (2013)	성남도시 개발공사 (2015)	의왕 도시공사 (2013)
민간참여자 (PFV) 및 설립	(주)미래KDB 에코시티 (2008. 9. 22)	(주)안산 레이크타운 피에프브이 (2012. 7. 9)	(주)푸른위례 프로젝트 (2013. 11. 19)	(주)성남의뜰 (2015. 7. 27)	(주)의왕백운 프로젝트 금융투자 (2014. 3. 14)
자본금(원)	50억	50억	50억	50억	50억
공공 출자	20%–1주	24.90%	5%	50%+1주	의왕도시공사 : 49%+1주 고양도시 관리공사:1%
총 사업비(원)	1,660억	5,650억	7,400억	1조 5,000억	1조 6,000억
공공 수익구조	사전확정 이익 우선 보장(210억) 후 초과수익 지분율 비려 보장(230억)	수익대비 지분율 비례보장	수익대비 비율(정률) 보장	일정금액 보장 (사전확정이익)	수익대비 비율(정률) 보장
공공 수익비율	총수익 1,110억 원 중 440억 원 (40%)	총수익 200억 원 중 50억 원 (24.9%)	총수익 306억 원 중 148억 원 (50%)	1,822억	미확정
AMC 회사명	(주)N에코시티 (2008. 9. 22)	(주)안산 레이트타운 (2012. 7. 5)	(주)위례 자산관리 (2013. 11. 4)	(주)화천대유 자산관리 (2015. 2. 6)	(주)의왕백운 백운밸리 이엠씨 (2014. 3. 14)
AMC 공공 파견 (위탁) 여부	공사위탁	공사위탁	민간사업자 수행	민간사업자 수행	공사위탁
AMC 출자	해당없음	해당없음	13.5% (6.75억 원)	0.9999% (5,000만 원)	해당없음

자료 : 권은희 국민의당 의원실

228

출자했지만 50%를 배당받는 조건이다. 지분율과 전혀 상관이 없다.

공공기관이 프로젝트투자금융회사(PFV)를 설립하여 도시개발사업을 추진하는 경우는 사업비를 스스로 조달하기가 어려워 민간으로부터 대규모 투자자금 확보를 위해서인 경우가 많다. 물론 공공기관의 입장에서는 사업성이 불투명한 복합도시를 개발하는 경우 민간의 노하우를 확보하기 위한 목적도 있을 수 있다.

도시개발사업 성공의 요체는 사업을 추진해서 투자수익을 예상한 대로 제때 확보할 수 있느냐에 달려 있다. 여기에 가장 영향을 미치는 것이 토지 확보 작업, 인허가 문제, 그리고 분양이다.

공공기관이 주도하는 도시개발사업에서 인허가 문제는 크게 문제가 안 된다. 이미 이를 따져보고 사업을 추진하기 때문이다. 그렇다면 제일 중요한 문제는 토지 확보와 분양 문제가 된다.

대장동 도시개발사업에서 확정이익 배당조건이 적용된 이유

대장동 사업은 분양도 문제가 없었고, 토지수용이 가능했기 때문에 위험성이 없는 사업으로 보는 시각도 있다. 그런데 사업을 추진하던 2014년, 2015년은 부동산경기가 바닥을 치고 서서히 회복하는 단계였다.

판교라는 인근의 입지 조건으로 미분양을 걱정하지는 않았겠지만, 2018년 대장동 아파트 분양 당시의 가격을 예상하지는 못했을 것이다. 분양수익 예상에 있어 보수적으로 평가했을 가능성이 크다. 2015년 2월 4일 당시 성남시의회 도시건설위원회에서 논의한 내용은 이러한 정황을 잘 나타내 준다.[124]

- 박호근 위원 : "우리가 분양이 잘될 것으로 생각했는데 아파트는 그래도 분양이 좀 수월하다고 보여져요. 그런데 그 동네의 단독택지나 상가가 분양이 안 될 수 있는 소지가 상당히 있거든요, 지금 현재의 경기로 봤을 때. 그랬을 때도 굉장히 큰 차질이 생길 것 같아요."
- 성남도시개발공사개발사업본부장 유한기 : "저희들이 판단하기는 존경하는 박호근 위원님께서는 경기가 굉장히 안 좋다고 말씀하시는데, 현 정부도 그렇고 지금 현재는 부동산 시장이 서서히 온기가 올라오고 있습니다."

토지 확보도 토지수용권을 갖고 있었기 때문에 별문제가 없는 건 아니다. 물론 민간에서 토지수용권이 없이 사업을 추진한다면 더 어렵고, 사업 자체가 진행되지 않을 수도 있다. 토지수용 절차를 밟는다고 해도 보상협의와 수용절차를 진행하는데 시간이 많이 소요될 뿐만 아니라 주민들이 단합해서 실력행사에 돌입할 경우 토

---

124) 성남시의회. 2015. 2. 4. 제209회 성남시의회 도시건설위원회회의록 제1호

지수용법이 존재함에도 불구하고 사업이 좌초될 수 있는 것이다.

필자도 과거에 도시개발사업 부서에서 토지수용 업무를 수행하면서 집단 민원을 겪은 적이 있다. 주민들이 회사에 오물을 담아 쳐들어와서 실력행사를 벌인 적이 있다. 토지수용법이 있음에도 불구하고 주민들의 단체 집단행동이 제일 어려운 요소이다. 따라서 대장동의 경우에도 이러한 어려움은 그대로 존재하고 있었다.

그런데 성남시와 성남도시개발공사는 1조 5천억이 들어가는 이런 대규모 도시개발사업을 해본 경험이 없었다. 그전에 해본 성남 위례A2-8BL 공동주택 도시개발사업은 한국토지주택공사(LH)에서 아파트 용지를 분양받아 아파트를 지어 분양하는 사업이다. 토지 확보 문제가 없고, 분양도 큰 문제가 없다. 대장동 도시개발사업과는 비교가 안 되는 사업이었다.

성남시와 성남도시개발공사에 있어 대장동 도시개발사업은 성공 가능성이 크지만, 그리 만만한 사업이 아니었다. 게다가 LH처럼 사업 경험도 없었다. 한편 성남시는 성남위례A2-8BL 공동주택 도시개발사업을 하면서 처음에는 500억 원 배당을 기대했었는데, 150억 원에 그쳤고, 생각해 보니 사업자가 건축비용 등을 부풀린 데 문제가 있었다고 판단했었다고 한다.

이러한 모든 조건을 고려한 결과. 성남시는 초대형 사업에 대해 보수적으로 판단하고 확정이익 조건부로 사업을 구상한 것이다. 물론 초과이익 부분을 의도적으로 배제한 것은 명백히 배임이다. 그렇다고 확정이익 조건 자체를 금기시할 필요는 없다. 이는 경영 상의 판단이라고 보아야 할 것이다.

도시개발사업에서 배당조건의 선택 방법

이제 민관합동 도시개발사업에서 공공기관이 이익을 배분받는 방법과 조건을 이론적으로 일반화시킬 필요성이 있다. 공공기관에서 추진하는 도시개발사업의 위험은 토지 확보와 분양 위험 등 객관적인 측면과 공공기관의 역량과 위험회피 자세 등 사업자 주관적인 측면이 있다. 주관적인 측면은 공공기관별로 다양할 수 있기 때문에 객관적인 요인에서 차이가 없어도 주관적인 부분에서는 차이가 있을 수 있다.

도시개발 사업의 위험 요소

도시개발 사업위험	종류	비고
객관적 요인	토지 확보	토지 수용, 규모, 주민 등
	분양 위험	부동산 경기
주관적 요인	사업자의 역량	사업추진 경험
	위험회피 자세	안정성 추구 정도

위험도와 배분이익과의 상관관계를 공공기관의 입장에서 보면 다음과 같다. 공공기관의 입장에서 위험이 크다고 인식할 경우 확정이익 조건을 취할 수 있다. 물론 사업이 잘될 경우를 대비하여 확정이익에 '+α' 조건을 부가하는 것이 적합할 것이다. 하남풍산지구 아파트형공장 사업의 경우가 이에 해당된다. 대장동도 이와 같이 추진했어야 하는 것이었다.

그리고 명백하게 사업 위험이 낮은 경우에는 반대로 민간사업자에게 확정이익을 배분할 수도 있다고 본다. 이 경우에는 투자의 형태를 띠고 있지만 기본적으로 민간사업자들로부터 자금을 빌리고 이에 대해 이자를 지급하는 것과 마찬가지 성격을 띠고 있다. 물론 자금에 대한 지급보증이 있고 없고에 따라서 금리 차이가 있지만 말이다.

공공기관의 입장에서 본 도시개발사업 위험요인에 따른 배분이익의 형태

구분	공공기관	민간사업자
사업위험이 큰 경우	확정이익	확정이익 제외분
사업위험이 보통	확정이익 또는 지분율 배분	
사업위험이 낮음	확정이익 제외분	확정이익

성남도시개발공사의 성남위례A2-8BL 공동주택 도시개발사업은 객관적으로 볼 때 사업위험이 낮은 경우이다. 당시 아파트 분양이 잘되는 곳에서 택지를 분양받아 단기간에 아파트를 지어 분양하는

사업이니, 민간사업자에게 확정이익을 보장하고 나머지는 성남도시개발공사가 모두 가져올 수도 있는 사업이었다. 아마도 성남도시개발공사가 설립된 이후 처음으로 시행한 사업이었기 때문에 주관적인 측면에서 위험이 있다고 생각하지 않았을까 싶다.

그러면 백현마이스 도시개발사업의 배당이익 배분은 어떻게 설계되어야 할 것인가?

15
백현마이스 도시개발사업을 다시 생각한다

백현마이스 도시개발사업의 내용과 규모

이제 위에서 살펴본 개발이익의 배분방법을 백현마이스 도시개발사업에 적용해보자. 더 나아가 백현마이스 도시개발사업을 반드시 민관합동개발로 해야 하는지에 대해서도 검토해 보자,

앞에서 살펴본 바와 같이 백현마이스 도시개발사업은 성남시 분당구 정자동 1번지 일원(면적 : 20만 6,350㎡)에 2조 7,207억 원을 투입해 마이스(MICE)산업 복합단지를 조성하는 사업이다. 상업용지에 복합업무시설(오피스텔 등), 업무시설(지식산업센터 등), 관광휴양 및 숙박시설(호텔 등)을 지어서 분양하고 그 수익금으로 전시컨벤션을 지어 성남시에 기부채납하는 것이다. 물론 주차장 등 도시기반시설도 마찬가지다.

본래 이 지역은 2014년 성남도시기본계획에서 시가화예정용지

(복합용지)로 변경 승인되면서 시작되었으나. 2018년 은수미 성남시장 취임 이후 사업 추진이 본격화되었다. 성남시는 시장 직속으로 실무협의회를 구성·운영하면서, 백현마이스 도시개발사업에 대한 공모지침서 가이드라인을 마련하는 등 사업을 주도해왔다.

백현마이스 도시개발사업 토지이용계획[125]

구분			부지면적	
			m²	구성비
계			206,350.2	100.0%
상업용지	전시컨벤션		31,115.8	15.08%
	복합업무시설		27,177.3	13.17%
	업무시설	1	16,529.1	8.01%
	업무시설	2	17,026.8	8.25%
	관광휴양 및 숙박시설		10,713.3	5.19%
	소계		102,562.	49.7%
도시기반시설용지	주차장		1,286.1	0.62%
	공원		80,078.6	38.81%
	녹지		2,812.2	1.36%
	보행자도로		1,085.5	8.98%
	도로		18,525.5	8.98%
	소계		103,787.9	50.3%

성남시는 2020년 6월 경기도로부터 '2035 성남도시기본계획' 승인을 받은 이후, 2020년 12월 도시개발구역으로 지정하고 개발계획을 고시하였다. 2020년 12월에 성남시와 성남도시개발공사 간

125】 〈연합뉴스〉. 2021. 10. 19. '제2 대장동 막는다'···성남 백현마이스 개발 이중삼중 안전장치

업무협약을 체결하였고, 이후 도시개발법에 따른 개발절차가 진행되어 앞에서 본 바와 같이 2021년 10월 12일 성남시의회로부터 '다른 법인 출자 승인'을 받았다.

부지 규모가 작아도 사업비 규모가 큰 것은 호텔 등 일부시설을 제외하고는 모든 시설에 대한 건설과 건축을 완료하여 성남시에 기부채납하거나, 분양하기 때문이다. 건설, 건축비용이 모두 포함되어 대장동 사업보다 더 큰 규모가 되었다.

그런데 성남시는 개발계획을 수립하는 단계부터 공영개발이 아닌 민관합동개발방식으로 사업을 추진하는 방법을 제시하였다. 전체를 직접 개발한 데는 2조 원이 넘는 투자자금이 필요했기 때문에 대장동처럼 프로젝트투자금융사(PFV) 설립이 필수적이었다.

백현마이스 도시개발사업, 공영개발은 불가한가?

백현마이스 도시개발사업을 추진하는 데는 이와 달리 여러 가지 방법이 있다. 성남시가 모두 설계하되, 도로 등 사업에 필요한 최소한의 공사를 하고, 이후 오피스텔 등 수익이 발생하는 건물을 건축하고 분양하여, 그 자금으로 순차적으로 도시기반시설과 전시컨벤션 시설을 지어 성남시에 기부채납하는 방법이 있다. 독자적으로 공영개발하는 방법이다.

아니면 분양시설 용지를 일정 기간 내 건설 조건부로 매각하고 그 자금으로 전시컨벤션과 도시기반시설을 짓는 것도 또 하나의 방법이다. 그렇게 하면 2조 7천여 억 원이라는 대규모 자금도 들지 않고, 부지 매각으로 건설비용도 미리 확보할 수 있기 때문에 민관합동 개발이 아닌 순수한 공영개발도 가능할 수 있다.

일부 부지를 매각할 경우 나머지를 민관합동 개발로 추진해도 사업의 범위를 대폭 단순화시킬 수 있는 방법이기도 했다.

2021년 8월경에 성남시와 협의하면서 느낀 점은 성남시가 사업 추진방식에 대해 별로 고민하지 않는다는 것이었다. 성남시는 성남도시개발공사를 통해 백현마이스 도시개발사업에서 필요한 건축물을 모두 지어서 분양한다는 것을 대전제로 삼고 있었다. 위에서 설명한 사업방식에 대해 심도 깊은 논의가 없었다.

오히려 부지만 분양하면 처음 백현마이스를 구상한 콘셉트를 유지할 수 없게 되고, 심지어 부지를 분양받은 업체가 건축을 차일피일 미루게 되면 아무리 법적으로 대응을 해도 한계가 있지 않겠는가 하는 걱정을 성남시는 하고 있었다.

그러나 주지하다시피 건축과 토목은 설계, 시공, 감리가 서로 분리되어 분업과 협업이 체계화되어 있는 데다, 부지를 분양받은 사업자가 정해진 기간에 건축을 완공할 수 있도록 환매조건부 및 부제소특약으로 묶어 계약을 하면 굳이 프로젝트투자금융사(PFV)가 모든 공사를 다해야 할 필요는 없다고 필자는 생각한다.

물론 자금이 풍부하여 모든 것을 직접할 수 있다면 문제가 없다. 그러나 프로젝트투자금융사(PFV) 설립 후 사업구조를 짜서 추진하고, 이후 이익을 배당하는 일은 대장동 사업에서 보듯 그리 만만한 일이 아니기 때문이다. 또 사업을 하다 보면 토지이용계획의 변경 등도 일부 발생할 수 있는데, 이럴 때 공영개발이 아닌 민관합동기업이기 때문에 특혜문제 시비도 발행할 수 있다.

따라서 공공기관에서는 가급적이면 최대한 공영개발을 해서 이런 문제의 소지를 없애고 부득이한 경우에 민관공동개발을 하는 것이 바람직하다.

오피스텔 등 상업시설을 먼저 분양을 하고 그 자금으로 전시컨벤션 시설을 짓되, 당시 상황에 맞게 유연하게 설계 변경을 통해 사업을 추진하면 좋지 않을까 하고 필자는 생각한다.

대장동 개발에서는 택지개발사업이었기 때문에 이런 접근이 불가능했지만, 백현마이스 사업에서는 충분히 해볼 수 있는 시도이다. 게다가 대장동은 주민들의 토지를 확보해야 되지만, 백현마이스는 모두 성남시 소유부지여서 토지확보 작업이 필요없다. 그리고 오피스텔 등은 분양을 낙관하고 있었다. 소위 개발사업의 위험요소로 꼽히는 토지확보와 분양문제가 거의 없는 것이다. 성남시에서는 사업을 구상함에 있어 이렇게 집행 측면의 문제를 별로 고려하지 않는 것이었다.

실무자를 통해 물어보면 성남시에서는 그냥 땅만 파는 것은 싫어

한다는 것이었다. 아니 건축물을 지어 판매하는 것도 결국 똑같이 그 땅을 파는 것인데, 납득할 수 없는 이유였다.

2021년 9월 30일 성남시의회 도시건설위원회에서 야당의원들은 본 안건이 대장동 사업과 같은 구조로 되어 있기 때문에 보류하자고 했지만, 이렇게 공영개발 문제를 제기하는 데까지는 미치지 못했다.

앞에서 제기한 백현마이스 도시개발사업의 첫째 쟁점과 관련하여, 성남시의회에서는 이 사업을 굳이 공영개발이 아닌 민관합동 개발 사업으로 해야 될 것이냐에 대해 짚고 넘어가야 할 필요가 있었다.

두 번째 쟁점은 사업자 선정 과정, 이익배분방법과 주주협약에 대해 의회에 공개할 수 있는가, 소위 사업자 간 비밀준수조건 없이 밝힐 수 있는가 하는 문제였다. 이 문제는 9월 30일 성남시의회 도시건설위원회 보고에서는 명확하게 답하지 못했지만, 12월 2일 행정사무감사에서 공사 강용호 사장 직무대행은 절차와 계약 내용을 최대한 공개하겠다고 약속했다.

프로젝트금융투자회사가 할 경우 이익의 배분방법

세 번째는 개발이익의 배분에 대한 것이었다. 성남시의회 발언에서도 보듯이, 백현마이스 사업을 담당하는 개발사업본부장과 개발사업3처장은 지분율에 따른 배분과 '+α'를 생각하고 있었다.

필자는 생각이 달랐다.

이 사업은 금액 규모는 크지만, 사업의 내용은 비교적 복잡하지 않았다. 필자는 지금 규모대로 사업이 추진된다고 해도, 민간사업자 지분에 고정 이자율을 적용하여 확정이익을 지급하는 편이 낫다고 보았다. 자본금 중에 민간사업자 투자분은 얼마 안 된다. 기껏해야 25억 원이기 때문이다. 이보다는 민간사업자가 프로젝트투자금융사(PFV)에 대출해주는 데서 짭짤하게 수익을 거둘 수 있으리라 생각했다. 물론 성남도시개발공사가 보유하고 있는 자금 수백억도 대출해서 운용할 수 있다고 본 것이다.

필자에게 공모지침서 결재가 올라왔다면, 이익배당문제를 놓고 금융권들과 논의를 해보고 싶었다. 물론 금융사 입장에서도 일반 대출보다 이런 프로젝트에 투자하는 경우, 은행의 BIS Rule 등 리스크관리 면에서 불리하다는 얘기도 듣고 있었다. 대장동 사업에서 보듯이 은행에 배분된 배당금액은 별로 되지 않았다. 그러나 배당되는 사업이익의 규모는 막대한 것이었다. 위험성도 거의 없는 사업에서 지분율에 따라 민간사업자에게 배분한다는 것은 불합리한 것이다. 성남시민들의 이익이 유출되는 것이다.

그래서 2021년 10월 12일 성남시의회 도시건설위원회 업무보고에서 성남도시개발공사 개발사업3처장이 수익률에 기반하여 이익

배분한다는 발언에 대해 필자가 제동을 건 것이다.

필자가 2021년 11월 6일 퇴임하는 날까지 공모지침서는 올라오지 않았다. 백현마이스 도시개발사업에서의 이익 배분 규모도 상당할 것이다. 이제부터는 이 부분에 대해 공론화되어야 한다. 그렇지 않으면 뒤에 대장동보다는 덜할지라도 역시 시빗거리가 될 것이다. 시민들이 눈을 부릅뜨고 볼 일이다.

이 글을 쓰고 있는데, 김포시의회가 2021년 11월 26일 '사우종합운동장부지 도시개발사업사업' 특수목적법인 출자동의안을 부결했다는 언론 뉴스가 떴다. 이 사업은 사우종합운동장 부지 일대 6만 6,711㎡에 사업비 6,566억 원을 투입, 오는 2027년까지 민관합동으로 800대분의 지하주차장과 공공시설, 공원, 1,360여 가구의 공동주택 공급을 목적으로 하는 사업으로, 여기에서 확보된 개발이익금으로 양촌읍에 새 종합운동장 및 김포한강신도시 종합의료시설을 건립한다는 계획이었다.

김포시의회 도시환경위원회 위원들은 심의에서 김포시 소유 토지가 전체 사업부지의 90% 이상을 차지하는 상황에서, 사업방식과 개발이익금 사용 등에 문제를 제기하며 재검토를 요구했다.[126]

'김포도시공사는 A컨소시엄과 분양가 평당 1,400만 원까지의 수

126] 〈기호일보〉. 2021. 12. 1. 사업 부지 90% 김포시 땅인데 민관 공동개발 해야 하나?

익은 공사가 가져가고 그 이상은 절반씩 나누기로 협약했으나, 김포지역 분양가가 치솟자 사업추진을 중단하고 분양가 1,400만 원부터 1,880만 원까지는 절반씩, 그 이상은 시에 기부채납하기로 협약을 변경했다.

그러나 김포시의원들은 사업지 일대가 김포의 요지여서 민간과 수익을 나눌 이유가 없다고 주장했다.

한 시의원은 "행정·교통·의료 등 인프라를 완비한 이곳은 이익이 크게 날 확률이 높아 굳이 민간건설사와 함께 할 명분이 없다."며, "대장동 사태로 인해 이제 시민들도 민관합동 개발을 예의 주시한다."고 말했다.[127]

성남시가 추진하는 백현마이스 도시건설사업도 사업부지가 모두 성남시 소유이다. 사업지 일대가 판교 인근 요지여서 분양도 별다른 문제가 없다고 보고 있다. 그런데도 반드시 민관합동개발을 해야 하는가?

성남시는 2020년 12월 성남도시개발공사와 백현마이스 도시개발사업 추진을 위한 업무협약을 체결하였는데, 성남시가 처음 공문으로 요청한 사업추진방식이 특수목적법인(SPC) 설립을 통한 민관합동 개발방식이었다. 이에 따라 성남도시개발공사도 대장동 사업

127] 〈경인일보〉. 2021. 11. 30. "김포시 소유 땅 93%인데 왜?…" 사우동 '민관개발' 개발 논란

과 같은 민관합동 개발방식으로 사업을 추진해온 것이었다.

2021년 12월 9일 도시개발법 개정안이 국회 본회의를 통과했다. 이제 성남시도 개정된 법률을 감안하여 백현마이스 도시개발사업의 개발방식을 재검토할 필요가 있다. 필자는 이번 기회에 백현마이스 도시개발사업의 추진방법을 근본적으로 재검토할 필요가 있다고 생각한다. 민관합동 개발보다는 최대한 공영개발을 하는 방향으로 말이다. 김포시의 사례를 참고로 성남시도 사업방식을 재검토해 볼 필요가 있다.

또 앞에서 기술한 대로 백현마이스 도시건설사업에서는 프로젝트금융회사가 건설 및 건축공사를 모두 하는 것으로 되어 있다. 만일 부지를 분양한다면 분양받은 사업자가 자기 판단대로 건축공사를 하는 것이다. 협력업체나 건설자재 등을 공급하는 데 성남시와 성남도시개발공사가 직접 신경 쓸 필요가 없다.

그런데 프로젝트금융회사가 직접 공사를 하게 되면, 프로젝트금융회사가 다양하게 협력업체 등을 선정하고 이들을 통해 공사를 해야 한다. 그런데 기본적으로 프로젝트 금융회사는 성남도시개발공사, 성남시, 성남시의회의 영향 아래 있게 될 것이고, 이러한 사업환경에서는 건설, 건축 관련 업체들의 로비, 청탁이 매우 심할 것이다. 결국 이런 부분들이 매우 심각한 문제로 대두될 가능성이 높다.

이런 점에서 2021년 12월 6일 이재명 민주당 후보가 〈MBC〉와의 인터뷰[128]에서 지적한 내용은 깊게 새겨 볼 필요가 있다.

━ 앵커 : 대장동 사태의 본질은 뭔가요?
━ 이재명 후보 : 부정부패죠. 부정부패의 핵심은 토지개발에서는 엄청난 이익이 발생하기 때문에, 소위 불로소득이 발생하기 때문에 토지개발 사업에는 반드시 정치적 결탁이 일어납니다. 행정가일 수도 있고 정치권일 수도 있습니다. 그래서 공공개발을 해서 개발이익을 환수하려고 하면 민간 개발이익을 노리는 집단이 엄청나게 저항을 하죠.

토지개발 사업의 본질은 엄청난 이익을 둘러싼 부정부패라는 것이다. 성남시장으로 대장동 사업을 직접 추진하면서 누구보다도 도시개발사업을 둘러싼 사업환경을 잘 알고 또 이로 인해 상당한 고초를 겪고 있는 이재명 후보의 지적이다. 대장동 사태를 겪고 있는 지금, 백현마이스 도시개발사업에서도 이러한 위험성은 아무리 강조해도 지나치지 않을 것이다.

더 나아가 필자는 백현마이스 도시개발사업을 추진하면서 건축

128] 〈MBC〉 NEWS. 2021. 12. 6. [뉴스외전 인터뷰] 이재명에게 꼬치꼬치 캐묻다…'대장동'부터 '진흙 속 연꽃'까지

을 모두 마치고 분양을 하는, 2조 7천억 원대 초대형 민관복합개발사업으로 발전하게 된 게, 혹시라도 그 배후에는 프로젝트금융회사를 상대로 수주를 노리는 특정 건설사업자들의 이해가 반영된 것이 아니었기를 바란다.

　필자가 이것을 의심하는 것은, 2020년에 필자가 해임된 사유로 이런 의혹을 제기하는 기자들이 있었기 때문이다.

16
지방의 민관합동 도시개발사업들에 대한 관심, 그리고 LH조직개편 등에 대한 고민

지방정부가 진행하는 도시개발사업들

대장동 사업에 대한 파문이 확산되면서 지방자치단체가 추진하는 민관합동 도시개발사업들에 대해서도 관심이 집중되고 있다. 최근 언론에 등장한 도시개발사업 몇 개를 살펴보자.

구리시와 구리도시공사는 '구리시 한강변 도시개발사업'을 추진하고 있다. 이 사업은 구리시 토평·수택동 일대 한강 변 150만㎡ 부지에 2027년까지 스마트시티를 짓는 사업으로 토지 조성비만 4조 원에 달한다.

구리도시공사는 2020년 11월 24일 KDB컨소시엄을 우선협상대상자로 선정했다. 2021년 11월 15일 공모심사에서 최고 득점을 받은 GS컨소시엄은 공공기여금과 기부채납액을 합쳐 KDB컨소시엄에 비해 4,960억 원을 더 제시했음에도 불구하고 공모지침서 위반으로 탈락했다.

공모지침서 조건 중에 시공능력 10위 이내 건설회사는 1개 컨소시엄에 2개사 이하로 제한하는데 이를 어겼다는 것이다. 이에 대해서는 소송이 진행 중이다. 여기서도 초과수익 회수에 대해 논란이 일고 있다.[129]

포천시 내촌면 '내리도시개발사업'도 '대장동 후폭풍'에 시달리고 있다. 대장동 사업과 마찬가지로 민간합동 PFV방식으로 추진되는데다 사업을 지휘하는 유한기 포천도시공사 사장이 대장동 사업 추진 당시 성남도시개발공사 개발사업본부장을 맡았기 때문이다.[130]

내리도시개발사업은 포천시 내촌면 내리 일대 부지 8만 1,682㎡에 아파트 1,286가구를 건립하는 사업이다. 이 사업에서도 결국 개발이익이 제대로 회수될 것인지 여부가 향후 사업추진의 관건이 될 것이다.

안양도시공사는 2021년 9월 16일 '박달스마트밸리 조성사업'의 공모절차를 취소한다고 발표했다. 이 사업은 안양시 만안구 박달

129】〈UPI뉴스〉. 2021. 11. 18. [단독] 구리 한강변 도시개발 특혜 논란…'제2의 대장동' 되나
130】〈한국일보〉. 2021. 10. 12. 대장동 불똥 구리·포천도시개발사업… "초과이익 환수" 대책 마련 부심

동 328만㎡ 규모 군용지를 대상으로 첨단 산업, 주거, 문화시설 등을 조성하는 사업이다.

안양시가 탄약저장시설 등 신규 시설을 조성해 국방부에 기부하고, 현재 탄약고 및 사격장으로 활용되는 박달동 군용지를 양도받는 '기부대양여 방식'의 사업으로 전체 사업비는 1조 1,100억 원으로 추산되는 민관합동 도시개발사업이다.

안양도시공사는 2021년 9월 5일 민간사업자 모집을 공고하고, 민간업체들을 대상으로 사업참여 의향서를 접수했는데, 갑자기 공모 절차를 취소한 것이다. 사업에 참여하는 업체 중에 대장동 사업에 참여한 ㈜엔에스제이홀딩스(구 '천화동인 4호')라는 업체가 참여한 것으로 확인되면서 취소되었다는 일부 언론의 주장에 대해, '안양시 관계자는 "질의 내용 중에 입찰 자격에 제한이 크다는 의견이 접수되면서 보완 검토를 위해 공모를 취소했던 것일 뿐, 대장동과 아무런 관련이 없다."고 답변했다.'[131]

이후 안양도시공사는 재공고를 했고 2021년 12월 28일 우선협상대상자 선정을 위한 공모심사위원회를 개최했다. 그런데 선발된 심사위원 중에서 군사·국방 분야 심사위원의 무자격 문제가 제기됨에 따라 안양도시공사는 심사를 중단했고 심사위원 적격 여부를 재검토하기로 했다. 사업이 공정성 논란에 휩싸이고 있다.

131]〈중부일보〉. 2021. 9. 28. 화천대유, '1조짜리' 안양 박달스마트밸리도 손댔다.

김포시 '사우종합운동부지 도시개발사업'은 앞에서 본 대로 김포시의회에서 '다른 법인 출자'가 부결되었다. 사업 예정지 90%가 넘는 땅을 김포시가 소유한 상황에서 개발이익을 민간에게 넘겨줄 수 없다고 판단했기 때문이다.

이 외에도 언론은 '오산시 운암뜰 AI시티 개발사업', 의왕시 '백운밸리 도시개발사업', '경기경제자유구역 현덕지구 개발사업' 등 많은 도시개발사업 사례를 보도하고 있다. 대장동 사태로 인해 전국에서 벌어지고 있는 도시개발사업에 대해 의혹의 눈길을 보내고 있는 것이다.

어떤 것이 바람직한 개발이익의 환수인가?

최근 진행되는 민관합동 도시개발사업들을 전체적으로 살펴보면, 일단 사업 성공 가능성이 높아 자치단체 등 사업주체들이 개발이익을 환수하고 이를 통해 지역개발을 추구하는 것이 특징이다.

토지수용, 사업 인허가 추진 등 사업의 핵심 요소들은 공공 사업주체들이 이미 확보하고 있다. 그러나 이들은 대규모 사업자금을 댈 능력이 없고, 사업경험 또한 없거나 부족하기 때문에 민간사업자와의 결합이 필수적이다.

그런데 사업에서 얻게 되는 이익을 어떻게 배분하는 것이 바람직한 지에 대해서는 아무런 가이드라인이 없다. 사업을 준비하는 실무자들은 그저 성공 케이스라고 알려진 사업을 벤치마킹하지만 각자가 처해 있는 상황이나 조건은 제각각이다.

외부 컨설팅 기관에 공모지침서 용역 등을 의뢰하여 나름대로 객관적이라고 생각되는 방안을 찾아보지만, 이들이 이런 복잡한 문제에 대해 속 시원하게 답을 주는 것도 아니다. 게다가 어느 정도까지 해야 적절하게 개발이익을 환수했다고 보는가는 사람마다 다르기 때문이다. 주관적인 판단 문제라는 것이다.

따라서 이런 문제를 해결하기 위해서는 개발이익의 환수 방법을 설계하는 사람들이 전문성을 가지고 있을 뿐만 아니라, 사람들이 인정할 수 있는 권위도 가지고 있어야 한다.

민관합동 도시개발사업에서 사업의 파트너가 이익만 추구하는 민간사업자가 아니고 공공성을 지닌 주체라면 어떨까? 민간사업자의 투자금 대신 공적인 투자자금이 투입될 수 있다면, 설령 평가하는 입장에서 볼 때 공공기관에서 회수한 개발이익의 규모가 비록 적다고 해도 큰 문제가 되지 않을 것이다. 현재 각 지방에서 벌이고 있는 도시개발사업은 개발 주체들의 입장에서는 나름대로 수익성이 있다고 판단하고 있다. 수익성이 있다면 여기에 공적인 자금을 투자하면 어떨까? 현재 자산에 투자·운용하는 주택도시보증공사(HUG)를 통해 추진할 수도 있고, 정부가 별도로 펀드를 조성하여 새롭게 구성하는 방법도 있을 것이다.

종합하면 바람직한 개발이익의 환수는 배분방법의 설계라는 측면과 사업이익을 배분받는 사업파트너의 측면 두 가지 관점에서 바라볼 필요가 있다.

민관합동개발의 대안으로 LH와 지방 공공기관의 협력을 구상한다

만일 대장동 사업에 민간사업자 대신 국가 공공기관인 LH가 참여해서 막대한 이익을 가져갔다면 어떻게 되었을까? 당연히 별 문제도 없었을 것이다. 공공이익으로 모두 귀속되는 것이기 때문이다. 민간사업자가 참여한다고 해도, LH 역시 일정부분 지분 참여할 수 있다면 어떨까? 이론적으로 가능성이 없는 일도 아니다.

지방공공기관과 LH가 사업추진 과정에서 적절한 개발이익의 배분 문제를 함께 논의할 수도 있을 것이고, LH의 이러한 노력에 대해 도시개발사업에서 공식적으로 수수료를 배분할 수도 있을 것이다. LH가 참여하게 되어 이익 배분에 참여한다면, 부수적으로 이를 검증하는 효과도 있을 것으로 생각된다. 그럴 경우 필자가 앞에서 제안한 대로 나름대로 객관적인 권위도 부여될 수 있을 것이다.

대장동 사업에서도 부분적이지만 성남도시개발공사와 LH 간에 상호 협조한 일이 있었다. 대장동 사업에서 조성한 토지 중에서 임대아파트 용지 A9블록(9,552㎡)과 A10블록(47,783㎡)을 LH가 인수한 것이다.

당초 두 부지는 국민임대 아파트 부지로, 공공주택특별법에 의거 30년 이상 장기간 임대를 위한 아파트를 건설해야 하는 부지였다. 대장동 도시개발 사업인 '성남의뜰'에서 2017년 8월에서 2018년 7월까지 총 9차례에 걸쳐 부지 매각공고를 냈지만 모두 유찰되었다.

성남도시개발공사는 이들 부지를 인수하여 임대아파트사업을 할 수 있는 여력이 없었다. 공사가 대장동 사업으로 배당받는 금액 1,822억 원 중에서 법인세로 441억 원을 납부하고 나면 남는 돈은 1,381억 원인데, A9블록, A10블록 두 부지를 인수하고 건설하는 데 드는 비용을 모두 따져보니 4천여 억 원이 넘는 막대한 금액이었다.

주택임대사업은 주거복지 사업 분야로 LH도 토지와 주택분양사업에서 확보한 이익으로 주거복지 분야에 투자하고 있다. 그런데 당시 수익성 있는 다른 도시개발사업도 없는 상태에서, 성남시의 별도 재정지원 없이 공사가 이들 부지에 30년 임대아파트 사업을 벌인다는 것은 현실성이 없는 것이었다. 오죽하면 1년 동안 9번이나 유찰되었겠는가?

결국 인허가권자인 성남시와 LH가 협의 끝에, 부지에 대한 조건변경을 하고 LH가 인수한 것이다. A9블록에 대한 조건변경은 없었다. 국민임대주택 221세대를 건설하는 것이다. 그러나 A10블록은 분양전환 공공임대주택(10년 임대) 400세대와 공공분양주택 800세대를 건축하는 것으로 부지의 용도를 변경하였다.

성남시는 그동안 이들 부지에 대한 매각이 지연됨에 따라 성남시 순환이주대책을 실행하는데 애로가 있었다. 성남시는 성남 본 도심(수진1, 신흥1, 태평3, 신흥3, 상대원3) 재개발사업을 추진하고 있었고, 이를 위해 2024년까지 약 8,500세대의 임대주택이 필요한 상태였다.

물론 위와 같은 조건으로 LH 대신 성남도시개발공사가 직접 사업을 추진하는 방법도 있었다. 그러나 여러 가지 여건상 LH가 이 사업을 맡는 것이 성남시나 성남도시개발공사 입장에서는 바람직한 선택이었다. 성남도시개발공사처럼 자산규모가 작고 도시개발사업 수가 적은 지방공사에서 4천여 억 원이 넘는 임대주택 사업비를 감당하기에는 무엇보다도 재무적인 안정성에 무리가 있었다.

그리고 공사에서 사업을 추진할 경우 지방공기업법상 '신규사업 투자 타당성 승인 절차'를 이행해야 해서 사업 기간도 LH에 비해 1년 이상 지연될 것으로 보았다.

더 나아가 LH가 임대아파트 사업을 추진한다는 것은, 성남시 지역의 주거복지 부문에 외부자금을 확보하는 것이었다. 성남도시개발공사는 성남시 지역에서 다른 사업에 투자하면 될 일이었다. 이렇게 하는 것이 공사의 이익뿐만 아니라 성남시 전체 이익의 관점에도 부합하는 것이었다.

만일 대장동 사업에서 LH가 처음부터 민간사업자처럼, 또는 민간사업자와 함께 참여했다고 가정해 보자. LH가 막대한 이익을 배당받았어도 공공으로 회수되는 것이기 때문에 지금처럼 문제가 되지 않았을 것이다.

막대한 이익으로 지금처럼 임대나 분양 등 용도변경 없이 임대아파트 건설사업을 벌이는 것도 훨씬 쉬웠을 것으로 본다. 또한 이익이 많이 남으면 그 이익으로 토지를 확보하는 등 LH를 통한 공공토지 비축도 가능하다고 본다.

요즘 어느 때보다도 토지에 대한 공공성이 주목받고 있다. 최근 몇 년 동안 집값과 전셋값, 임대료가 폭등하면서 집 없는 서민들의 삶이 더욱 곤궁해졌다. 불로소득으로 인해 경제정의도 훼손되었다. 이런 분위기 속에서 토지에 대한 특권을 제한하고 아예 토지를 국유화하자는 질비오 게젤의 '자유토지' 개념도 소개되고 있다.[132]

제도로서 토지에 대한 공공성을 강조하고 있다. 필자는 이 책에서 어떤 토지소유 제도가 바람직한 것인지를 다루지 않는다. 다만 토지의 공공성 확보를 위해, 그리고 최소한 주거복지 실현을 위해 국가와 공공의 토지확보는 중요하다. 문제는 어떻게 할 것인가이다.

이러한 가정 속에서 우리는 LH와 지방공사의 상생 방안을 모색

132] 질비오 게젤, 2021, 《자유토지와 자유화폐로 만드는 자연스러운 경제질서》, 출판사 클. 원제는 《The Natural Economic Order》, 질비오게젤연구모임 번역.

해볼 수도 있지 않을까?

그러나 이제까지 지방의 공사와 LH는 이렇게 협력하기보다는 서로 경쟁하는 측면이 강했다. LH는 국가 공공기관으로서 과거부터 오랜 기간 국가의 도시개발사업을 주도해왔다. 그런데 각 지방자치단체가 스스로 개발이익을 확보하기 위해 도시개발사업을 추진하기 시작하면서, LH와는 어느덧 도시개발 사업을 놓고 서로 차지하기 위해 경쟁하는 관계가 되어버렸다.

예를 들어 성남시에서도 성남도시개발공사가 서현지구와 낙생지구에 대한 도시개발사업을 추진했었다. 그러나 2018년 12월 국토교통부에서 갑자기 '2차 수도권 주택공급 계획'에 의거 성남 서현지구와 낙생지구를 공공주택지구로 포함한다고 발표하면서, 사업은 LH로 넘어갔다. 그 뒤 낙생지구에는 성남도시개발공사가 일부 지분을 참여하고는 있지만, 결과적으로 보면 LH가 성남에서 추진하는 사업을 빼앗아 간 게 되었다.

그런데 위 대장동 사례에서 상상해본 것처럼, LH가 지방공사가 진행하는 도시개발사업에 적절하게 참여하여, 이런 경합 관계를 청산하고 서로 협조할 수 있는 관계로 바뀔 수도 있지 않을까?

2021년 3월 LH 직원들의 부동산투기가 적발되어 사회적 물의를 빚었다. 정부가 그해 6월 7일 발표한 LH의 혁신방안에는 민간 / 지자체가 수행 가능한 업무는 이양한다는 내용이 포함되어 있다. 그러나 대장동 사태가 터지고 민간사업자에 대한 과도한 배당이 문제가 되면서, 이러한 목소리는 점점 작아지고 있다. LH와 같은 공공의 역할이 다시 부각되는 것이다. 그러나 당초 제기된 LH의 권한 독점과 조직 비대화 등 구조적인 문제는 그대로 남아 있다.

도시개발에는 지역의 수요가 제대로 반영되어야 한다. 지방의 도시개발에 함께 참여하여 협조하는 방법을 적극적으로 모색해 볼 필요가 있다. 대장동처럼 수많은 이익이 소수 민간 개인에게 누출되지 않고 공공으로 흡수될 수 있도록 말이다.

LH 조직개편에 대한 방법을 생각한다

2021년 3월 한국토지주택공사(LH) 직원들의 신도시 땅투기 의혹 사건 이후, LH 개혁의 핵심으로 떠오른 LH 조직개편이 가야 할 길을 찾지 못하고 방황하고 있다.

2021년 3월 2일 '참여연대'와 '민주사회를 위한 변호사 모임(민변)'은 기자회견을 열고, LH 직원들이 시세차익을 노리고 광명·시흥의 신도시 지구 내 약 7,000평의 토지를 신도시 선정 전에 매입했다고 발표했다. 광명·시흥은 정부가 2021년 2월 24일 3기 신도시 건설 계획 발표 때 포함된 지역이었다.

민변은 2018년부터 2020년까지 거래된 토지를 무작위로 선정해 등기부등본과 LH 직원명단을 대조한 결과 직원 10여 명과 그 배우자들이 총 10개의 필지를 100억 원에 구입했고, 금융기관을 통한 대출금만 58억 원에 달한다고 발표했다. 국가의 도시개발사업을 담당하는 공조직에서 개발정보를 빼돌려 땅투기를 했다는 충격적인 소식이 전해진 것이다.

파장은 컸다. 당일 정세균 국무총리가 직접 나서 "사실관계를 신속하게 조사하고 필요한 경우 수사 의뢰 등 철저한 조치를 취하라"고 지시했다. 정총리는 11일 정부합동조사단의 1차 조사 결과 발표를 통해서, LH에 대해 '병폐를 도려내고 환골탈태하는 혁신방안을 마련하겠다'며, LH 해체 수준의 혁신을 약속했다.

2009년 10월 '공기업 선진화 계획'에 따라 주택공사와 토지공사가 통합하여 만들어진지 11년만에 LH가 존폐 위기에 몰렸다. LH조직 개편이 화두가 된 것이다.

정부는 2021년 6월 7일 '국민신뢰 회복을 위한 한국토지주택공사 혁신방안'[133]을 발표했다. 이에 따르면 먼저 투기가 재발되지 않도록 재산등록 등 강력한 통제장치를 마련하고, 이번 사태의 원인이 된 신도시 입지조사 업무를 국토부로 회수하기로 했다.

133] 관계부처 합동. 2021. 6. 7. 국민신뢰를 위한 한국토지주택공사 혁신 방안

LH 업무 중에서 비핵심기능을 정리하고 이러한 기능 조정에 따라 약 2,000명 이상의 인원도 감축하고 LH의 방만경영 관행에 대한 대책도 제시했다. 지역 수요에 맞게 도시개발이 추진될 수 있도록 민간이나 지방자치단체에 업무를 이양하는 계획도 포함되었다.

관심의 초점인 LH 조직개편 방향에 대해서는, (1안)토지와 주택·주거복지 부문을 별도 분리, (2안)주거복지와 토지·주택 부문을 병렬적으로 분리 (3)주거복지와 토지·주택 부문을 모·자 관계로 분리 등 3가지 방안을 제시했고 향후 공청회 등 광범위한 의견 수렴을 거쳐 최종안을 확정한 뒤 이를 바탕으로 법률안을 마련하고 국회와 논의하기로 했다.

세 가지 LH 조직 개편안을 놓고 2021년 7월 28일 1차 공청회, 8월 20일 2차 공청회가 열렸다.

LH 조직개편 연구용역을 담당한 법무법인 태평양에 따르면, 1안은 '토지부문에서 나오는 이익을 주거복지부문에 출연하기 어렵고', 2안도 '주택토지부문에서 발생한 이익을 주거복지부문으로 나눠줘야 하는데 수평적 관계기관 간 출연을 규정한 유사 입법례가 없다'며, 주거복지부문을 모회사로 하고 주택토지부문을 자회사로 만드는 3번 안을 가장 합리적인 안이라고 평가했다.

이에 따라 법무법인 태평양은 임대주택건설과 임대, 주거복지를 담당하는 모회사를 '한국주거복지공사'로 하고, 토지와 도시개발, 주택건설을 담당하는 자회사를 '공공주택공사'로 하는 '한국주거복지 공사 및 공공주택공사 설립 및 운영에 관한 법률안'을 제시했다.[134]

그러나 대부분 전문가들은 모·자 회사 구조로 정부의 통제를 강화할 수 있느냐에 대해 회의적이었다. '모회사가 실질적 지배력을 행사할지 의문'(성시경 단국대 교수), '조직개편으로 견제와 균형이 강화될 것으로 보지 않는다(참여연대 이강훈 변호사)' 등등 정부의 3가지 방안은 모두 부동산투기 억제를 위한 대안이 아니라고 강하게 비판했다.[135]

이런 상황에서 대장동 사태가 터지면서 LH 조직개편안 논의는 뒷전으로 밀렸다. 관련 법안은 1건도 국회에 제출되지 않았다. 대장동 사태 이후 LH와 지방공사 등 공공의 역할을 더 강화해야 한다는 여론이 높아지면서 원점에서 재검토해야 한다는 목소리가 커지고 있었다.[136]

그러면 이제까지 LH가 보유한 역량과 역할을 유지하면서 부패와 방만경영의 고리를 끊는 대안은 없는가?

134] 〈단디뉴스〉. 2021. 8. 25. LH 조직개편 2차 공청회, 대부분 전문가들 정부안에 부정적
135] 〈프레시안〉. 2021. 8. 21. LH 조직 개편안 공청회, 정부 개편안 반대 입장 표명
136] 〈연합뉴스〉. 2021. 11. 2. 대장동 사태 겹치며 표류하는 LH 조직 개편안… 공은 차기정부로?

필자는 정부가 제시한 3가지 조직개편안이 조직 내 부패를 척결하는 것과 별 상관이 없다는 의견에 동의한다. LH의 자체 능력으로는 자정능력을 잃었다고 보기 때문에, 조직개편을 추진하는 것이다.

그런데 정부가 제시한 3가지 조직개편안은 기본적으로 '업무의 기능적 분리와 재조합 관점'에 머무르고 있다. 이런 접근방법은 효율성 측면과 연결된 것이지, 부패 척결과는 별 상관이 없는 것이다.

필자는 부패와 방만경영 문제를 해결하기 위해서는 LH를 토지·주택·주거복지를 기능적으로 분리하지 않고 그대로 둔 채, 두 개의 조직으로 분할하여 두 조직간 경쟁과 상호 견제, 감시하는 체계를 설계하는 것이 오히려 적당하다고 본다. 예를 들면 '제1 LH'와 '제2 LH'로 나누자는 것이다.

이미 LH는 직원이 만 명에 육박하는 대규모 조직이다. 규모의 경제라는 효율성을 넘어, 내부 통제에 한계가 있는 규모의 불경제로 변했다. 또 단일한 중앙 공공기관이어서, 업무를 자세히 알 수 없고 외부에서 감시하는 데도 한계가 있다.

물론 2개로 분리됨에 따라 관리가 이원화됨으로 생기는 비효율도 있을 것이다. 이런 점은 정부에서 제시한 조직개편안 모두가 어쩔 수 없이 부담해야 하는 현실이다.

다만, 필자가 제시하는 안대로 분리하게 된다면 업무의 대상이 달라지는 것이지 업무 내용에는 전혀 변함이 없다. 따라서 내부 시스템도 지금처럼 두 조직이 똑같이 사용하면 된다. 기능상으로 조직을 나누면 업무 내용과 내부 시스템이 모두 바뀌게 되므로 막대한 조직개편 비용이 수반되지만, 필자의 안에서는 오히려 이런 비효율 문제를 피할 수 있다.

기본적으로 동일한 업무를 수행하기 때문에 상호 간 비교평가가 가능하다. 경쟁 구도가 조성되면서, 두 조직간 상호 감시도 자연스레 가능해질 수 있다고 본다.

문제는 어떻게 업무를 배분할 것인가이다. 이를 위해서는 국토교통부 산하에 업무 배분 기능을 포함하여, 두 조직으로 나누는 데 필요한, 업무기능을 담당하는 위원회를 설치할 필요가 있다.

필자는 이러한 접근방법이 지금까지 LH가 확보한 경쟁력도 보존하면서, 조직의 부패와 방만한 경영을 척결하는 신속한 해법이 될 것으로 본다.

또한 LH 조직을 개편하는 과정에서, 필자가 지적한 바와 같이 지방의 도시개발사업을 놓고 서로 협력하고 상생하는 방안이 함께 모색되었으면 한다.

17
'정책'의 과정에서 바라보는 대장동 사업

정책집행 단계에서 법규와 절차의 미흡

정책은 정책의 형성과 결정, 정책의 집행, 정책의 평가 등 3가지 과정을 거친다. 앞에서도 본 바와 같이, 대장동 사업에 대해 성남 시의회와 성남시장으로부터 '신규투자사업' 및 '다른 법인 출자 승인'을 받아 사업이 결정된 것이 '정책의 결정' 단계에 해당된다. 사업자 선정 및 사업협약, 공사, 분양 등 현재까지 이르는 과정은 '정책의 집행 단계'에 해당된다.

지방공기업법에서 지방공사의 투자사업에 대한 통제절차는 '정책의 결정' 단계에 국한되어 있다. 지방공기업법 제65조의3 및 동법 시행령 제58조의2(신규 투자사업의 타당성 검토), 동법 제54조(다른 법인에 대한 출자) 및 동법 시행령 제47조의2(다른 법인에 대한 출자타당성 검토 등) 조항이 그것이다.

두 가지 절차 모두 똑같이 사전검토 내용에 '①신규 투자사업의 적정성 여부, ②신규 투자사업별 수지분석, ③재원 조달방법, ④신규 투자사업이 지역경제에 미치는 영향'을 포함하고 있다.

투자하는 사업 전체의 효과와 이익 여부에 대해서만 신경을 쓰고 있는 것이다. 다른 법인에 출자할 때, 이익 배분이 적정한 지 여부에 대해서는 전혀 언급하지 않는다.

그런데 대장동 사업에서 제일 큰 문제는, 소수 민간사업자에 대한 이익 배분 구조가 문제였다. 지방공기업법 법규 체계에서 다른 법인에 투자할 때 투자사업의 이익 배분을 다룰 수 있는 부분이 없는 것이다. 치명적인 약점이다.

앞에서 본대로 성남시의회에서 백현마이스 도시개발사업 '다른 법인 출자 승인'을 검토하는 과정에서도 이런 문제는 그대로 부각되었다. 성남시의회 여야 의원들은 이익배분 조건, 사업협약의 공개 등 '정책의 집행' 단계에서 부각되는 문제를 놓고 질의와 요구를 하고 있었고, 성남도시개발공사는 위와 같이 법규상 미비로 인해 이에 대해 준비를 하지 않았던 것이다. 그리하여 백현마이스 도시개발사업에 대해 여야 모두 사업 자체를 찬성하였음에도 불구하고 사업추진과정에 대한 논의가 겉돌고 공전되었던 것이다.

대장동 사업의 집행과정에서 나타난 이런 문제점을 보완하기 위해서는 정책의 집행과정에서도 별도 보고나 승인 절차를 둘 필요가 있다. 그래서 대장동 사업처럼 배임을 저지를 수 있는 환경이 만들어지지 않도록 해야 한다. 기본적으로는 먼저 지방공기업법에서 직접 이런 부분을 개정 보완해야 한다. 그리고 지방자치단체의 조례 등 법규나 지방공기업 내부 규정도 이러한 내용을 반영하여야 할 것이다.

앞에서 본 바와 같이 민주당은 개발이익환수 3법(도시개발법·개발이익환수법·주택법 개정안)의 개정을 추진하고 있다. 이들은 법부터 개정해서 더 이상 대장동 같은 사태가 발생하지 않도록 해야 한다고 주장한다. 이렇게 법적으로 정리를 하고 나서, '이제 법·제도를 개선했으니 더 이상 이런 문제가 발생하지 않을 것이다'라는 믿음을 국민에게 줄 수 있을까?

물론 법을 개정하는 것도 당연히 필요한 일이다. 그런데 이렇게 법을 개정하면 민간사업자들에게 돌아가는 개발이익의 규모를 줄일 수는 있겠지만, 대장동 사업에서 보듯이 민간사업자와의 결탁, 배임 등 부정부패를 막을 수는 없지 않은가?

국토교통부도 2021년 11월 4일 도시개발사업에 대한 개선방안을 내놓았다. [137]

---

[137] 대한민국 정책브리핑(www.korea.kr). 국토교통부. 2021. 11. 4. 민·관 공동 도시개발 사업의 공공성 크게 강화된다.

국토교통부는 개선방안에서 첫째, 크게 민간의 개발이익을 환수하고, 둘째, 민관공동사업의 절차에 대한 지침을 제정하는 등 사업추진과정의 절차적 투명성을 강화하며, 셋째, 도시개발사업의 관리 감독을 강화하는 방안을 제시하고 있다.

첫째 민간의 개발이익 환수 부분은 민주당에서 추진하고 있는 개발이익환수 3법의 개정 움직임과 같은 맥락이며, 셋째 도시개발사업의 관리 감독은 기존 도시개발법에서 지방자치단체에 부여하고 있는 자율성 부분을 점검하고 이에 대해 중앙정부의 통제를 강화하는 방향으로 볼 수 있다.

주목되는 부분은 둘째 민관공동사업의 추진과정에서 절차적 투명성을 강조한 부분이다. 국토교통부는 민관법인을 설립하여 사업을 추진하는 경우, 준수해야 할 사업절차와 방법에 대한 규정이 없기 때문에 구체적인 지침을 제정하겠다고 밝혔다.

그리고 그 지침에서 민간참여자에 대한 공모 선정방식, 공모 및 심사방법 등 세부 선정절차, 사업 협약 포함 사항 및 지정권자의 승인 사항 등을 규정할 것이라고 덧붙였다. 국토교통부는 이와 관련하여 출자자가 조성토지를 직접 사용하는 범위, 임대주택 용지 확보 의무비율과 공공 임대사업자 공급 가격 등을 구체적으로 예를 들었다.

민주당의 개발이익환수 3법 개정 추진 노력이, 필요한 조치이기는 하나 그것만으로는 당연히 미흡하다. 국토교통부가 제시한 개선방안도 일부 구체적인 대안을 제시하고는 있으나 전체적으로는 앞으로 추진해야 할 계획을 구상하는 단계이다.

정부와 국회가 도시개발사업에 대한 정책 대안을 제대로 제시하려면, 현재 벌어지고 있는 도시개발사업의 문제점을 체계적으로 분석하고, 이에 대한 원인과 대책을 종합적으로 제시해야 한다. 그리고 이를 위해서는 제대로 된, 학술적인 조사연구도 필요하다. 이러한 과정을 거쳐 법적·제도적 조치들을 도출하고 적용해야 한다. 앞에서 필자가 지적한 지방공기업법의 개정보완 문제도 이 과정에서 당연히 고려되어야 할 사항이다.

현재 전국 각지에서 공공기관이 수많은 도시개발사업을 벌이고 있고, 사업마다 다양한 어려움을 겪고 있다. 이제는 사업을 추진하는 개별 공공기관에 맡겨둘 단계는 지났다. 민·관·학이 시급하게 서로 머리를 맞대고 대안을 마련할 때다.

정책이 결국 집행되지 않는다면 정책은 아무런 의미가 없다

그런데 왜 지방공기업법에 왜 이런 허점이 있을까? 질문이 생긴다. 그동안 지방공기업의 출자와 관련하여 사업이익 배분 문제가 크게 문제가 되지 않았을 수도 있다. 과연 그럴까?

필자는 좀 다른 생각을 갖고 있다. 전반적으로 정책의 집행 단계를 정책의 결정만큼 중요하게 생각하지 않는 것 아니냐 하는 것이다. 대표적인 사례로 '정책 결정이 잘 되어 있으면 결과도 좋을 것이다'라는 사고를 들 수 있다. 이런 사고는 어떤 훌륭한 정책 결과가 나왔을 때, "그게 누구 아이디어였어?"라고 관심을 가지는 것과 동일한 맥락이다.

처음 계획을 세워 정책을 결정할 때부터, 집행 단계의 상황까지 고려해서 하면 되지 않느냐는 주장을 할 수도 있다. 그런데 이런 주장의 허점은, 처음 정책을 결정하는 단계에서는 실제 집행 단계의 복잡한 변수와 맥락을 모두 파악하고 반영할 수 없다는 점이다. 정책 결정 단계에서는 상당히 많은 가정과 전제가 필수적이기 때문이다.

우리가 특정한 정책의 성과를 평가할 때, 성공 요인에만 너무 중점을 두는 습관도 이렇게 정책 결정 위주의 사고를 형성하는 데 영향을 미친다. 정책이 집행과정에서 성공하기 위해서는 중요한 요인뿐만 아니라 일반적인 요인도 당연히 모두 포함되는 것이다. 그래서 정책의 성공 요인과 실패 요인은 서로 다를 수 있다.

이재명 후보는 대장동 사업을 최종 설계했다고 답변했다. 그러나 위에서 본 바와 같이 이는 정책 결정 단계를 설계했다는 것이고, 정책의 집행 단계까지 설계할 수는 없었을 것이라고 필자는 생각한다.

아무리 정책을 잘 설계해서 결정했다고 해도 정책이 결국 성공하지 못한다면, 아무런 쓸모가 없다. 정책 결정이 전혀 잘못되지 않은 이상, 정책의 성공 여부는 결국 정책집행 단계에 달린 것이다. 정책의 집행을 정책 결정의 보조적 단계로 볼 수 없는 이유가 여기에 있다. 따라서 정책의 성공과 실패 등 정책을 평가할 때는 정책의 결정과 집행 단계 모두를 대등한 시각에서 바라볼 필요가 있다.

대장동 사업을 통해 바라본 도시개발사업 정책 연구

대장동 사업은 당시 이재명 성남시장이 주도하여 정책을 추진하고 결정한 대표적인 하향식 정책집행모델이다. 그런데 대장동 사업을 확정이익으로 결정하고 추진하는 단계에서 초과이익 문제가 등장할 수 있다는 것을 민주당 이재명 후보도 모르지 않았을까?

필자도 처음 이 문제가 제기되었을 때는 이재명 후보와 비슷한 입장이었다. 그런데 민간사업자가 제출한 사업계획서를 본 순간 생각은 완전히 바뀌었다. 사업을 집행하는 단계에서 처음 사업을 결정할 때와는 전혀 다른 문제에 부딪힐 수 있는 것이다. 따라서 정책 결정자는 정책집행 과정을 지속적으로 관찰하고 추적하며, 문제가 있는지 여부를 확인해야 한다.

그러나 대장동 사업을 집행하는 단계에 있어서는 법규상으로도 이를 승인하고 확인하는 절차가 구비되지 못했다. 또한 정책집행을 총괄한 책임자, 즉 유동규 사장 직무대행이 전권을 행사한 가운데 부패했고, 이를 실질적으로 견제할 수 있는 장치가 없었다는 문제가 있었다.

현대에 들어와서 정책집행 연구는 주로 정책 실패 사례를 중심으로 연구가 진행되어왔다. '미국에서는 Pressman & Wildavsky(1973)[138]의 Oakland 사례연구를 계기로 정책집행 연구가 폭발적으로 증가한 바 있다. 우리나라도 1990년대 이후 지방자치가 본격적으로 실시되면서 지역주민의 NIMBY(Not In My Backyard) 또는 PIMBY(Please In My Backyard)의식 확산으로 정책집행이 여의치 않음에 따라 정책집행에 관한 관심이 커지게 되었다.'[139]

한국에서도 지방자치단체별로 개발이익의 확보를 위해 활발하게 도시개발사업을 진행하고 있고, 이에 따라 도시개발사업 찬성과 반대, 보상 관련 요구 등 많은 논란이 벌어지고 있다. 이제 도시개발사업 분야에서도 정책의 결정과 집행이란 관점에서 다양하게 연

138] Pressman, J. L. & Wildavsky. 1973. Implementation. Berkeley C. A : Univ. of California Press.

139] 남궁 근, 2012, 《정책학》 제2판. 463-478. 서울 : 법문사

구가 진행될 필요가 있다.

　정책 결정 당시 의도된 대로 집행이 되었는지, 정책 결정자와 집행자는 이에 어떠한 영향을 미쳤는지, 시의회 등 정책환경은 어떤 상태였는지에 대해 다양한 사례 연구가 필요하고 이를 종합하여 비교연구를 통해 일반화를 할 필요가 있다.

　그리고 이를 통해 지방공기업법 등 법규와 제도를 손볼 필요가 있다고 생각된다. 대장동 사업에 대해 이 책에서 검토한 내용이 도시개발사업분야에 대한 정책 연구를 촉진하는 계기가 되기 바란다.

지방공기업 사장은 바지사장인가? 경영자인가?

　중앙부처와 광역시도, 기초자치단체를 비교해 보면 중앙부처는 정책 설계 등 정책 결정 측면의 업무가 많고, 기초자치단체는 정책을 집행하는 측면의 업무가 많다. 이는 지방자치단체 내부에서도 그대로 적용될 수 있다. 지방자치단체가 정책 결정 측면의 업무가 많다면, 지방공기업이나 산하기관은 정책을 집행하는 곳이다.

　정책의 집행 단계는 앞에서 살펴본 바와 같이 실제 실행을 해서 정책 효과를 내야 하는 단계이기 때문에, 훨씬 어렵고 복잡한 업무이다. 그뿐만 아니라 강력한 실천력과 집행 능력이 필요하다. 정책을 구상하는데 필요한 능력보다는 실행하는데 특화된 능력이 필요하다. 즉 해당 정책 분야를 설계하는 능력보다, 유사한 정책을 실행해 본 경험과 능력이 더 중요한 것이다.

그래서 정책의 분야라는 측면에서 보면 지방공기업 사장은 바로 이렇게 정책집행 분야에서 전문적인 역할을 수행해야 하는 것이다. 물론 일반 행정과 달리 사업의 이익을 추구하는 경영자임은 물론이다.

대장동 사태가 터지면서 유튜브에는 성남도시개발공사 사장을 '바지사장'으로 표현한 동영상이 올라왔다. 무례하고 모욕적인 표현이었지만 필자는 이를 다른 측면에서 다뤄 볼 필요가 있다고 생각했다.

즉 이제 '지방 행정에서 지방 공기업 사장은 경영자인가? 아니면 바지사장인가?'라는 질문으로 말이다.

공기업 사장을 바지사장으로 보는 데는 바로 이렇게 정책집행 분야를 무시하거나 과소평가하는 시각이 깔려 있다. 공기업 사장은 행정에서 정책을 집행하는 분야를 맡은 경영자라는 정체성을 명확하게 할 필요가 있다.

그래서 지방공기업 사장을 선발할 때도 관련 업무에 대한 지식만을 평가하는 것보다는, 비록 동일한 업무 경험이 없어도 유사한 분야에서 이를 집행해서 성과를 도출해 낸 경험이 있는가 하는 점을 유념해서 살펴볼 일이다.

대장동을 말한다

우리 사회 각 분야에서 불법이 해체되고 민주화가 많이 진행되었지만, 지방은 아직도 이렇게 어두운 사각지대로 남아 있는 곳이 많이 있다. 지방마다 정도의 차이는 있겠지만 토착토호로 이뤄진 지방권력의 상황은 유사하지 않을까 싶다. 이러한 지방권력들의 지배구조 하에서는, 지방공기업의 건전한 발전도 기대하기 어렵다.

Part 6

내가 본
도시개발사업을 주도하는
지방의 권력

18
지방의 권력자들

2022년 3월 9일 대통령선거를 치르고 나면, 곧바로 6월 1일은 자치단체장과 자치단체 의원을 뽑는 지방선거가 있다. 2022년 상반기 동안 큰 선거 두 개가 3개월 간격으로 연속해서 있는 것이다. 선거 중에서도 대목이다. 여야 모두 대통령 후보를 선출해 놓고 치열하게 선거 운동을 벌이고 있다.

지방선거는 대통령선거에 묻혀 별다른 주목을 받고 있지 못하다. 그렇지만 지방 언론들은 그 지역 지방자치단체장 출마 예상자에 대해 관심이 높다. 지역에서는 대통령, 국회의원 못지않게 누가 지방자치단체장이 되는가에 관한 관심이 높기 때문이다.

특히 지역에서 공무원과 공공기관 임직원, 지역 내 기업인, 그리고 공기업에 취업하고 싶어 하는 사람들에게는 다른 어떤 선거보다도 중요하다. 본인들의 미래와 이익이 걸려 있기 때문이다.

지방선거를 계기로 지방 권력이 재편된다. 성남은 과거부터 어느 지역보다 뜨거운 지역이다. 특히 전 이재명 성남시장이 더불어민주당 후보가 되었고, 대장동 개발사업 비리가 매일 언론을 뜨겁게 달구면서, 성남은 전국에서 제일 유명한 도시가 되었다. 성남을 주름잡는 지방권력자들은 과연 누구일까? 최근 언론에 전해진 다음 두 가지 뉴스가 눈길을 끈다.

2021년 11월 30일 수원지검 형사6부는 은수미 성남시장을 뇌물공여, 직권남용권리행사방해, 뇌물수수, 청탁금지법 위반 혐의로 불구속기소했다. 이와 함께 은 시장의 수행비서 등 3명을 불구속기소하고, 성남시장 전 정책보좌관 박 모 씨 등 6명을 구속기소했다.
'은 시장은 2018년 10월께 성남중원경찰서 소속이던 경찰관 A씨로부터 수사 기밀을 받고 그 대가로 직권을 남용해 A씨 지인의 6급 팀장 보직, A씨가 요구하는 업체와 성남시 납품 계약을 체결하고, A씨의 상사 B씨가 요구한 성남시 공무원에 대한 사무관 승진 등 경제적 이익을 제공한 혐의를 받고 있다. (중략) 검찰은 이번 사건을 통해 성남시 공무원과 지역 경찰관, 알선 브로커로 구성된 조직적 유착 비리를 적발했다. (중략) 검찰 관계자는 "국민으로부터 위임받은 공적인 직책과 권한을 사유화하고 사익 추구에 활용하는 비리 행위의 전모를 규명해 엄단했다."[140]

140] 〈경기일보〉. 2021. 11. 30. 檢, 은수미 성남시장 기소…뇌물공여 등 4가지 혐의

이에 대해 은수미 시장은 전혀 사실이 아니라며 재판을 통해 검찰의 정치적이고 무리한 기소 결정임을 밝히겠다고 입장을 밝혔다.

한편 은 시장의 정책보좌관이었던 박 모 씨는 2021년 12월 8일 법원에서 열린 재판에 참석해, 경찰들의 청탁내용을 보고했더니 처음에는 화를 냈지만, "이후에 다시 보고를 하면서 '크게 문제가 되지 않을 정도면 요구를 들어줘도 괜찮을 것 같다'고 하자 은 시장이 '그렇게 하라'고 했다."라고 증언했다고 언론은 보도했다.[141]

은 시장의 연루 여부와 상관없이, 박 모 전 보좌관의 자백으로 지방의 공직자와 경찰, 지역 내 기업, 브로커들 간에 토착 비리가 확인된 셈이다.

2021년 12월 8일 수원지검 형사2부는 은수미 성남시장의 선거캠프 출신들의 부정 채용 의혹과 관련하여, 선거캠프 핵심관계자 출신 A씨와 성남시 직원 B씨 등 두 명을 '위계에 의한 공무집행방해' 혐의로 구속영장을 청구했다고 언론들은 보도했다.[142]

앞서 은 시장 선거캠프에서 일했던 이 모 씨는 '지난 1월 25일 국민권익위원회에 '성남시 공공기관 채용 비리 신고서'를 내 "서현도서관 외에 성남시청과 산하기관에 캠프 출신 27명이 부정 채용됐다."라며, 이들과 인사 관련 간부 공무원 2명에 대한 조사를 요구했다.'[143]

141】〈동아일보〉. 2021. 12. 9. 은수미 前 보좌관 "인사청탁보고에 은시장이 승인"
142】〈서울신문〉. 2021. 12. 9. 검찰, '은수미 캠프출신 부정채용' 관련 2명 영장 청구
143】〈한겨레신문〉. 2021. 12. 8. 경찰 '은수미 캠프 출신 부정채용' 관련 3명 또 다시 영장

경찰이 검찰에 구속영장을 신청한 지 4번째 만이다.

12월 10일 법원은 이들 두 명에 대해 구속영장을 발부했고, 수원지검 성남지청은 2022년 1월 4일 이들 두 명을 위계에 의한 공무집행 방해 혐의로 구속기소했다. 2022년 1월 17일 열린 첫 재판에서 성남시 전 인사담당 간부 전 모 씨는 "범죄 사실을 인정한다."고 진술한 것으로 알려졌다. 경기남부경찰청 반부패경제범죄수사대는 조만간 은 시장을 소환조사할 방침인 것으로 알려졌다.[144]

선거와 채용이 연계되고 있는 것이다.

두 가지 사례 모두 지역의 정치적 환경을 적나라하게 보여주는 사례이다. 성남시라는 '지방'에서 정치적인 이해관계는 여·야 정당 간 경쟁 관계에만 머물지 않는다. 성남시의원들과 지역공무원, 공공기관 임직원들 간에도 다양한 관계로 얽혀있다.

시의원들은 선거 득표를 위해 공무원을 통한 민원 해결에 앞장설 뿐만 아니라 지역 내 공공기관에 지지자들을 채용시켜 지지기반을 공고히 하고자 한다. 물론 기업도 이해관계가 있다. 특히 성남시나 공공기관의 발주와 관련되어 있으면 더욱 심각하다.

성남시 공무원들은 시의원들이 본인들의 업무에 비판적으로 개입하는 것을 최소화하고, 또한 본인들의 승진에 도움이 되도록 시

144] 연합뉴스. 2022. 1. 4. 검찰, '은수미 캠프 출신 부정채용' 의혹 관련 2명 구속 기소

의원들과 원만한 관계를 유지하고 때로는 적극적으로 지원하는 역할을 한다.

공공기관 임직원들의 이해관계도 지역 정치에서 빼놓을 수 없다. 이들도 시의원들의 비판적인 견제를 피하고, 안정적인 보직과 근무환경에 영향이 없도록 시의원들과 양호한 관계를 유지하는 것이 중요하다.

이렇게 서로 협력하는 관계는 채용 분야까지 연결된다. 성남도시개발공사에서도 2012년경 필기시험 채용 절차가 마련되기 전까지는 서류와 면접시험만으로 직원들을 채용했고, 이들의 채용 과정에서 몇몇 시의원들의 영향이 컸었다고 공사 직원들 간에는 알려져 있다. 또 정규직으로 채용이 어려워지자 일부 시의원들은 필기시험이 없는 기간제(비정규직) 채용 분야로 지지자들을 추천하기도 한다. 채용 비리 가능성이 사라지지 않고 남아 있는 배경이다.

일부 직원은 심지어 본인이 특정 시의원과 특별한 관계가 있다고 자랑하기까지 하는 일도 있었다.

일부 지역 언론도 성남시 및 공공기관, 시의원들과 일정한 관계를 맺고 있다. 때로는 정치적 비판의 입장에서, 극히 일부는 지역 내에서 주어지는 이권 확보 면에서 상호 간에 영향을 미치고 경쟁한다.

이해관계만 있는 건 아니다. 지역 내 연고 문제가 크다. 어렸을 때부터 성남지역에서 학교를 다녔는지, 누구를 아는지 등등이 기본 인간관계를 형성한다. 성남시 모 시의원은 본인이 성남에 와서 생활한 지 20년이 되어 가는데도 여전히 비주류라는 느낌은 변함이 없다고 한다. 지역 내 중고등학교를 나온 사람들과는 다르다는 것이다. 이러한 토착적인 요소도 중요한 편이다.

그런데 성남하고는 전혀 연고가 없는 필자가 드디어 성남에 들어왔다.

19
성남도시개발공사 사장으로 취임하다

필자는 소위 성남이라는 '지방'과는 전혀 연고가 없었다. 성남에서 산 적도, 학교를 다닌 적도 없었다. 당연히 아는 사람들이라고는 직장을 서울에 둔 성남사람들밖에 없었다.

그런 필자가 2018년 11월 7일 지방공기업법의 공모 절차를 거쳐 성남도시개발공사 사장에 취임했다. 과거 서울시에서 정보시스템 담당관(4급 과장)으로 일했던 공직 경험과 민간기업의 CEO 경력을 살려 성남도시개발공사의 사장에 응모했고, 11월부터 성남이라는 지방의 공기업 사장이 되었다.

성남도시개발공사는 인력 규모가 천 명이 넘는 방대한 조직이다. 주요 업무는 공공시설물 위탁관리 및 운영이다. 성남시 전역의 공공 주차장, 탄천종합운동장과 성남종합운동장을 포함한 시민 체육시설, 터널과 지하도 관리, 수정도서관과 중원도서관 등을 관리하고 운영한다. 이러한 업무는 1997년 출범하면서부터 해온 업무이다.

2013년 성남시가 대장동 사업을 하기 위해 성남도시개발공사를 만들었고, 2014년 1월 성남시시설관리공단과 통합하여 통합 성남도시개발공사로 출범했다.

필자는 취임 직후 사장 직속으로 스마트 TF, 도시개발 TF, 도서관혁신 TF 등 경영혁신 TF를 구성하고 경영 전반에 걸친 혁신을 추진하였다. 직원들도 잘 따라와 줬고 성과도 나름 풍성했다.

성남시 전역에 산재해 있는 공영주차장에서 근무하는 직원들이, 스스로 자기 근무처를 선택해서 근무할 수 있도록 배치제도를 바꿨다. '주차장 근무지 배치 혁신'이다. 전에는 관리자가 직원들의 근무 장소를 지정했는데, 이들 둘러싸고 항상 논란과 함께 불만이 터져 나왔다.

관리자의 배치 권한을 과감히 포기하고 스스로 근무지를 선택하고, 경합이 있을 경우 추첨으로 정하는 방법을 도입했다. 직원들의 80% 이상이 본인이 원하는 근무지에 배치되었다. 기회가 균등하므로 논란과 불만도 대폭 줄어들었다. 크게 신경쓰지 않아도 될 정도로.

공사는 6년 연속 흑자를 달성했고, 2020년에는 코로나19 예산으로 사용할 수 있도록 성남시에 1,000억 원을 배당했다. 지방공기업 최초로 SDC 중앙관제센터를 구축하여 공사 각 사업장마다 흩어져 있는 관제시스템을 통합했다.

2018년도, 2019년도에 걸쳐 지방공기업평가 나(우수)등급에 머물렀지만, 행정안전부가 선정한 2019년 지방공기업 혁신 우수사례 선정, 2020. 9. 사회적 책임부문 지방공기업평가원 혁신우수상 선정, 수정/중원도서관 빅데이터 대상(문화체육부 장관상) 등 우수한 경영성과를 달성했다.

20
성남시 감사관실의 표적감사가 실시되다

2020년 2월 7일 은수미 성남시장이 정치자금법 위반 혐의로 수원 고법 형사1부에서 당선무효형에 해당하는 벌금 300만 원을 선고받자 성남시 분위기도 크게 변했다. 은수미 시장의 탈락을 기정사실로 보는 분위기였다. 대법원판결도 가능성이 없다고 보았기 때문이었다. 야당의 공격도 더욱 거세졌다.

야당에서는 수년 전 유연근무를 했던 공사 직원이 근무지 이탈을 했다며 조사를 요구했다. 공사의 한 부서에서 회식 중에 부서장이 술에 취해 직원에게 폭언하고 머리에 손가락을 댔다는 사건도 발생했다.

회사 내에서 직원들 간 주도권 다툼으로 갈등이 생기고, 불만을 가진 직원들이 몰래 뉴스를 부풀려 내보내고, 지역 언론과 시의원들이 이를 받아 공격하는 양상이 나타나기 시작했다.

야당이 요구한 대로 성남시의 특별감사가 시작되었다. 공정하게 감사가 진행되어 시시비비가 가려질 수 있기를 기대했다. 그러나 2020년 3월 30일부터 4월 3일까지 진행한 감사는 공정은커녕 편파적인 표적 감사로 일관했다. 그리고 건수를 부풀리려고 했다.

2020년 6월 19일 성남시 감사관실에서 복무감사 결과를 통보하면서 처분을 요구했다. 행정상 조치 35건 중에서 징계 요구는 5건, 비징계조치 사항은 30건이었다. 직원 40명에게 신분상 조치를 요구하였는데, 중징계 3명, 경징계 3명, 징계 4명(필자 취임 이전), 훈계 30명이었다.

중징계와 경징계는 직원 중 유연근무자의 근무지 이탈과 관련된 비위 의혹 및 그리고 이와 관련되어 탄천운동장 고객 입출입정보가 삭제된 건, 성남운동장 전산실에 비트코인 장비가 반입 설치된 건 등이었다.

유연근무자의 근무지 이탈이 발생한 것은 거의 2년 전으로 필자가 사장으로 취임하기 전이었다. 그동안 성남시의 감사가 있었고, 복무감사도 숱하게 이뤄졌는데도 적발되지 않았다. 그런데 내부 직원들 간 갈등이 생기면서 직원들이 가진 이런 정보가 야당 시의원에게 흘러 들어간 것이다.

그런데 당시 공사 정보전략실에서는 데이터센터 서버통합 작업을 하면서 1년 이상 지난 고객의 출입 정보를 삭제했는데, 감사관실은 이것이 증거인멸이라며 분당경찰서에 수사도 의뢰했다.

　　고객의 입출입 정보는 서버뿐만 아니라 고객이 출입하는 키오스크 장비에서도 똑같이 저장되고 있었다. 감사관실은 이미 키오스크 장비의 데이터를 확인하여 징계조치를 하고도 이와는 별도로 서버의 자료 삭제를 문제 삼은 것이다. 더구나 고객의 입출입 정보는 개인정보였고, 개인정보보호법에 의거 1년 이상 된 개인정보는 반드시 삭제해야만 하는 데도 말이다.

　　성남운동장 전산실에 비트코인 장비가 반입 설치된 건은 이미 전년도에 공사 보안점검에서 발견되어, 보안담당 부서장이 치우라고 직권조치하고 종결한 건이었다. 문제는 왜 보안담당 부서장이 사장이나 감사실에 보고도 하지 않고 봐줬느냐는 것이었다.

　　그런데 이 문제는 감사가 시작되기 전인 2020년 1월에 이미 성남시 감사관실에서도 내사를 마친 건이었다. 감사관실에서는 아무런 조치를 취하지 않고 있다가 3월 30일 감사를 시작하면서 마치 갑자기 발견한 것처럼 터트린 것이었다.

　　2020년 11월 25일 수원지검 성남지청은 고객의 입출입정보가 삭제된 건에 대해서 무혐의 종결했다. 그러나 성남운동장 전산실에 비트코인 장비를 반입한 건에 대해서는 기소되어 벌금형을 부과했다. 해당 직원은 정직처분을 받았다.(세부적인 사항은 성남시의회가 해임촉구결의안을 상정하는 과정에서 살펴보겠다).

나머지 훈계 30명, 비징계조치 사항 30건은 징계를 요구하지 않는 경미한 지적 사항이었다. 몇 가지 예를 들어보겠다.

성남시 감사관실은 공사 사장을 포함한 임원들이 중식 시간을 위반했다고 지적했다. 사장의 경우 9차례가 있었는데 오후 1시에서 6분, 7분, 10분 정도 넘는 것들이었다. 임원들은 노동자가 아니라 사용자라는 점, 그리고 업무상 협의 사유라 해도 인정받지 못했다. 아마도 공기업 사장이 점심시간에 10분 늦게 식사해서 주의를 받는다? 이런 사례는 대한민국에서 전무후무할 거라고 생각한다.

회사가 500만 원 이상의 종합부동산세를 납부할 때는 관할 세무서장의 승인을 받아 분납할 수 있는데, 이를 하지 않아 이자수익을 창출하지 못했다는 지적도 있었다. 분납을 하게 되면 60~70만 원 정도 이자를 예상할 수 있었다. 그런데 예산의 사고이월 등 행정조치를 취해야 하는데 여기에 수반되는 기회비용이 더 컸다. 게다가 이건 국세였다. 국세를 성실납부하고도 국가에 이자수익을 빼앗겼다고 주의를 받는 식이었다.

그러나 1,000명이 넘는 직원이 있음에도 불구하고, 공사가 중점을 두는 7대 범죄(금품·향응수수, 공금횡령·유용, 성폭력, 성희롱·성매

매, 음주운전, 채용비리, 갑질행위) 분야에서 경미한 음주운전 1건 외에는 다른 사고가 한 건도 발생하지 않았다.

당시 물의를 빚고 있는 부동산투기 관련 사고도 없었다. 가장 중요한 것은 필자인 사장의 개인 비리나 비위가 없었고, 감사에 따른 개인 문책도 없었다.

2020년 7월 17일 공사는 성남시 감사규칙 제27조에 의거 13건에 대해 재심신청을 했으나, 9월 14일 성남시 감사관실은 이를 모두 기각했다.

이후 공사는 정해진 기간 내에 성남시 감사관실의 처분 요구를 모두 조치 완료했다. 조직의 장으로서 억울했지만 어쩔 수 없이 받아들여야 했다. 그러나 그게 끝이 아니었다.

21
성남시의회의 성남도시개발공사 사장
해임촉구결의안 통과

해임촉구결의안 발의

2020년 8월 24일 야당의원 11명이 필자에 대한 해임촉구결의안을 발의하였다.[145] 그러나 이 결의안에서 제시한 해임 사유는 아래에서 보는 바와 같이 대부분 허위사실에 근거하거나 왜곡한 것이었다.

■ 전산실에 비트코인 채굴장 설치

위 결의안 제안내용에서 "사장이 의욕적으로 추진한 정보전략추

145】 성남시의회. 2020. 8. 21. 성남도시개발공사 사장 해임 촉구 결의안. 의안번호 4365. 발의자 김정희 의원 등 11명

진단 및 소관 업무에 속해 있는 전산실에 비트코인 채굴장을 설치 운영된 것이 적발되어 전력소모와 함께 이 사건 공사의 명예훼손을 초래했다."고 지적했다.

그러나 비트코인 채굴기가 설치된 곳은 '성남종합운동장' 산하 전산실이며, 성남종합운동장 소장이 이를 관리 감독하는 곳으로, 본부 소속이 아니었다. 성남시 감사관실은 복무 감사를 통하여 "위 비트코인 채굴기가 설치된 곳은 성남종합운동장 산하 전산실이며, 성남종합운동장 소장이 이를 관리 감독한다."라는 점을 분명히 확인하였다. 사실오인이라는 점이 분명히 밝혀진 것이다. 그런데도 야당은 비트코인 채굴기가 설치된 전산실을 '정보전략추진단' 소속으로 교묘하게 둔갑시켜 악의적으로 사실을 왜곡한 것이었다.

오히려 본부 소속으로서 필자가 직할하는 '정보전략추진단'은 공사 전체의 감사를 실시하는 과정에서 채굴기를 발견한 것이었다. 성남시는 감사관실은 비트코인 채굴기 반입을 허용한 직원과 감사 결과 채굴기 설치 적발 보고를 받고도 사장에게 보고하지 않은 정보전략추진단장에 대한 징계처분을 요구한 것이었고, 필자는 이에 대해 필요한 징계를 완료했다.

■ 성남시청의 직무 특별 감사 및 조치 요구에 항명

이 결의안에서 야당은 "사장이 직무 감독기관인 성남시의 직무

특별감사 및 조치 요구에 불응한 채 항명 형태를 취하고 있다."라고 주장했다. 야당은 사장이 감사 결과에 이의 방법으로 재심을 요구하였다는 점을 들어, 항명하고 있다고 주장한 것이다.

감사에 대한 재심 요구는 공공감사법 및 성남시 감사규칙에 보장된 사항이었다. 그리고 필자는 직무 특별감사의 수감에 따른 조치 요구들을 모두 수용하고, 정해진 기간 내에 징계를 완료했다.

야당은 사장이 항명하는 사람이란 편견을 주려고 일부러 왜곡한 것이었다. 성남시장이 필자에 대한 해임사유를 적시하면서 이와 같은 '직무특별감사 및 조치요구에 불응한 점'은 포함되지 않았다. 항명이란 이유 대신 "특별감사에 결과 대하여 특별한 사정변경이나 새로운 반박 증거가 없음에도 무리하게 재심을 요구하였다."고 하는 해임 사유를 적시하였다. 성남시장이 스스로 '해임사유가 이유 없고 단지 정치적 공세였다는 점을 자인'한 셈이다.

▪ 야간 직원 대동 음주 및 여직원이 운영하는 차량 이용 퇴근

위 결의안 제안내용에서 "사장이 야간에 직원을 대동하고 음주하였으며, 여직원이 운행하는 차량 이용 등 의무 없는 자를 활용해 지속적으로 심야퇴근 행위를 벌인 것은 임원의 품위를 훼손하는 것이다."라고 지적했다.

먼저, 공사의 중점시책 업무 추진과 관련된 회식을 야간에 직원을 대동하고 음주하는 것으로 왜곡하였다.

다음으로, 필자는 서울시 강서구 등촌동 및 양천구 목동에 거주하였는데, 공사의 공용차량 관리세칙에 의하면, 필자는 자택에서 탄천종합운동장 내 집무실까지 전용 차량을 이용할 수 있었다. 그렇지만 필자는 출퇴근 시 대부분 자택에서 지하철을 활용하여 성남시 인근 지하철역까지 이동하였고, 여기부터 집무실까지 제한적으로만 전용 차량을 이용했다.

임직원들과의 저녁 회식 장소가 지하철 인근인 경우가 많았는데, 원고는 전용차량 운전 수행직원을 배려해서 회식 장소에서 퇴근시키고 지하철을 이용하곤 했다. 회식 중에 음주하지 않는 임직원이 필자를 가까운 지하철역에 하차시켜주는 경우가 통상적이었고, 가끔 임직원들이 자발적으로 필자를 자택까지 데려다준 적도 있었다.(임직원들은 그 기회를 통해 필자에게 애로사항을 전달하는 기회로 삼기도 했다고 생각한다).

이들은 본부장, 남자 부서장이 대부분이었고, 드물지만 여자 부서장인 경우도 있었다. 그런데도 이런 정황을 무시하고 마치 운전의무가 없는 여직원을 운전시킨 것처럼 주장하였다. 사실을 왜곡하여 선정적인 정치적인 공세로 공격한 것이었다.

이 사건은 성남시 감사관실의 복무 감사뿐만 아니라 필자의 해임

사유에서도 전혀 언급된 바가 없었다.

■ 근무지 이탈한 직원에 대한 출입 로그인을 삭제토록 지시

위 결의안 제안내용에서 "사장이 유연근무 시간에 근무지 이탈을 한 직원의 출입 로그인을 삭제토록 지시하였다."고 지적했다.

그러나 이는 정보전략추진단장이 사장에게 보고 없이 (개인정보 보호라는) 본인 판단에 따라, 시민들의 탈의용 보관함 입출입 기록을 삭제한 것으로, 필자가 지시하였다는 것은 전혀 근거 없는 주장이었다. 성남시 감사관실의 복무 감사 결과나, 필자에 대한 해임 사유 모두 필자가 입출입 로그인을 삭제토록 지시했다는 내용은 전혀 없었다.

다만, 필자가 아무런 조치를 취하지 않는 사이 증거자료가 삭제되는 등 추가적인 위법행위가 발생하여 소속 직원에 대한 지휘 감독 소홀한 점을 해임 사유로 주장하고 있었다. 이 사안에 대해서는 앞에서 언급한 것처럼 성남시에서 분당경찰서에 수사 의뢰했는데, 분당경찰서에서 무혐의 처리하였고, 2020. 11. 25. 최종적으로 수원지검 성남지청에서 모두 혐의없음 처분으로 종결하였다.

성남시 감사관실에서 죄를 뒤집어씌우려 했으나 실패한 것이었다. 그리고 야당은 이를 더욱 부풀리고 확대한 것이었다.

■ 직장 내 하급자를 괴롭힌 상급자에게는 징계조치 미실시 및 하급자에게는 부당한 인사 조치

위 결의안 제안내용에서 "사장은 직장 내에서 하급자를 괴롭혀 폭력행위로 구약식 벌금(50만 원)의 처벌을 받은 상급자에게는 징계조치를 하지 않고, 피해 여직원에게는 전보, 전근, 직무 미부여, 직무 재배치 그 밖에 본인의 의사에 반하는 인사조치를 할 수 없는 공공감사법을 위반했고, 사장이 피해자를 불러 설득하는 등 이를 축소하기에 급급했고 직무유기를 했다."고 지적했다.

그러나 이러한 주장은 전혀 사실무근의 허위주장이었다.

필자는 직장 내 괴롭힘 문제를 발생시킨 가해자를 경징계 조치하였다. 또한 피해자는 중원도서관에서 본부로 파견근무 나와 본부장실에서 근무한 직원인데, 당시 관리사업본부장의 사직으로 본부장의 결원이 발생하여 원래 직책으로 복귀한 것이었다. 부당한 인사조치를 한 적이 없었다.

필자는 피해자를 부른 적도 없고, 피해자가 면담을 요청함에 따라 피해자의 의견을 경청하였으며, 피해자를 보호하기 위해 행동강령위반행위 조사위원회를 구성하여 재심의하고(피해자 어머니도 참석), 피해자에 대한 가해자의 공개사과, 가해자의 부서이동조치를 취했다.

성남시 감사관실의 복무감사결과와 필자에 대한 해임사유에서도 이러한 주장은 전혀 없었다. 다만, 성남시는 피해 직원이 가해자를 형사고소하고, 노동청에 진정한 점을 들어 필자가 적극 대처를 하지 않았다고 지적하며 이를 해임사유로 제시하였을 뿐이었다.

그러나 이와 관련하여 노동청에서는 조사 결과 근로기준법상 고용노동부 매뉴얼에 따라 적정하게 처리하였다며 행정종결 처리한 사항이었다. 전혀 근거없는 해임사유였다.

■ 비트코인 설치 관련자를 승진시킴

위 결의안 제안내용에서 "사장이 비트코인 설치가 드러나서 알고 있었음에도 불구하고 오히려 관련자들을 승진시켰다."고 지적했다.

비트코인 설치 관련자는 2020. 3. 23. 승진되었으며, 비트코인 설치 사실은 2020. 3. 30.~4. 3. 성남시청 감사관실의 복무 감사에서 처음 공개된 것으로 사장이 사전에 알고 있었다는 주장은 전혀 사실과 달랐다.

이 부분은 성남시 감사관실의 복무감사와 필자에 대한 해임사유에서도 전혀 언급이 없는 허위사실이었다.

■ 경찰관 상해로 현행범 체포 직원에 대한 징계 미실시

위 결의안 제안내용에서 "사장이, 경찰관에게 상해를 입혀 현행 범으로 체포된 직원을 징계조치 하지 않고 그 직원이 석방된 뒤 그를 현직에 복무토록 조치했다."고 지적했다.

그러나 해당 직원은 체포된 이후 구속되었고, 재판에서 징역형 (집행유예) 판결을 받은 직후인 2020년 9월 말경 당연퇴직되었다. 위 직원은 구속 이후 현직에 복무한 적이 없었기 때문에 위 제안내용은 모두 허위사실이었다. 성남시 감사관실의 복무감사와 필자에 대한 해임사유에서도 위 직원에 대해 징계조치하지 않고 현직 복무시켰다는 점은 없었다.

성남시 감사관실의 복무감사에서는 위 직원이 간병휴직 상태에서 직권휴직처리가 되지 않은 점을 들어 공사 인사담당 직원에 대하여 (징계가 아닌) 훈계 처분을 요구하였을 뿐이었다.

■ 징계 대상자에 대한 징계심의의위원회가 개최되지 않음

위 결의안 제안내용에서 "사장이 징계 대상자에 대하여 징계심의 위원회를 개최하여 징계절차를 이행하여야 하는데 하지 않아서 공정한 운영을 하지 않았다."고 지적했다.

필자는 주어진 징계절차와 규정에 따라 정해진 기간 내에 징계
대상자의 징계를 모두 마쳤으므로 이는 전혀 사실무근이었다. 성
남시 감사관실의 복무 감사와 필자에 대한 해임사유에서도 이 부
분은 전혀 언급이 없는 허위사실이었다.

■ 상급자에 의한 하급자 폭력사건에 연루된 피해자를 불러 설득

위 결의안 제안내용에서 "사장이 상급자에 의한 하급자 폭력사건
에 연루된 피해자를 불러 설득하는 행태를 했다."고 지적했다.
그러나 성남시 감사관실의 복무 감사와 필자에 대한 해임사유에
서 이 부분은 전혀 언급이 없는 허위사실이었다.

■ 규정 위반한 감사인의 전보 조치

위 결의안 제안내용에서 "사장이, 감사인은 승진 징계 등 특별한
사유가 없는 한 보직일로부터 2년까지는 다른 부서로 전보되지 않
도록 되어 있음에도 감사기간 중 감사인을 전보조치한 것은 규정
을 위반한 처사다."라고 지적했다.

필자는 규정을 위반하여 전보조치한 적이 전혀 없으며, 이 또한
허위주장이었다. 성남시 감사관실의 복무 감사와 필자에 대한 해
임사유에서 이 부분은 전혀 언급이 없는 허위사실이었다.

이상을 종합하면, 야당은 해임촉구결의안 서두의 '제안내용'에서 각종 소문을 선정적으로 부풀린 것이었다. 허위로 사실을 왜곡하여 필자에 대한 부정적인 분위기를 조성한 뒤에, 결론적으로 법적 근거가 전혀 없는 정치공세로 일관한 것이었다.

해임촉구결의안 성남시의회 통과

■ 2020년 9월 4일 도시건설위원회 심사 보류

필자에 대한 해임촉구결의안이 9월 4일 도시건설위원회에 상정되었다. 대표 발의자인 국민의힘 김정희 성남시의원의 보고에 이어 위원들의 질의응답이 이어졌다.

위원들의 질의응답이 끝나자 박호근 위원장은 해임촉구결의안이 사실과 다른 점을 지적했다. 성남시에서 수사 의뢰한 내용에 대해, 사법기관에서 수사가 진행 중이라는 점도 밝혔다. 박 위원장은 이번 회기에는 이 안건에 대하여 심사 보류한다고 결정하였다.

아래는 당일 회의록[146]을 간략히 정리한 것이다.

---

146) 성남시의회 제257회 도시건설위원회 제1차(2020. 9. 4.) 회의록

━ 박호근 위원장 : "비위 사실이 드러난 직원에 대해 징계들의 조치를 하지 않은 채 승진을 시킨 행위는 최고 관리책임자인 사장으로서 그 직을 이용한 직권 남용"이라고 이렇게 말씀하셨거든요. 그렇지요?

━ 김정희 의원 : 예.

━ 박호근 위원장 : 그런데 3월 23일 날 공사 인사 승진이 됐어요. 근데 3월 30일 날 성남시 복무 감사에서 비위 사실이 적발된 거예요. 그러기 때문에 그전에는 진급시킬 때 그때는 아무 일이 없었어요. 그 이후에 발생이 된 거예요. 그러니까 승진 인사 후에 성남시에서 비위 사실을 적발한 거예요. 그러니까 이 내용하고 조금 틀리다 이렇게 말씀을, 우선 지적을 드리고요. 그다음에 "수영장 출입 직원에 대한 기록 말소 은폐", "출입할 때 사용한 로그인 기록을 삭제토록 정보전략실장을 불러 지시했다." 이거는 사장이 지시했다는 얘기시지요? 이거 여기 보면 "근무지 이탈 등 주요사범으로 처리되어야 함에도 관련 직원이 출입할 때 사용한 로그인 기록은 삭제토록 정보전략실장을 불러 지시했다." 이거는 사장이 지시했다는 얘기입니까?

━ 김정희 의원 : 예.

━ 박호근 위원장 : 그런데 정보전략실 통합데이터 정리 차원에서 삭제된 것을 주장하는데 정보전략실장은 사장한테 뭐라고 그랬냐면 우리가 보고 받기로는 사장한테 보고한 사실이 없다고 진술했어요. 그러니까 사장한테 보고한 사실이 없는데 어떻게 사장 지시를 받고 이 기록을 삭제했겠느냐, 그런 사실이 없다라고 부정을 했어요. 그

래서 그 증거인멸에 관해서는 지금 분당경찰서에 수사를 의뢰했어요. 감사실에서 했겠지요. 그래서 그거를 지금 현재 조사 중에 있어요. 그러니까 이거는 사장이 지시를 했는지 안 했는지, 그거는 경찰서 조사가 나와봐야 알겠지요. 이거 단정 지어서 사장이 했다고 여기서는 우리 김정희 의원님께서는 결의안에 냈는데 정보전략실장 본인 스스로가 지시받은 사실이 없다고 지금 부인을 했습니다.

━ 김정희 의원 : 그러니까 자세한…… 말씀 다…….

━ 박호근 위원장 : 그래서 그 부분은 경찰 조사가 좀 끝나 봐야 되지 않을까 싶고요. 그다음에 "직원 폭행 사건에 관해서도 그 벌금을 납부하는 것으로 이는 1심 판결과 같이 효력으로 종국 판결이 처리됨에 재판이 끝나지 않았다는 궤변으로 징계 처리를 시행하지 않고 있어 비난을 사고 있다." 이렇게 얘기하고 있는데, 2020년 8월 20일 날 인사위원회에서 감봉 1개월 징계 처리를 했어요. 그렇게 됐고요. 그다음에 공사 감사 규정에 보면 "중징계에 해당하는 사고가 발생 시 각 부서의 장은 감사 부서에 통보하고 감사 부서는 사장에게 보고한 뒤 그 처리 지시를 받도록 되어 있다." 이렇게 되어 있는데 공사 인사 규정 제56조에 이게 있어요. '검찰이나 경찰에서 수사 중인 사건에 대해서는 수사를 개시한 날부터 징계 의결의 요구 기타 징계 절차를 진행하지 아니할 수 있도록' 규정돼 있어요. 그러니까 '수사 중인 거는 징계를 하면 안 된다.' 이렇게 되어 있기 때문에 그 내용하고는 좀 틀리다고 그런 말씀을 드리고요. 마지막으로 "임직원 행동 강령 세칙 위반"이라고 하신 내용이 있어요. (중략) 그래서 저는 이

제 이 정도로 김정희 의원한테 잘못된, 여기에 우리가 촉구 결의안에 들어온 내용하고 틀린 내용에 대해서 말씀을 드린 겁니다.(중략)

━ 박호근 위원장 : 지금 조금 전에 우리 이기인 위원님 말씀대로 피감기관을 검찰에 고발한 거는 진짜 잘못됐다는 생각을 합니다. 그러나 조금만 더 생각하신다면 징계받은 징계자는 본인이 좀 억울하다는 생각을 갖기 때문에 한 거라고 생각하고요. 그게 수감기관이 재심청구를 공공감사에 관한 법률 제25조 재심의 신청 등 및 성남시 감사 규칙 제27조 재심의 신청 규정에 의해서 수감기관에 이의 신청할 수 있는 제도가 되어 있어요. 그래서 행위나 이런 것보다도 이런 제도에 의해서 이의를 세기했다 이렇게 받아주시면 더 감사하다는 생각이 듭니다.(중략)

━ 박호근 위원장 : 성남도시개발공사 사장 해임 촉구 결의안은 제출된 안건에 대하여 성남시에서 수사 의뢰한 내용을 사법기관에서 수사가 진행 중이어서 우리 위원회에서 이번 회기에는 의결을 보류하고 다음에 논의하기 위하여 심사 보류되었음을 선언합니다.

■ 2020년 10월 13일 도시건설위원회 심사 통과

필자는 성남시의회가 성남시가 분당경찰서에 수사의뢰한 결과가 나올 때까지는 보류할 것이라고 생각했다. 그러나 이러한 필자의 생각은 잘못된 것이었다.

보류되었던 해임촉구결의안이 10월 13일 도시건설위원회에 다시 상정되었다.[147]

경찰의 수사결과가 나오지 않았음에도 불구하고 박호근 위원장은 논의를 생략한 채 약간의 문구 수정을 거쳐 해임촉구결의안을 통과시켰다. 성남시의회가 스스로 한 약속을 져버렸다.

아래는 당일 회의록[148]을 간략히 정리한 것이다.

— 박호근 위원장 : 다음은 행정기획조정실 예산재정과 소관 성남도시개발공사 사장 해임 촉구 결의안을 상정합니다. 지난 제257회 임시회의 때 김정희 의원님께서 대표발의 하였으나 심사 보류되었던 성남도시개발공사 사장 해임 촉구 결의안에 대하여는 본 위원회에서 이미 논의가 끝났으므로 토론을 생략하고자 하는데 이견 있으십니까? (중략)

— 박호근 위원장 : 다른 위원님들 다른 의견이 없으므로 사전에 우리 본회의에서 결정한 대로 성남도시개발공사 사장 해임 촉구 결의안을 결정코자 합니다. 이견 없으시지요? (중략) 없으시면 성남도시개발공사 사장 해임 촉구 결의안은 수정한 부분은 수정한 대로 나머지는 원안대로 수정 가결되었음을 선포합니다.

147】성남시의회 제258회 도시건설위원회 제1차(2020. 10. 13.) 회의록
148】성남시의회 제257회 도시건설위원회 제1차(2020. 9. 4.) 회의록

성남시의회 예산결산위원회에서의 논란, 해임 사유를 스스로 부정하다

2020년 10월 15일 성남시 감사관실이 수사 의뢰한 사건에 대한 분당경찰서의 조사 결과가 나왔다. 앞에서 설명한대로 성남시의회 도시건설위원회에서도 논란이 된 사건으로, 탄천운동장 고객데이터 삭제와 관련된 증거인멸죄와 공무집행방해죄 건이었다. 분당경찰서는 무혐의 의견으로 검찰에 송치한 것이다.

필자는 2020년 10월 19일 해임촉구안이, 사실과 다른, 전혀 근거가 없는 허위 왜곡 주장이란 점을 조목조목 반박한 소명서를 성남시 의회사무국, 법무과, 예산재정과로 공문 형식으로 발송하였고, 의결기관인 성남시의회 의장과 시의원 34명에게도 동일하게 소명서를 제출하여 진실을 밝혔다.

2020년 10월 21일 성남시의회 예산결산특별위원회가 열렸다. 이자리에서 박호근위원은 장영근 부시장을 상대로 한 질의응답에서 필자에 대한 해임촉구결의안을 통과시킨 이유를 설명했다. 박호근위원은 소명서에 기술한 해임촉구결의안 내용 때문이 아니라 사업실적이 없어서 결의안을 통과시킨 것으로 주장했다. 황당하게도 스스로 해임촉구안을 부정한 것이다.[149]

---

149) 성남시의회 제258회 예산결산특별위원회 제1차(2020. 10. 21.) 회의록

▬ 박호근 의원 : 부시장님, 이 소명자료는 못 보셨지요?

▬ 부시장 장영근 : 읽어봤습니다.

▬ 박호근 의원 : 읽어보셨어요?

▬ 박시장 장영근 : 읽어봤습니다.

▬ 박호근의원 : (자료를 들어 보이며) 자기네들이 소명을 한 그 내용이 5
개가 있는데 미안한 얘기지만 저희 도시건설위에서는 이 다섯 가지
이유 때문에 해임한 것은 한 건도 없어요. 이거 갖고 해임하자는 얘
기 아니에요, 저희. 사장이, 도시공사 사장이 진짜 잘 모르는 거예
요. 우리가 도시건설위원회에서 해임한 이유는 윤정수 사장이 1년
6개월이 지나서 2년이 됐는데 2년 동안에 본인이 한 사업에 대한 사
업실적을 내놔라, 그랬는데 그게 없어요. 도시건설위에서는 그것
때문에 해임을 한 거예요. 이런 다섯 가지 이유 때문에 해임한 게
아닙니다. 이걸 소명자료라고 내면 안 되지요! 부시장님, 우리는 도
시건설위에서 해임한 것은 그것 때문이니까요 이것 때문이 아니라
는 것을 말씀드립니다.

회의 말미에 박호근 위원과 필자와의 질의응답에서도 이러한 취지
의 발언은 지속되었다. 아래 대화는 당시 회의록을 정리한 것이다.

▬ 박호근 의원 : 사장님, 이 소명서에 보면 다섯 가지가 있어요. 그런
데 진짜 저희가 우리 사장님, 윤정수 사장님한테 이 다섯 가지 이유

때문에 저희가 해임안이 통과됐다고 생각하십니까?

■ 성남도시개발공사사장 윤정수 : 저는 제 해임안에 있어서 제 개인의 입장보다 더 중요한 것은 저희 공사, 제가 대표자로 있는 공사의 명예와 그리고 실체적 진실이 훨씬 더 중요하다고 생각합니다. 그래서 그동안 제기되는 부분들이 사실관계와 차이가 있거나라는 부분들은 바로잡아야 된다는 측면에서 그것을 제일 중요하다고 했습니다.

■ 박호근 의원 : 사장님 생각하고 저희 생각이 좀 틀렸던 거예요. 그런데 사장님이 그만큼, 우리 대표이사께서 저희 도시건설위원회하고 소통이 그만큼 안됐던 거예요. 사장님한테 이 해임안을 우리가 통과시킨 도시선설위의 진짜 이유는 다른 거 아니에요. 사장님으로 오셔 갖고 1년 6개월 지나서 지금 2년 됐지 않습니까. 2년 동안 우리 도시개발공사 사장님이 한 사업이나 또 도시개발공사에서 일어났던 일들 이런 것을 전체를 놓고 얘기한 거지, 이 다섯 가지 안 때문에 우리 사장님한테 해임안을 요구한 게 아니에요. 그것을 잘 아셔야 됩니다.

필자와 시의원들 간의 소통부족 타령을 늘어놓은 것이다. 필자와 소통이 안 된다는 것은 거짓말이었다. 간담회 등 공식적인 소통기회 뿐만 아니라 필자가 시의회를 찾아가서 시의원들을 만나는 일도 있었다. 심지어는 특정한 이슈가 있을 때, 시의원들이 공사 사장에게 직접 전화를 하는 것은 아주 일상적으로 일어나는 일이었다. 이들이 말하는 소통의 개념은 다른(?) 종류의 '소통'이라고 생각했다.

공사 사장 해임촉구결의안, 성남시의회 본회의를 통과하다

2020년 10월 23일 제258회 성남시의회 제2차 본회의에, 필자에 대한 해임촉구결의안이 상정되었다.[150]

이 자리에서 조정식 의원은 해임촉구결의안의 내용이 실제 사실과 다르고, 성남시가 분당경찰서에 수사의뢰한 내용이 불기소의견으로 검찰에 송치되었다는 점을 들어 보류 내지 최소한 찬반 투표를 할 것을 주장하였다. 또한 이 결의안이 통과되더라도 억울한 부분이 없도록 해달라고 은수미 시장에게 요청했다.

조정식 의원의 발언을 통해, 결의안의 제안내용이 사실과 다르고, 심지어 성남시가 분당경찰서에 수사의뢰한 내용이 불기소 의견으로 나왔다는 점도 명확히 밝혀졌다.

그러나 성남시의회는 결의안 제안 사유가 맞는지 여부와 상관없이 필자에 대한 해임촉구결의안을 통과시켰다. 투표 결과는 총투표수 34명 중 찬성 27명, 반대 5명, 기권 2명이었다.

이 사건은 시의원과 관련 공무원, 지역 내 극소수 지역 언론이 서로 뭉쳐, 성남시 지역 내에서 정치적인 이해관계를 확보하기 위해, 일부 직원들 일탈행위의 최종 관리책임을 사장에게 묻는 지극히

150] 성남시의회 제258회 본회의 제2차(2020. 10. 23.) 회의록

부당한 정치행위였다.

이들 토착토호 세력들은 서로 뭉쳐서 공무원 표적감사를 통해 필자에게 혐의를 찾거나 누명을 씌우려 하였으나 가능하지 않자, 시민의 대표라는 시의회의 해임촉구결의안을 통과시키고, 이에 정치적 압박을 느낀 시장이 이를 수용하는 형식으로 필자를 해임시키는 꼼수를 쓴 것이었다.

성남시와 성남시의회의 민낯이 들어난 것이다.
이하 발언 본회의 내용을 요약 정리한 것이다.

— 조정식 의원 : (생략) 도시개발공사에서 배포한 소명서에 보면 10월 15일 분당경찰서에서 성남시가 증거인멸죄로 수사 의뢰한 사항에 대해서 불기소 의견으로 검찰에 송치했다고 통지했다고 합니다. 약간의 시간 차이상 도시공사 사장을 해임해 달라는 촉구의 제안 내용에 사정 변경이 좀 생겼다라고 생각합니다.
또한 도시공사에서 배포한, 10월 19일 배포한 소명서의 내용들에는 촉구 결의안의 주요 제안 내용과 사실과 다른 부분이 다소 존재한다고 주장하고 있습니다. 이러한 상이한 사실관계 주장이 존재하는 한 성남시 도시개발공사 사장에 대한 해임 촉구 결의는 좀 신중해야 된다고 생각합니다. 그리하여 저는 사실관계를 좀 더 파악한 후 찬반을 물어야 된다고 생각하고 또 이번 본회의에 좀 보류 요청을 하면서 사실관계를 좀 더 확인하는 과정이 필요한 걸 제안하고요, 그게 만약에 안 된다면 최소한 의원님들의 자율적인 그런 생각을 물을 수 있는 찬반 표결을 요청하는 바입니다. 또한 은수미 시장님은 비록 이번 도시개발공사 사장 해임 촉구 결의안이 통과되더라도 정확한 사실관계 확인 후 억울한 부분이 없게 인사에 임해 주시기 바랍니다.

(중략)

- 윤창근 의장 : 투표가 종료되어 개표 결과를 발표하겠습니다. 재적의원 35명 중 출석의원은 34명으로 출석의원 과반수는 18명입니다. 총투표수 34명 중, 찬성 27명, 반대 5명, 기권 2명으로, 성남도시개발공사 사장 해임 촉구 결의안은 지방자치법 제64조의 규정에 의거 재적의원 과반수의 출석과 출석의원 과반수의 찬성으로 가결되었음을 선포합니다.

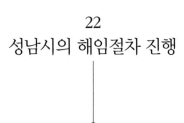

22
성남시의 해임절차 진행

성남시 감사관실의 계속되는 표적감사

2020년 3월 30일부터 4월 3일까지 진행된 특별 복무감사에서 필자에 대한 개인 비위와 비리를 발견하지 못하게 되자, 성남시 감사관실은 이후에도 별도 공식 통보 없이 필자를 표적으로 하여 조사를 계속하였다. 8월 들어 추가로 필자의 업무추진비와 관용차 사용 내역에 대해 광범위한 조사를 하였으나 비위를 발견하지 못하였다.

성남시 감사관실은 필자가 공사 여직원에 대해 불필요한 신체접촉을 했다는 제보를 받았다고 2020년 8월 11일에는 공사 여직원 2명을 몰래 찾아와 탐문했으나, 해당 여직원들이 모두 부정하였다.

이와 별도로 2020년 8월 21일에는 사장실 근무 여비서, 수행비서, 총무팀장을 동시에 불러 분리 심문하면서 사장의 빨래를 대신 널어주는 갑질을 했는지까지 조사를 했다. 모두 거짓 모함이었음이 확인되었다.

당시 시의회 야당의원 중에서 "성남 제2의 박원순"이란 타이틀로 본 내용을 포함하여 해임촉구결의안을 추진한다는 소문이 광범하게 유포되었으나, 이후 모두 사실이 아니었음이 확인되면서 이 사항들은 묻혔다.

시장에 대한 레임덕 현상이 발생하면서 성남시 공무원들은 공사의 사장 자리를 탈환해야 한다는 동기가 있었고, 야당은 집행부 공격에서 시장보다는 상대적으로 약한 고리인, 공사 사장을 공격하는 측면에서 서로 이해관계가 맞았다고 필자는 추론하고 있다.

사장 직무정지와 해임

2020년 11월 16일 은수미 성남시장은 성남도시개발공사 사장에 대해 직무정지를 통보했다. 동일자로 공사 이사회 감사인 성남시 예산재정과장 오재곤은 이사회 부의안건으로 사장 해임안을 제출했다.

해임 제안사유로는 '⑴소속 직원에 대한 지휘감독 소홀 등 성실 의무 위반, ⑵성남시 복무감사결과 조직운영의 전반에 대하여 지적, ⑶공사 최고경영자의 역할 부재로 공사 명예훼손 초래, ⑷성남 시의회의 지적에 대한 해결 부족'을 들면서 성남시의회의 성남도시개발공사 사장 해임 촉구 결의문을 첨부했다.

앞의 세 가지 사유는 성남시 복무감사결과에 대한 내용이고, 마지막은 성남시의회의 해임촉구결의안이 채택된 것에 대한 책임을 묻는 것이었다. 직원들의 일탈이 발생한 것을 빌미로, 성남시의회가 정치적인 결의를 통해 성남시장의 인사권을 작동시키는 참으로 퇴행적인 구조였다.

2020년 11월 24일 개최된 사장 해임을 다루는 이사회가 개최되었다. 이사회 의결서를 보면, 의결 이유로 이사회 부의안건을 그대로 기술하였다. 그리고 공사 이사들 중 출석이사 7명 중 5명 찬성, 2명 반대로 '성남도시개발공사 사장 윤정수를 "해임"으로 의결'하였다.[151]

공사 이사회는 당연직을 포함하여 성남시장이 임명하는 비상임이사 5명, 공사 사장과 사장이 임명하는 상임이사 3명 등 모두 9명으로 구성되며, 사장 징계 시에는 이사회 감사인 성남시 예산재정과장이 의장이 된다. 성남시장은 비상임이사는 물론이고 사실상 상임이사에 대한 영향력도 보유하고 있었다. 그럼에도 불구하고 2명의 이사가 반대표를 던진 것이었다.

통상 직원들의 징계를 다루는 인사위원회나 임원의 징계를 다루는 이사회에서는, 징계사유와 (임원)인사규정의 징계양정을 대조하

151】성남도시개발공사이사회. 2020. 11. 27. 제70회 이사회 개최결과 알림

고, 이를 징계의결 이유로 정리한다. 그러나 필자에 대한 이사회의 의결에는 그런 내용이 전혀 담기지 않았다. 정치적으로 밀어붙이기 해임이라는 것을 고스란히 보여주었다.

2020년 12월 1일 성남시장은 필자에 대한 해임을 통보했다. 필자는 이사회에 재심을 요청했고, 12월 10일 제 71회 재심 이사회가 개최되었다. 재심 이사회에서도 저들의 각본대로 필자의 청구는 기각되었다.

그리고 해임이 최종 확정되었다.

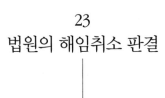

23
법원의 해임취소 판결

해임집행정지 결정으로 성남도시개발공사에 복귀하다

필자는 2020년 12월 14일 수원지방법원에 해임취소 소송을 제기하였고, 아울러 해임집행정지를 신청했다. 법무법인 상록에서 소송을 수행하였다.

집행정지결정은 좀 빨리 나오지 않을까 기대했는데 소식이 없었다. 당시 언론에서는 법무부장관의 윤석열 검찰총장에 대한 징계에 대해 보도를 하고 있었다. 윤석열 총장도 본인의 징계에 대해 집행정지 신청을 했고, 법원의 절차는 신속했다.

이에 비해 필자의 집행정지 신청에 대해, 법원에서는 아무런 조치가 없었다. 법원의 정기인사가 임박해 있어 판사들이 판결을 미루는 것 아닌가 하고 추측하는 사람들도 있었다. 지방 일개 공공기관장의 위상을 반영하는 것은 아닐까 하는 자괴감도 들었다. 법원에서는 심리를 위한 출석 요청도 없었다.

2021년 1월 21일 수원지방 제1행정부는 갑자기 해임집행정지 결정을 내렸다. 재판부는 '신청인에게 회복하기 어려운 손해를 예방하기 위하여 그 집행을 정지할 긴급할 필요가 있다고 인정되고, 달리 집행정지로 인하여 공공복리에 중대한 영향을 미칠 우려가 있는 때에 해당한다고 인정할 자료가 없다'라고 판시했다. 재판부가 양측의 의견을 청취하지도 않은 채 직권으로 판단을 내린 것이었다.

판결문은 2021년 1월 23일 토요일 아침 법무법인 상록의 담당 변호사를 통해 전달받았다. 그리고 필자는 그날 당일 비상연락망을 통해 성남도시개발공사 본부 소속 간부직원들을 소집했다.

필자는 회사로 복귀했다.
2020년 11월 16일 직무정지된 지 58일 만이었다.

집행정지 처분으로 필자가 복귀하자 성남시와 성남시의회 및 지역 정가는 경악했다. 이들은 해임취소 본안 소송에서는 지더라도 법원이 집행정지 결정을 인용하리라고는 상상을 하지 못했기 때문이다. 실제 공공기관의 장들 중에 해임집행정지 결정을 받은 사례도 거의 없었다. 공직자의 해임은 기본적으로 임명권자의 권한에 속하기 때문에 통상적으로는 집행정지를 인용하지 않는다는 의견들이 많았다.

성남시 사상 최초로 공공기관장에 대한 해임처분이 있었고, 당연히 최초의 집행정지 결정이 생긴 것이다. 더 이상 이들이 필자에 대해 공격할 무기는 없었다. 해임이라는 최강의 수를 쓰고 나니 더이상의 쓸 수 있는 카드가 없었다. 저들은 그동안 후임 사장 선임절차를 서둘렀었는데, 이제는 마치 닭 쫓던 개처럼 되어 버렸다.

필자도 더 이상 호락호락 당할 수는 없었다. 회사의 기강을 틀어잡기로 했다. 직원들의 일탈을 항시 감찰할 수 있도록 감사실 내감찰 TF를 설치했다. 직원들의 일탈이 해임 사유의 빌미가 되었다. 조금이라도 그냥 둘 수는 없었다.

법원의 판결이 떨어진 후 성남시와 성남시의회에서의 공격은 더이상 없었다.

해임취소 본안소송 승리하다

2021년 8월 26일 본안소송 결과가 나왔다.

수원지법 제1행정부는 성남시장이 2021년 12월 1일 필자에 대한 해임처분을 취소했다.

재판부는, "징계권자인 피고(성남시장)에게 폭넓은 징계재량권이 있다는 것을 감안하더라도 이 사건 (해임)처분은 징계양정에 있어사회통념상 현저히 합리성 및 타당성을 잃어 재량권을 일탈·남용한 것으로서 위법하다고 봄이 타당하다.", 그리고 "따라서 이 사건 처분은 취소되어야 한다."라고 판시했다.

또한 "이 사건 (임원인사)규정 시행세칙 제22조에 의하면, 공사 이사회는 임원의 징계 의결을 함에 있어서 징계혐의자의 소행, 공적, 개전의 정, 징계요구내용, 기타 정상을 참작하여야 하는데, 공사의 이사회 징계의결에서 이와 같은 원고의 공적이 제대로 반영되었는지도 의문이다'라고 덧붙였다.

재판부는 판결문에서 성남시장이 필자를 상대로 한 해임 사유를 조목조목 분석하여 다음과 같이 판결하였다.[152]

제1 해임 사유인 '소속 직원에 대한 지휘·감독 소홀 등 성실의무 위반'에 대하여 재판부는, "지휘·감독을 소홀히 한" 부분이 있지만, "(임원인사규정의) 임원문책양정기준에서 필요적 해임으로 정하고 있는 '비위의 정도가 중하고 고의가 있는 경우'에 해당되지 아니함은 명백하고, 임원문책양정기준에서 해임 및 경고로 정하고 있는 '비위의 정도가 중하고 중과실이거나, 비위의 정도가 경하고 고의가 있는 경우'에 해당한다고 단정하기도 어렵다."라고 판시했다.

즉 직원의 일탈에 대한 책임을 규명함에 있어, 조직의 장으로서

152] 수원지방법원 제1행정부. 2021. 8. 26. 2020구합76075 해임처분 무효확인 등 판결문

관리·감독 책임이 있지만, 그 책임이 해임은 물론이고 그 아래 징계인 경고에도 해당하기 어렵다고 본 것이다.

어떤 조직일수록 직원들의 일탈은 있게 마련이다. 그리고 같은 조건이라면 조직 내 직원들이 많을수록 직원들의 일탈은 비례해서 많아지게 마련이다. 필자를 해임시킨 성남시청의 경우에도 많은 공무원들의 일탈이 있었다. '음주운전에서부터 성매매, 성희롱은 물론이고 뇌물수수, 코로나19 방역기간 중 원정 골프에다 미혼 여성 공무원 리스트 작성 전달 등 수많은 일탈 행위들'로 인해 성남 지역과 온 나라를 경악하게 했다.

성남시청 공무원들의 일탈과 범죄행위에 비하면, 성남도시개발 공사 직원들의 일탈은 비교도 되지 않는 것이었다. 그런데 성남시장이 스스로를 돌아보기는커녕 필자에게 책임을 묻는 것이었다.

양산박(필명)은 2021년 9월 23일 〈분당신문〉에서 이런 점을 지적했다.[153] 〈'내로남불'과 성남시···성남도시공사 사장은 '해임', 공무원 일탈은?〉이란 제목의 칼럼에서 성남시 공무원들의 일탈을 사례로 들며 "시장의 정무적 판단이 과연 상식에 기초한 객관성을 가지는가에 대해 의문을 갖지 않을 수 없다."고 탄식했다.

---

153) 〈분당신문〉. 2021. 9. 23. '내로남불'과 성남시···성남도시공사 사장은 '해임', 공무원 일탈은?

제2 해임 사유인 '성남시 복구감사결과 조직운영의 전반에 대하여 지적'에 대해서는 재판부는 "공사는 직원이 1,050명에 달하는 작지 않은 조직으로서 원고(필자)가 모든 소속 임직원의 개인적 일탈행위를 사전에 완벽하게 방지할 수는 없는 점, 신분상 조치 40명의 구체적인 내역을 보면 중징계 3명, 경징계 3명, 징계 4명, 훈계 30명으로, 그 사안이 중하다고 보기는 어려운 점, 원고(필자)는 감사 결과 지적받은 사항을 모두 이행하고 보고를 마친 것으로 보이는 점"을 들어 필자의 주장을 그대로 받아들였다.

제3 해임 제안 사유인 '공사 최고경영자의 역할 부재로 공사 명예 훼손 초래'와 관련하여 재판부는, "공사 소속 직원의 개인적 일탈과 그로 인한 형사절차의 진행, 감사 결과에 대한 재심의 신청 등 사실이 외부로 알려짐에 따라 공사의 평판이 나빠지게 되었다고 하더라도, 이를 공사 사장의 역할 부재 등 원고(필자)의 직무상 의무 위반의 탓으로 돌리기는 어렵고, 원고(필자)가 공사의 명예를 훼손하였다고 평가하기도 어렵다. (중략) 그리고 일부 직원 개인의 일탈 된 행동이 언론을 통하여 보도된 경우 특별한 사정이 없는한 명예 훼손의 책임은 그 직원 개인에게 있는 것이지, 공사의 사장인 원고(필자)에게 있다고 볼 것은 아니다."라고 판시하였다.

또한 재판부는, "원고(필자)는 각 사건들이 언론을 통하여 보도되자, 공사의 명예가 훼손되지 않도록 언론중재위원회 조정신청을 통하여 정정보도 조정합의, 반론보도 조정합의를 하고 그 보도문을 게시하는 등의 적절한 조치를 취한 것으로 보인다."라고 판시하여, 공사가 선정적이고 편파적인 언론에 대해서 제대로 대응했다는 점을 명확하게 확인하였다.

제4 해임 제안 사유인 '성남시의회의 지적에 대한 해결 부족'과 관련하여 재판부는, "의회 관련 업무는 공사의 사장 본인에 대한 징계와 무관한 공사의 주요 정책과 업무에 관련된 의회 업무를 뜻한다고 해석함이 타당한 바, 성남시의회에서 위와 같이 원고에 대한 해임촉구 결의안을 발의하고 의결하였다고 하여 원고(필자)가 의회 관련 업무를 태만히 하였다고 보기는 어렵다.

원고에 대한 해임촉구 결의안을 채택할 것인지 여부는 성남시의회 고유 권한으로서 원고의 업무와는 무관하다고 보아야 한다."라고 판시하여, 문책사유에 해당되지 않음을 명확히 한 것이다.

필자가 2021년 1월 집행정지 결정에 이어 성남시장과의 본안소송에서도 완승한 것이다. 성남시와 성남시의회가 합심해서 필자를 성남에서 배제하고자 말도 안되는 이유를 대며 정치적으로 부당하게 해임시킨데 대해 법원이 그 부당성을 모두 확인해준 것이다.

이에 대해 이철호 〈중앙일보〉 칼럼니스트는 2021년 11월 11일 오피니언 란에서 "성남시의 정치적 집단 린치?"라고 표현하기도 했다.[154]

154] 〈중앙일보〉. 2021. 11. 11. Opinion : 이철호의 퍼스펙티브, 한 번도 경험해 보지 못한 나라

24
성남 본 도심 발전을 위한 정책 제안

발전하는 판교, 정체된 본 도심 수정·중원

성남시의 역사는 1960년대 말 서울시 내 무허가 판잣집을 정리하고자, 경기도 광주군에 위성도시인 광주대단지(지금의 성남시)를 조성하고, 철거민을 집단 이주시킨 데서 시작된다. 지금 성남시 수정구, 중원구가 여기에 해당된다.

분당구는 1990년대 초 제1기 신도시 개발로 생겨났다. 그리고 2000년대 들어 분당구 판교동 일대에 판교 신도시가 생겨났다. 분당, 판교는 행정구역상으로 분당구에 속한다.

성남시에서는 수정·중원구를 구도심이라 부르지 않는다. 본 도심이라 한다. 작은 성남지역에서도 수정·중원과 분당·판교는 도시 발전의 차이가 많이 나서 지역 간에 갈등이 심하기 때문에 그리 부르는 것이다.

'하나된 성남, 시민이 시장입니다'는 은수미 시장의 민선 7기 시

정구호다. 여기 '하나된 성남'에도 이런 지역 내 차이와 갈등이 반영되고 있다. 차를 타고 지나면서 보기만 해도 수정·중원의 본 도심과 신도시 분당·판교는 확연하게 차이가 난다.

주지하다시피 2000년 이후 우리나라에서 가장 획기적으로 발전된 도시는 단연 판교일 것이다. 그런데 문제는 판교의 발전에도 불구하고 수정·중원의 발전은 더뎠다. 판교의 발전이 성남 본 도심의 발전을 별로 견인하지 못했기 때문이다. 민선시장마다 이 부분에 대해 구호를 외치고 신경은 썼다.

본 도심 발전을 위한 공약이 난무했다. 대장동 사업에서 보듯이 본 도심내 제1공단을 공원화하고, 성호시장을 재개발하는 등 나름대로 노력은 하고 있었지만, 판교라는 지역의 발전이 성남시 남은 지역의 개발을 견인하지는 못하고 있었다.

'모란─판교역 간 Non─Stop 친환경 버스노선 신설'을 제안하다

필자가 2021년 1월 21일 법원의 해임집행정지로 복귀한 이후, 회사 내·외부에서 지방의 권력자들은 더 이상 필자를 흔들지 않았다. 회사 기강도 강화되고, 경영도 안정화되었다. 이제 공사에게 주어진 일을 넘어 성남의 발전을 위한 정책을 제시할 때가 온 것이다.

필자는 지하철 8호선 모란역과 신분당선 판교역을 잇는 친환경 버스노선의 신설을 제안하기로 했다. 그리고 성남도시개발공사가 시내버스 운송사업자의 자격을 갖추고, 자체 자금을 투자하여 이 노선에 대해 시내버스 사업을 추진한다는 계획을 세우기로 했다.

　성남시에서는 2014년부터 서울교통공사와 지하철 8호선을, 모란역에서 판교역으로 연장하는 사업을 추진해왔다. 그리고 이런저런 용역과 검토를 거쳐 2020년 12월 29일 기획재정부 재정사업평가위원회를 통과하고 2021년 2월 9일 KDI에서 예비타당성 조사에 착수했다.

　그 결과는 2022년 상반기에 나온다는 것이다. 그런데 문제는 그 결과가 제대로 나온다고 해도, 2023년~2024년 설계하고, 2025년에 착공하는 등 아무리 사업을 순탄하게 추진한다 해도 최소 10년은 걸리는 사업이었다. 사업비만 해도 4천여 억 원이 넘었다.

　물론 성남시는 트램사업도 추진하고 있었다. 그런데 판교역과 본 도심을 연결하는 성남1호선은 경제성이 없고 재원부족으로 인해 사업이 중단됐고, 성남시는 판교 신도심 내부 노선인 성남2호선만 자체 재원으로 추진하기로 2021년 3월 31일 결정했다.

　성남시는 간선급행버스 체계를 갖추는 성남 S-BRT사업도 추진하고 있다. 1단계는 2024년 목표로 산성대로를, 2단계는 2025년 준공목표로 성남대로를 추진한다는 내용으로 2021년 4월 29일 '제4차 대도시권 광역교통 시행계획에 반영하였다. 그런데 트램사업이나

BRT사업에서 모란과 판교를 연결하는 내용이 없었다.

특정 도시의 발전이 인근지역으로 파급되려면 가장 중요한 것이 교통이다. 특히 대중교통을 통한 빠른 연계가 매우 중요하다. 판교에서 다른 도시로의 연결은 무난했다.

신분당선으로 강남역에서 판교역까지 소요되는 시간은 15분 정도이다. 광역버스를 통해 인근 지역으로 이동하는 시간도 판교~강남 15분, 판교~서울역 35분, 판교~사당 / 과천 20분, 판교~명동 20분 등이었다.

그런데 성남 본 도심인 모란역과 판교역을 단일 통행하는 버스노선은 11개 정류장 완행노선으로 25~30분이 소요되는 것으로 나타났다. 성남 본 도심이 다른 경쟁 도시보다 대중교통 접근성에서 불리한 위치에 있는 것이었다.

성남시는 그러면 향후 모란역에서 판교역까지 지하철 8호선 연장을 기다리고만 있을 것인가? 앞으로 10년이 넘게 걸리는데, 도시는 매년 급변하면서 발전하고 있다. 이런 상황에서 지하철 8호선 연장 타령만 하면서 있다는 것은 말도 안 되는 일이었다.

필자가 직접 노선 등 아이디어를 제시하면서 실무적인 검토를 시켰다. 성남시 버스운영체계, 전기 / 수소버스 현황 등 사업 환경도 상세하게 분석했다. 아침 6시부터 저녁 10시까지 친환경 전기버스 15대를, 출퇴근 시간에는 3분, 나머지 시간에는 6분으로 운영하는 것으로 하고, 차고지는 탄천운동장 차고지를 활용하면 될 일이었다.

운행노선도 사송동 도로 등 출·퇴근시 교통이 양호한 노선을 선택했다. 특별한 시설을 설치할 필요도 없었다. 운행시간은 10~13분 정도로 단축되는 것으로 조사되었다. 이 정도면 성남 본 도심의 불리한 교통 접근성 문제가 해결될 수 있는 것이다.

초기 투자비용은 연간 약 33억 원 수준, 연간 운영비는 약 35억 원 수준이었다. 사업수익을 검토해 보니 초기 년도 기준으로 약 7억 원 정도 적자였고 수년 내 이익확보가 가능했다. 성남도시개발공사가 충분히 자체 자금으로 할 수 있는 일이었다. 적자는 성남시에서 보전해 주든지 아니면 공사가 성남시의 건설공사를 맡아 그 이익금으로 해결하면 충분히 될 일이었다. 사업 준비도 차량구입이 변수일 뿐 나머지는 6개월 내에 준비가 가능한 것이었다.

성남도시개발공사에서는 이렇게 상세한 계획을 사업계획서 21쪽에 담아 성남시에 정책 제안을 했다. 이에 대해 성남시는 며칠도 안 돼서 적합하지 않다고 회신했다. 이런저런 문제를 들었지만, 제일 결정적인 이유는, 이 사업이 KDI의 지하철 8호선 연장(모란-판교) 예비타당성 검토에 부정적인 영향을 끼치는 것 아니냐는 우려가 제일 컸다. 눈 감고 아웅하는 식이었다. 이런 대안이 있는 것을 KDI가 모를 리가 없을 것이었다. 이는 역으로 8호선 연장(모란-판교)이 시급하지 않다는 것을 반증하는 것이나 마찬가지였다.

이 사업을 하게 되면 혹시나 손해를 입을 수 있는 주체로 기존 모란-판교 노선 버스운송사업자를 생각해 볼 수 있다. 전반적으로 승객이 늘어나서 손해를 보지 않을 수도 있다. 만일 손해를 본다면 성남시가 이를 평가해서 사후적으로 보상해주든지 하면 될 일이었다. 예상되는 손실 규모가 그리 크다고 판단되지 않기 때문이다. 그렇다면 이 사업은 마다할 필요가 없는 것이다.

공사는 이 사업을 추진하되 8호선 모란-판교 연장에 영향을 주지 않기 위해, 모란-판교 개통 전까지만 사업을 하고, 이후에는 공사가 체육시설에서 사용하는 셔틀버스로 전환하겠다는 수정계획을 성남시에 보냈다. 성남시는 이에 대해 더 이상 아무런 응답이 없었다. 안타까운 일이었다.

2022년 지방선거를 통해 출범하는 성남시 민선 8기에서는 이 부분이 제대로 반영되기를 바라는 마음이다.

'성남시 중앙지하도 상가 벤처창업공간 도입계획'을 제안하다

성남시 중앙지하도 상가는 지하철 8호선 수진역 ~ 신흥역 구간 (725m), 지하에 설치된 상가로 성남도시개발공사가 2015년 3월부터 성남시로부터 수탁받아 임대 운영하고 있다. 점포 수는 500여 개가 넘고, 연간 임대료 수입은 약 40여 억 원 수준이다.

본 도심 내 사업이 쇠퇴하고 거주 인구가 감소하면서 상가의 임대료 수입도 지속적으로 감소하고 이에 따라 상가에 대한 재산가치도 지난 3년 동안 감정가격 기준 3/4 수준으로 하락했다. 온라인 쇼핑몰 활성화에 따라 지하도 상가가 쇠퇴한 것은 이미 전국적인 현상이었다.

성남시에서는 2021년 1월 '중앙지하도상가 상권활성화 기본계획'을 세우고 향후 10년 동안 약 368억 원을 투입하여 상가에 대한 전면적인 리모델링을 추진하겠다는 계획을 발표했다. 연간 투자비를 10년으로 나눠보면 연간 37억 원을 사용하겠다는 것이다. 이미 공사가 중앙지하도 상가를 운영하는데 소요되는 비용만 해도 연간 40억 원 수준이었다. 그렇다면 앞으로 중앙지하도를 상가를 운영하는데 매년 77억 원 쓰고, 40억 원을 회수하는 모양새가 된다.

이를 그대로 두고 볼 것인가?

필자는 2021년 8월 23일 성남의 중앙지하도 상가를 벤처창업 공간으로 전환하자는 정책을 성남시에 제안했다.

성남시가 운영하는 창업지원 공간을 살펴보니 분당·판교에 9개소가 집중되어 있었는데, 본 도심 내에는 2012년 제1 비즈니스센터 1개소를 설치한 후 더 이상 없었다. 그런데 창업지원 공간은 전체적으로 수요가 많아 현재 공실이 없는 상태였다. 본 도심은 그동안 창업지원 공간에서 차별대우를 받아 온 것이다.

필자의 아이디어 제시를 통해 공사 실무진들은 중앙지하도 상가를 창업지원공간으로 활용하는 문제를 상세히 검토했다. 법적인 문제도 없었다. 입주가 시들해지는 중앙지하도 상가의 30% 수준을 벤처창업 공간으로 전환하게 되면 약 4,300㎡의 창업지원 공간이 만들어지고 77개 기업이 입주 가능하다는 검토 결과가 나왔다. 이 정도 공간을 만들려면 적어도 100억 원이 넘게 투자해야 하는 것이었다.

벤처창업 공간으로 전환하기 위해 크게 투자할 것도 없었다. 입주하는 벤처기업들이 공통으로 활용할 수 있도록 회의실, 팩스 등 공용 오피스 공간을 마련해주고, 이들의 자녀들을 위해 작은 도서관이나 공부방을 개설하는 방안도 포함시켰다. 공사가 제안한 이 정책을 실행하는 데 있어서 특별히 반대할 사람들은 거의 없었다. 그리고 이 정책이 실행될 수 있도록 준비하는데도 6개월 정도면 충분했다.

공사의 정책 제안에 성남시 공무원들은 처음에는 불편한 기색을 감추지 않았다. 정책을 짜는 것은 성남시 공무원의 몫이고, 공사는 집행에 대해 시킨 대로 일만 하는 형태로 생각해 왔기 때문이다. 그러나 이에 대한 언론의 반응은 매우 호의적이었다. 2021년 8월 27일 성남시의회 도시건설위원회도 '산성대로 도시재생활성화계획 수립에 관한 의견 청취안'을 다루는 자리에서 공사의 중앙지하도상가 벤처창업공간 도입계획안을 적극 반영할 것을 주장했다. 아래는 그날 회의록 중 일부이다.

그리고 공사에서 이런 정책 제안에 대해, 성남시로부터의 더 이

상의 논란은 없었다. 이 부분이 어떻게 실행되는지는 앞으로 지켜
볼 일이다.

- 박호근 위원장 : (생략) 과장님 아시겠지만 보고는 어저께 받으셨겠
  죠. 이 성남도시개발공사에서 중앙지하상가 벤처창업공간 도입계
  획안을 만든 거 알고 계세요?
- 지속가능도시과장 강해구 : 예, 알고 있습니다.
  (중략)
- 박호근 위원장 : (생략) 해드릴 테니까 수정을 해서 아까 얘기한 도
  시개발공사 것도 맞다고 판단되시면 담으시고 또 어저께 우리 위원
  님들께서 지적하신 사항을 다 담아서 용역을 다시 보고를 해주시면
  되지 않겠어요?
- 지속가능도시과장 강해구 : 예, 알겠습니다. 그렇게 하겠습니다.

판교의 발전과 연계하는 '성남종합운동장 재개발'

성남종합운동장 재개발 문제는 성남에서 오래전부터 논의되어
왔던 주제다. 2008년 이대엽 시장이었던 시절 성남시는 '지은 지 23
년 된 성남종합운동장을 체육회관, 전문 쇼핑몰, 테마공원 등으로
이뤄진 스포츠종합단지로 리모델링한다'[155]라고 밝힌 적이 있다.

155] 〈동아일보〉. 2008. 8. 8. [수도권] '건립 25년' 성남종합운동장 스포츠단지 리모델링

2015년 이재명 시장도 탄천종합운동장과 성남종합운동장 중 1개를 축구전용 경기장으로 리모델링하는 계획을 발표했었다.

이런 분위기는 민선 7기 은수미 시장에까지 이어졌다. 성남시는 2023년 중원구청을 이전하는 사업과 연계하여 중원구청, 성남종합운동장, 성남종합스포츠센터를 대상으로 복합스포츠센터를 추진한다는 것이다. 내구연한이 초과된 성남종합운동장 주경기장을 중심으로 중원구청 이전, 산성대로 도심재생과 연계하여 지역 내 복합문화공간을 조성하여 시민들에게 다양한 문화체육활동 기회를 부여한다는 것이다.

필자가 생각하기에 성남종합운동장 재개발과 관련하여 가장 큰 문제는 개발비용을 어떻게 조달할 것이냐 하는 점이다. 재정부담으로 모두 충당하기에는 부담이 크다.

그런데 위 세 가지 방안을 포함하여 이제까지 검토한 성남종합운동장 재개발내용이 모두 스포츠센터와 같은 운동시설 및 문화 복지시설의 범주에 머물러 있다. 이렇게 개발하는 것이 성남 본 도심의 발전을 견인할 수 있는 최선의 방법인가? 필자의 생각은 좀 다르다.

성남종합운동장은 성남 본 도심 중심에 자리 잡고 있으며, 대지면적이 11만 5천여 ㎡에 달하는 대규모 부지이다. 이전이 예정된 중원구청과 중원도서관 등 인근 부지까지 합치면 면적은 더욱 늘어난다. 전체 면적이 매우 크기 때문에 다양한 용도로 복합적으로 개발할 수 있다.

필자는 판교의 발전과 연계하는 방식으로 사업을 추진할 필요가 있다고 본다. 이미 판교는 포화상태가 되어 버렸다. 판교의 빌딩이 꽉 차니 테헤란로·성수동 등 서울 오피스빌딩으로 사무실을 이전하거나 확장하는 기업이 눈에 띈다. '막대한 현금을 보유한 IT 기업들이 다음 단계로 사옥을 건설하는 방향으로 선회하고 있다'는 언론보도도 나오고 있다.[156]

필자는 성남종합운동장 재개발에 있어서 이들 판교의 기업을 적극 유치할 필요가 있다고 본다. 부지 중에 일부를 IT 기업의 용지로 분양하고, 이것으로 성남종합운동장을 개발하자는 것이다.

물론 현재 성남종합운동장의 입지는 교통 등 모든 측면에서 불리하다. 그런데 필자가 앞에서 제시한 바와 같이 모란-판교 직통버스 노선이 설치되고, 중앙지하도 상가를 대상으로 벤처창업 전진기지가 만들어진다든지 하는, 성남시 차원의 적극적인 육성정책이 추진된다면 그리 부정적이지만은 않다고 생각한다.

현재 성남 본 도심은 다른 주변 도시와 비교해 볼 때 도시 발전에

156] 〈한국경제신문〉. 2021. 8. 13. 판교빌딩 꽉 차니, 테헤란로·성수로 눈돌리는 IT 기업들

있어서 상대적으로 고립된 상태이다. 성남종합운동장 재개발사업은 성남 본 도심에서 자체적으로 돌파구를 마련할 수 있는 보기 드문 기회이다. 그러나 지금과 같이 체육 문화시설 용도로 재개발한다고 할 때 성남 본 도심의 획기적인 발전을 장담하기 어렵다.

필자는 판교의 발전을 최대한 활용하여 성남 본 도심의 개발을 추진해야 한다고 생각한다. 그리고 그 과정에서 '성남종합운동장 재개발'이 핵심적인 역할을 담당해야 한다.

도시는 서로 경쟁하면서 각기 발전하고 있고, 시간이 지남에 따라 도시 발전의 격차도 더욱 심해진다. 이제까지 성남시는 성남 본 도심의 발전을 위해 나름대로 계획을 세우고 노력해왔다. 그런데도 성남시 신도시와 본 도심의 지역발전 격차는 더욱 벌어졌다.

2022년 7월 1일은 민선 8기가 시작된다. 민선 8기에서는 성남 본 도심이 획기적으로 발전할 수 있도록, 하나 된 성남이 구호로만 남아 있지 않도록 제대로 된 '성남종합운동장 재개발'이 착수될 수 있기를 기대한다.

25
행정안전부 2021년(2020년 실적) 경영평가 전국 1위

2021년 9월 5일 행정안전부에서 실시한 '2021년(2020년 실적) 지방 공기업 경영평가 결과가 나왔다. 성남도시개발공사가 행정안전부 주관으로 실시된 '2021년(2020년 실적) 전국 지방공기업 경영평가'에 서 전국 47개 시·군 시설관리공단·공사 가운데 공사 설립이래 처음으로 종합 성적 1위로 '가등급'(최우수기관)에 선정되는 쾌거를 이루었다.

행정안전부는 지방공기업정책위원회 심의를 거쳐 전국 272개 지방공기업의 2020년 실적에 대해 경영성과, 지역사회 공헌 시행 부문 등으로 나누어 실시한 경영평가 결과를 2021년 9월 5일 발표했다. 이번 평가대상은 전국 67개 공사, 83개 공단, 112개 상수도 등 모두 272개 공사·공단이었다.

평가지표는 지속가능경영·경영 성과·사회적 가치 등 3개 분야 20여 개 세부 지표가 활용됐다.

특히 세부 지표에는 코로나19 대응 지표를 도입해 지방공기업의 위기 극복 노력을 평가에 반영했다.

성남도시개발공사는 2020년 코로나19로 어려운 경영 환경에도 불구하고 탁월한 성과를 낸 전국 32개 지방공기업에 선정되는 영예를 안았다.

공사는 이번 경영평가에서 ▲기관장 경영철학 반영한 중·장기 경영전략 체계적 수립·시행 ▲체계적이고 통합적 관리 네트워크(예산 및 재무회계 통합관리 네트워크, 시설물 정보관리 통합시스템(FMS) 네트워크) 구축으로 업무 효율성 향상 ▲전국 최초 전환근로자의 직급 체계를 정규직과 동일하게 단일화시켜 지방공기업의 사회적 가치 실현을 선도한 점 등을 높이 평가받으며, 최우수 등급인 '가등급'을 획득했다.

성남도시개발공사는 이번 경영평가에서 여러 분야에 걸쳐 우수사례로 선정되었는데 ▲시설유지관리 예산 확보를 위해 적극적으로 대응하고 있으며, 시설물 정보관리 통합시스템(FMS: Facility Management System)을 구축했고 ▲코로나19 대응 과정에서 성남시 재난·안전기금 활용을 위해 개발 이익금 1천억을 배당했으며 ▲비대면 주차환경 조성을 위해 공영주차장 APP자동결제 서비스 도입·운영을 높게 평가받았다.

성남시에서는 2020년 성남도시개발공사 경영에 문제가 많다고 하여 기관경고하고 기관장을 해임시켰는데, 행정안전부에서는 기관장의 경영철학을 반영한 우수한 경영 사례로 선정하고 전국 1등으로 평가한 것이다.

법원의 해임집행정지 결정과 본안소송 승리로 사법적인 면에서 완승했다면, 필자는 2021년 경영평가 결과로 경영성과 측면에서도 압승했다.

이로써 성남시와 성남시의회가 필자에 대해 해임 처분한 것에 대한 실체가 모두 드러났다. 지방권력들은 자신들의 이권에 도움이 되지 않는 필자를 소통부족 타령을 하며 쳐내려고 했던 것이고, 필자는 이에 대항하여 저들의 실체와 진실을 결과로 보여준 것이다.

26
다시 돌아보는 지방권력들, 지방공기업의 미래

지방공기업의 경영층에 문제가 있는지 여부는, 해당 기관의 노동조합이 어떤 문제를 제기했는가를 살펴보면 어느 정도 상황을 알 수 있다. 필자가 법을 위반하는 등 심각한 문제가 있었다면 공사의 두 개 노동조합(성남도시개발공사노동조합, 우리민주노동조합)도 필자에 대한 비판을 주도했던지 최소한 가세했을 것이었다. 그러나 어느 노동조합도 필자에 대해 비판하거나 개입하지 않았다.

31개 시군으로 구성되어 있는 경기도에는 21개의 지방공사가 있다. 3년 전 필자와 비슷한 시기에 함께 임기를 시작한 분들 중에 끝까지 임기를 마친 분들이 절반이 될까 의문이 든다.

2020년 12월 31일 안산도시공사 양근서 사장이 해임되었다. 그리고 법적투쟁을 통해 2021년 11월 11일 수원지방법원으로부터 해임무효 판결을 받았다. 중도에 하차하는 분들 중에는 필자나 양근서 사장같이 소송하는 게 피곤하고 싫어서 그만두는 분들도 많을 것이라 본다.

　그런데 만일 지방권력의 뒷받침이 있으면 문제가 있어도 별다른 위협이 없을 것이다. 그렇지만 이들 지방권력과 척지게 되면 공기업 사장의 임기는 보장받기 힘들다.

　우리 사회 각 분야에서 불법이 해체되고 민주화가 많이 진행되었지만, 지방은 아직도 이렇게 어두운 사각지대로 남아 있는 곳이 많이 있다. 지방마다 정도의 차이는 있겠지만 토착토호로 이뤄진 지방권력의 상황은 유사하지 않을까 싶다. 이러한 지방권력들의 지배구조 하에서는, 지방공기업의 건전한 발전도 기대하기 어렵다.

　2021년 11월 17일 부산시는 부산도시공사 사장에 전(前) 경기주택도시공사 김용학 사장을 임용 결정했다고 밝혔다. 부산시의 다음 보도자료[157] 내용 중에 주목해야 할 내용이 담겨 있다.

　"부산시는 경기도 성남시의 대장동 개발사업처럼 도시공사가 추진하는 도시개발사업에 지역사회에 얽힌 이해관계자들이 이권에 개입하고 비리가 발생하는 것을 원천적으로 차단하기 위해 지역사회와 직접적 이해관계가 없는 도시개발 원칙을 지키는 전문가로 도시공사 사장을 임명하게 되었다'라고 그 배경을 설명했다."

　이 보도자료에서 부산시는 '개발사업과 관련된 이해관계자'의 존

157] 부산광역시. 2021. 11. 17. (보도자료) 부산시, 교통공사·도시공사 사장 임명

재를 주목하고 있고, 이를 배제하기 위한 노력을 강조한 것이다.

한편 지방선거에서 선출직 공무원을 투표로 뽑거나 혹은 지방 공공기관의 장을 선발할 때, 과연 후보자가 그 지역을 잘 알고 있는가를 눈여겨 따져보기도 한다. 정말 해당 지역에 오랫동안 살아봐야만 지역의 문제를 해결할 수 있는가? 이 질문에 대한 필자의 대답은 부정적이다. 오히려 반대로 그 지역에 오래 살았기 때문에 더 타성적으로 느끼지 못할 수도 있다.

필자가 위에서 설명한 '모란–판교역 간 Non-Stop 친환경 버스노선 신설' 사업이나 '성남시 중앙지하도 상가 벤처창업공간 도입계획' 제안 같은 경우가 대표적이다. 이런 사업계획은 그동안 성남시에 정책으로 제안된 적이 없었다. 그 지역을 잘 아는 만큼 그 지역 문제에 대해 더 예민하지 못하고 둔해질 수도 있다고 본다.

기본적으로 지방공기업과 그 직원들은 지방에서 힘과 권력이 없는 약자다. 그런 이들이 지방행정 중에서도 밑바닥에 해당하는 집행을 담당하면서 도시개발사업과 대행사업을 영위해간다.

지방권력의 지배구조에 대한 세상의 관심이 더욱 필요할 때다.

대장동을 말한다

맺는말

누군가 대장동 사태에 대한 기록은 남겨야 한다

필자는 2021년 11월 1일 성남도시개발공사 홈페이지를 통해 '판교대장 도시개발사업 대응방안' 대국민 보고를 마쳤다. 그리고 이후 검찰 수사와 언론보도를 통해 대장동 사태의 진실이 낱낱이 규명되기를 기대해왔다.

그런데 2021년 11월 본인이 퇴임하면서 지켜보니 검찰 수사와 언론보도만으로는 대장동 사태를 객관적으로 정리하기 어렵겠다는 생각이 들었다. 검찰의 수사는 본질상 범죄를 밝히는 데 그칠 뿐이고, 단편적인 언론보도로는 방대한 실체를 총체적으로 규명하는 데 한계가 있기 때문이었다.

더구나 도시개발사업 자체가 대부분의 일반 국민에게는 생소한 분야인 데다, 사업을 추진하는 조직 내부의 흐름과 맥락을 체감하지 못한 상태에서 외부인의 눈으로 바라본다면 그저 단편적인 추측에 머무를 수밖에 없지 않을까 하는 생각도 들었다.

대장동 사태는 우리 사회를 혼란스럽게 뒤집어 놓았고, 이로 인해 두 분이 유명을 달리했다. 우리나라 전국에서 도시개발사업은 현재 진행되고 있고, 종류가 다른, 제2, 제3의 대장동 사태가 우리를 기다리고 있다.

이제 우리 사회에서 더 이상 이런 문제들이 발생하면 안 된다. 누군가는 지금부터 대장동 사태를 온전하게 기록하고 대안을 찾는 작업을 시작해야 한다. 그런데 필자가 그 책임에서 자유로울 수 있을까?

이 책은 이런 문제의식에서 집필되었다. 누군가는 대장동 사태를 정리하는 첫발을 떼야 할 것이고, 그래야만 이후 이를 보강하거나 수정하는 작업이 이뤄질 수 있을 것으로 생각했다.

그리고 이를 계기로 다른 도시개발사업에 관한 정책사례가 활발하게 작성되고 논의될 수 있지 않을까 하는 생각이 들었다.

필자는 그동안 보고서와 학술논문을 주로 작성해왔다. 많은 분들의 격려와 도움이 있어 이 책을 쓸 수 있었다. 깊이 감사드린다.

마지막으로 이 책이 세상에 나올 수 있도록 애써 주신 도서출판 창해 황인원 대표님과 멋지게 책을 만들어주신 모든 분께 감사드린다.

2022년 1월
윤정수